Willy Ritter Liebermann von Wahlendorf
Erinnerungen eines deutschen Juden 1863–1936

SERIE PIPER
Band 761

Zu diesem Buch

Dies ist ein höchst ungewöhnliches historisches Dokument: In seinem Exil in Meran schreibt 1936 der 73jährige Willy Ritter Liebermann von Wahlendorf seine Erinnerungen. Aus einem reichen Berliner Haus stammend, hätte er als Urbild eines deutschen Adeligen seiner Zeit gelten können – er war Herrenreiter, Mitglied in einer schlagenden Verbindung, duellierte sich nicht selten –, wäre er nicht Jude gewesen. Die Spannung, die sich aus einem Leben unter dieser Konstellation ergibt, schildert Liebermann in seinen noch während des »Dritten Reiches« geschriebenen Erinnerungen präzise und anschaulich. Es entsteht ein authentisches Bild davon, was es bedeutete, im Deutschland des Kaiserreiches und der Weimarer Republik sich zu seinem Judentum ebenso wie zu seinem Deutschtum zu bekennen.

Willy Ritter Liebermann von Wahlendorf, geboren 1863 in Berlin, entstammte der bekannten jüdischen Familie der Liebermanns, zu der auch beispielsweise der Maler Max Liebermann sowie Walther und Emil Rathenau gehörten. Nach einem Studium der Chemie betätigte er sich als Kaufmann. Er starb 1939 im Exil in England.

Ernst Reinhard Piper, geboren 1952 in München, Studium der Geschichte, Philosophie und Germanistik, Promotion 1981. Wichtigste Veröffentlichungen: *Der Aufstand der Ciompi*, 1978, *Savonarola*, 1979, *Der Stadtplan als Grundriß der Gesellschaft*, 1982, *Ernst Barlach und die nationalsozialistische Kunstpolitk*, 1983. Daneben zahlreiche Herausgeberschaften.

Willy Ritter Liebermann
von Wahlendorf

Erinnerungen eines
deutschen Juden 1863–1936

Herausgegeben und mit einem Nachwort von
Ernst Reinhard Piper

Piper
München   Zürich

ISBN 3-492-10761-3
Originalausgabe
Januar 1988
© R. Piper GmbH & Co. KG, München 1988
Umschlag: Federico Luci,
unter Verwendung eines Fotos des Autors (1883)
Gesamtherstellung: Clausen & Bosse, Leck
Printed in Germany

Dieses
Manuskript
widme ich

Mr. Eric Türk
zur Erinnerung,
in Verehrung
und
als Zeichen meiner treuen Dankbarkeit

London, Nov. 36.

Liebermann

Mein Kampf.

(Lebenserinnerungen eines Juden).

Motto: „Sagen was man tief
           empfunden,
    Hilft befreien, heisst
           gesunden."
      (W. v. L.)

Dr. Willy
Ritter Liebermann von Wahlendorf.

geschrieben in Meran
Jan. bis April 1936.

Die Titelseite des Original-Manuskriptes

Inhalt

Kindheit und Jugend

»Wohl dem, der seiner Väter gern gedenkt.«
(Goethe, Iphigenie)

Das erste Erlebnis, an das ich mich erinnere, war sicherlich ziemlich unerfreulich und gewissermaßen ein Vorgeschmack zu manchen anderen, freilich noch unerfreulicheren meines langen und eigenartigen Lebens, nämlich eine gehörige Tracht Prügel, die ich als ganz kleiner Hosenmatz dafür bezog, daß ich einen überlebensgroßen Mohren aus Ebenholz, von denen zwei unser Entree an der Tür bewachten, unter riesigem Getöse im Spiel mit einem Freunde umgeworfen hatte. Hätte ich damals gewußt, daß gegen Ende meines Lebens Neger und Juden von einem Minister meines Vaterlandes offiziell als gleichberechtigt bezeichnet werden würden, hätte ich vielleicht mehr Rücksicht auf den hölzernen Vertreter eines Volkes genommen, welches mir näher gestellt werden sollte, als ich es damals ahnte.

Vielleicht aber auch nicht; denn ich war ein wilder Junge, und unsere ganze Wohnung – mein Geburtshaus lag an der Ecke zweier der elegantesten Straßen Berlins, Unter den Linden / Wilhelmstraße, gegenüber der jetzigen englischen Botschaft – war mit allerhand schönen Dingen zum Brechen voll, da mein Vater ein gewaltiger Sammler vor dem Herrn war, der aus jeder unserer Wohnungen, wie es ein späterer Wirt einmal scherzhaft bezeichnete, ein »Museum« zu machen verstand. Ob das nun Bilder, alte Schränke und Kommoden, alte Gobelins, Kirchenstoffe, Brüsseler Spitzen waren – alles sammelte mein Vater mit gleicher Liebe, mit gleichem Geschmack und gleichem, unabhängigem Kunstverständnis. Und so kann man es ihm nicht verübeln, daß er mich damals tüchtig vermöbelt hat; ich bin sicher, daß er nachher nur um so lieber zu mir war, denn seine Güte zu uns Kindern war trotz einer starken, durch Migräne oft geförderten Heftigkeit unbeschreiblich, worüber ich noch manches zu berichten haben werde.

Dann erinnere ich mich an einen Tag, an dem ich als siebenjähriger Bengel krank im Bett lag, als mein Vater ins Zimmer trat und meiner guten Mutter mit einer mir damals unerklärlichen Aufregung mitteilte, der Krieg sei erklärt. Bald darauf machte sich dieser Krieg von 1870 auch für uns drei Jungen – mein Bruder Paul war zwei Jahre älter und Fritz ebensoviel jünger als ich * – in ganz angenehmer Weise bemerkbar, indem täglich am Potsdamer Bahnhof französische Gefangene ankamen. Der Zug derselben passierte im Eisenbahnwagen damals noch die Königgrätzer Straße vom Potsdamer Platz nach dem Brandenburger Tor und weiter, ging also unter Vorantritt eines fahnenschwingenden Beamten im Schneckentempo mitten durch die Stadt, und alles freute sich besonders über die gefangenen Turcos und Zuaven, denn Neger hatte man bis damals in Berlin noch kaum gesehen und sich ihre nahe Verwandtschaft mit Juden noch nicht recht klargemacht, eine Erkenntnis, die den Kulturheroen des Dritten Reiches vorbehalten blieb.

Dann erinnere ich mich einer Kinderversammlung, die der berühmte Reitergeneral, der allgemein als Kinderfreund bekannte, damals schon ca. 80 Jahre alte Graf Wrangel veranstaltete; ferner des herrlichen Einzugs der siegreichen deutschen Truppen mit Wilhelm I., dem Kronprinzen, Bismarck und Moltke an der Spitze, dem wir an einem Fenster Unter den Linden beiwohnten: ein Eindruck, den man nie in seinem Leben vergaß, denn damals dämmerte selbst dem achtjährigen Jungen ein erster Begriff von einem wirklich großen, von vornehmen bedeutenden Männern geführten Deutschland, einem freilich dem heutigen diametral verschiedenen Lande. –

Noch eine Erinnerung aus jener Kinderzeit kommt mir in den Sinn als die erste grausige meines Lebens, als ich um jene

---

* Mein lieber Bruder Paul starb im Mai 1930, der gute Fritz während der Korrektur im Juli 1936.

Zeit an dem Berlin durchquerenden Kanal den ersten Toten, einen Ertrunkenen, am Ufer liegen sah, der dann bedeckt wurde. Ich war so erregt, daß ich abends weinend zu meinem Vater schlich, der mich in sein Bett nahm. Es war die erste traurige Erinnerung aus der frühen Kindheit.

Und dann brach durch den Umzug in unser neues Haus im Jahre 1872 eine neue Zeit für uns Jungens an. Das Haus in der Tiergartenstraße, zu jener Zeit die vornehmste Garten-, aber heute nur noch Durchgangsstraße, war damals noch um vieles schöner als heute, weil es, nur von anderen Gärten umgeben, frei stand und selbst schöne, uralte Bäume im Garten hatte, die der heutige Besitzer, der »Verein deutscher Presse«, abschlagen ließ. –

Für Kinder in unserem damaligen Alter erscheint alles wie eine Selbstverständlichkeit; so kam es uns vor, als ob es ohne solches herrliches Haus mit drei Morgen Garten, drei Dienern, zwei Kutschern, Portier, zwei Gärtnern und dem weiblichen Hauspersonal, ohne die wunderbare Bildergalerie, die den einen ganzen Flügel durch zwei Stockwerke hindurch mit Oberlicht einnahm und den herrlichsten Tanzsaal bildete, gar nicht ginge. Als ich später immer und immer einfacher werden mußte und bei dem katastrophalen Niedergang der deutschen und besonders meiner Verhältnisse all die Dienstboten sich allmählich bis auf einen Diener, schließlich ein Mädchen und manchmal eine Aufwärterin verkrümelten, wie oft habe ich da gedacht, wieviel besser es sei, arm zur Welt zu kommen und reich zu werden als umgekehrt, reich geboren zu werden und seine Verhältnisse derart zusammenschrumpfen zu sehen. Die Antwort *muß* ja eigentlich für die erstere Alternative ausfallen. Und doch – mag es die jedem Menschen innewohnende Sucht, Trostgründe zu finden, mag es meine Sentimentalität, mag es gesuchter unwahrer Stolz oder wirklich mit dem Alter kommende Abgeklärtheit sein, die mich leitet: *Meiner* Weisheit letzter Schluß ist doch, daß Geld, das ich in der Jugend in Fülle hatte, noch lange nicht glücklich macht und daß die goldene Sonne kindlicher Sorglosigkeit, die über meinem Haupte durch die Güte dieser einzigartigen Eltern schien, diese mit der Muttermilch eingesogenen Begriffe von wahrer Ethik, Menschenliebe und – man nehme mir die Einbildung nicht übel – feinerem Empfinden, die arme arbeitende Eltern ihren Kindern nur in seltenen Fällen mitgeben können, eine herrliche Zugabe sind, die einen über die wechselvollen Wogen des Schicksals gnädig hinweggleiten lassen. So würde ein großes Vermögen, glaube ich, mich heute kaum glücklicher machen, als ich es durch die Güte einer jungen liebenden Frau bin und durch die Hoffnung und die feste Überzeugung, daß den vielen unschuldigen Opfern der heutigen Zeit bald die Sonne der göttlichen Gerechtigkeit wieder scheinen wird. Freilich, ich bin ein unverbesserlicher Optimist und sehe diese Zukunft vielleicht zu nahe. –

Damals aber sah ich die Welt noch anders an. Was habe ich lachen müssen, als mir ein Schulfreund vor nicht langer Zeit erzählte, in seiner Familie sei noch oft davon gesprochen worden, wie ich gelegentlich eines Besuches bei ihnen, der mir nach einem Umzug die schöne Wohnung seiner Familie gezeigt hatte, in voller Gutgläubigkeit und sicher ohne Hohn gefragt habe, wo denn ihre Bildergalerie sei.

Unsere Galerie war freilich eine Berühmtheit Berlins, in der neben den großen Franzosen der damaligen Schule, den Meissoniers, Corots, Daubignys, Courbets, Troyons, neben einigen englischen Meistern, alle großen modernen deutschen Maler hingen. Mein Vater war Mäzen im besten Sinne des Wortes; sein Gefühl sagte ihm, daß das Sammeln minderklassiger Exemplare der großen Niederländer und Italiener, auf die sich die Berliner Sammler später stürzten, nicht das richtige sei, und für erst- und zweitklassige Exemplare waren die Vermögen im damaligen, gerade gegründeten, deutschen Kaiserreich noch viel zu bescheiden. Mein Vater hat nur ein einziges altes Bild je in seinem Leben gekauft, Murillos »Vision des hl. Augustinus«; und als wir es nach seinem Tode der Nationalgalerie zu seinem Gedächtnis schenken wollten, erbat der Leiter derselben, Geh. R. von Bode, statt dieses, wie er sagte, schon einmal in Spanien existierenden Bildes, ein anderes. Aber mein Vater sammelte mit dem Herzen und nach seinem untrüglichen Geschmack, und dafür sprachen unsere sechs Menzels, ungefähr ebensoviel Böcklins (darunter der »Meeresraub« und das »Selbstporträt mit dem geigenden Tod«), die Gustav Richters (»der Neapolitanerjunge«), Hildebrandts, die Liebermanns, die Lenbachs... und viele andere. Der Clou des Ganzen aber war das »Eisenwalzwerk«, Menzels damals berühmtestes Bild; nicht eigentlich schön, aber von großer Bedeutung durch den ersten Versuch dieses gewaltigen Künstlers auf naturalistischem Gebiet; alle Berliner Kunstfreunde, jeder fremde, die Reichshauptstadt besuchende Kunstkenner wallfahrteten zu unserer Galerie. Und alle damaligen Künstler waren unsere Freunde. Ich werde nie vergessen, wie einmal, als ich meines Vaters Bibliothek mit meinen Brüdern betrat, ein kleines Männchen von höchstens –* Meter sich erhob und uns eine Rede hielt, wohl um meinem Vater eine Freude zu machen, worin er uns sagte, wenn man es zu etwas Tüchtigem bringen wolle, seien drei Dinge notwendig, Fleiß, Fleiß und abermals Fleiß. Der kleine Mann hatte sicherlich recht, aber ich hätte ihm mit gleichem Recht antworten können, ebenso wichtig sei »Talent, Talent, Talent«. Der kleine große Mann war Adolf Menzel, Deutschlands weitaus größter Maler bis heute seit den 1850er Jahren! Er blieb mir unvergeßlich. Aber befolgt habe ich seinen guten Rat leider doch nicht. –

Das »Eisenwalzwerk« bildet heute noch eine Perle der Nationalgalerie, der mein Vater bei Auflösung unserer Galerie das unschätzbare Bild, wenn ich nicht irre, geschenkt hat. – Eines Tages erschien der damals berühmte Maler Gustav Richter, der Schöpfer des bekannten Bildes der Königin Luise und Schwiegersohn Meyerbeers, in Abwesenheit meiner Eltern bei uns, kopierte das recht große Bild auf einer Fläche, die nicht größer als die einer Hand war, und schenkte diese wertvolle Aufmerksamkeit meinem Vater. Es ist heute noch im Besitz meiner Familie. So nobel waren die großen Künstler des damals aufblühenden deutschen Kaiserreiches.

In dieser Galerie fanden die großen Feste unserer Familie statt. Zu Weihnachten stand ein fast bis an die Decke reichender Tannenbaum in diesem wohl fünfzehn Meter hohen Raume,

---

* Im Original freigelassen (Anm. d. Hrsg.).

umgeben von vielen Tischen mit Gaben für uns und die zahlreiche Dienerschaft; denn die Feier des großen christlichen Festes der Liebe ließen sich die damaligen guten jüdischen Familien ebensowenig als die Feier ihrer eigenen großen Feste nehmen; und gelegentlich sah die Galerie auch unsere Bälle, die im damaligen, kaum über 500 000 Seelen zählenden Berlin wegen des Zusammentreffens der Mehrzahl der bildenden Künstler, der Museumsdirektoren, der Sänger, vieler Diplomaten, Aristokraten, einiger Parlamentarier, Gelehrter, hoher Beamter und der großen jüdischen Familien ein gesellschaftliches Ereignis bildeten und die durch die vielen Uniformen ein buntes Bild boten; denn die damals sehr bevorzugten Offiziere der Potsdamer und Berliner Garderegimenter kamen, wie mein Vater mir erzählte, wenn ein Ball bei uns bevorstand, einfach zu uns, gaben Karten ab – ein heute geradezu unsinnig anmutendes Phänomen und Beweis des damaligen Mangels an Antisemitismus in der großen Welt – und wurden eingeladen.

Wie soll ich mich all der Koryphäen der damaligen Gesellschaftswelt erinnern! Aber einige Riesen, der Physiker von Helmholtz, die großen Ärzte von Langenbeck, Wilms, Traube, von Graefe und von Leyden sind mir in gleicher Erinnerung wie der Geiger Josef Joachim, die Bildhauer, der Riese Reinhold Begas und der tüchtige Sussmann-Hellborn, der Museumsdirektor v. Bode, dann alle bedeutenden Berliner Maler mit Menzel, Meyerhein, Knaus, Albert Hertel, Carl Begas an der Spitze; und ich entsinne mich, im nebenliegenden Raume horchend, die berühmte Sängerin Artôt de Padilla und den Schöpfer aller Wagnertenorrollen Albert Niemann neben anderen bei uns gehört zu haben.

Wir Kinder wurden während dieser Gesellschaften so gut es ging versteckt, brachen aber gelegentlich aus, denn wir waren auf all die kalten Leckerbissen und Bonbons, die Limonaden und die Mandelmilch scharf wie der Teufel auf die armen Seelen; wir trieben uns meist in dem zu einer Garderobe gewandelten Zimmer umher und suchten alles mögliche zu erhaschen; mein Bruder Fritz hing sich einmal an den Schoß eines eleganten Gastes, des bekannten Kunstsammlers Richard von Kaufmann, und riß ihm die eine Hälfte des Frackschwanzes ab, worauf

14

der Gast auf eine halbe Stunde verschwand und mit einem anderen Frack wieder erschien. Wo der gute Mann den Frack geholt haben könne, blieb für mich zehnjährigen Bengel lange Zeit unverständlicher als ein geometrischer Lehrsatz, bis einmal eine Zeit kam, wo ich selbst einige Fräcke bei mir hängen hatte. Und noch oft erinnerte ich – an solchen Nichtigkeiten blieb ein Kindergemüt hängen – dieser Schandtat, die natürlich den Eltern nicht gemeldet wurde, um die am nächsten Tage für uns kommende Hauptfreude des Festes, das Verzehren der »beaux-restes«, nicht zu gefährden. Und an diesem selben nächsten Tage stand meine Mutter, die die ganze Last der Vorbereitung dieser Feste von einigen hundert Personen als beneidete Wirtin, als gefeierte schöne junge Frau, als eleganteste Gesellschaftsdame getragen hatte – denn eitel waren wir Liebermänner immer und unsere Frauen mußten so schön als möglich aussehen, damit wir nicht traurig oder vielleicht gar eklig wurden –; am selben Tag um neun Uhr stand sie, von Dienern umgeben, auf einer kleinen Leiter, die ich noch vor mir sehe, vor ihren Schränken und stellte jedes Stück Porzellan, jedes Stück Silber selbst wieder an seinen gewohnten Platz – jetzt wieder ganz und gar die schlichte vornehme Hausfrau und gütige Gattin, was sie in ihrem tiefsten Innern hunderttausendmal lieber war als die große Dame vom Abend vorher.

Und bevor ich nun weiter von meinen Eltern spreche, muß ich zum besseren Verständnis einiges über die Entwicklung der jüdischen Gesellschaft Berlins von Anbeginn bis zur Zeit meiner Eltern berichten.

Berlin war unter Friedrich dem Großen bekanntlich noch recht klein: außer dem Adel wird es dort im Gegensatz zu London, Paris und Wien keine Gesellschaft gegeben haben. Einige gute jüdische Familien existierten schon in Berlin, aber eine Bedeutung erhielten sie erst durch ihr kulturelles Hervortreten und ihre Salons anfangs des neunzehnten Jahrhunderts. Zumal die Kinder des von Friedrich II. geschätzten, wenn auch nicht immer wohlgelittenen, mit Lessing und Kant eng befreundeten Philosophen Moses Mendelssohn (1729–1786), die Gründer des heute noch in hoher Blüte bestehenden Bankhauses Mendelssohn & Co., wußten sich eine hervorragende geistig-gesellschaftliche Stellung zu sichern. Ich wage zu sagen, daß es nie eine höhere geistige Kultur als die der Mendelssohns jener Zeit gegeben haben kann: Wer es nicht glaubt, mag Hensels Buch »Die Familie Mendelssohn« – Hensel war ein angeheiratetes Mitglied der Familie – lesen. Wer nicht die Briefe Abraham Mendelssohns, des Vaters des Komponisten Felix Mendelssohn-Bartholdy, gelesen hat, weiß nicht, was deutsche Kultur jener Zeit bedeutete. Und ein gleiches gilt von den anderen großen jüdischen Familien jener Zeit, den Beers, deren Sprossen der Komponist Meyer, genannt Meyerbeer, und der Dichter Michael Beer waren und deren letzter Abkömmling, Martha Beer, meine erste Flamme mit vierzehn Jahren war; den Ephraims und Meyers, die ganz und gar im österreichischen Hochadel aufgegangen sind; den Herzs, Levins und anderen –.

Historisch sind die Salons von Henriette Herz (1764–1847) und Varnhagen von Enses. Man weiß, daß der preußische Adel damals sehr fromm und zurückgezogen lebte; der Hof interessierte sich in jenen Tagen Napoleons I. mehr für militärische Dinge; die christliche bürgerliche Gesellschaft, eine ganz kleine Schicht, spielte überhaupt keine Rolle. Aber wen es an Geistern gab, verkehrte in jenen jüdischen Salons; so Prinz Louis Ferdinand von Preußen bis zu seinem Heldentode im Jahre 1806; so stand Goethe mit jenen Salons in Verbindung; Wilhelm von Humboldt und Schleiermacher, der Freund von Henriette Herz, der, als sie verarmte, sogar der König eine Pension in den letzten Jahren gewährte; die Schlegels und Tieck etc. verkehrten eng in diesen Häusern, und kein Gelehrter oder Großer des Geistes kam nach Berlin, ohne diese Salons zu besuchen. So wurde anerkanntermaßen die Berliner Geisteskultur jener Zeit von jüdischen Familien gepflegt. Und diesen Familien, die sonderbarerweise sich schon alle bald taufen ließen (freilich im Gegensatz zu den späteren Massenkonjunkturtaufereien im Verfolg einer wahrhaft christlichen Überzeugung und Belehrung durch den großen Kanzelredner Schleiermacher), schlossen sich bald einige Familien, die Marckwalds, eine andere Familie Herz, Liebermanns und

Reichenheims, alle untereinander kreuz und quer verwandt, und andere an.

Es ist eigenartig und vielleicht ein Ausdruck des bekannten statistischen Niederganges des deutschen Judentums, daß von jener ersten Kategorie mit Ausnahme der Familie Mendelssohn eigentlich alle ganz und gar, zum mindesten im Mannesstamm schon längst erloschen sind, während von der zweiten Kategorie, zu der also auch ich gehöre, im Mannesstamm nur noch wenige Mitglieder leben und jedenfalls ihre Bedeutung verloren haben. Es ist nun einmal das Geschick aller Familien – und hierbei spielt die nachkriegsliche Entwertung aller Werte nicht die Rolle, die man denkt –, nicht länger als drei bis vier Generationen zu bestehen, natürlich mit Ausnahme des Uradels, infolge seiner Fideikommisse und anderer weniger Sondererscheinungen, wie zum Beispiel Rothschilds. –

Der Berliner Stammvater meiner Familie, der der Sohn des in Märkisch-Friedland ansässigen angesehenen Kaufmanns ...* war, hieß Joseph, der sich gegen 1800 in Berlin niederließ und in geschickter Nachahmung der englischen Textilunternehmungen eine Fabrik begründete, die in den 30er Jahren laut Nachrichten eines Berliner Gemeindeblattes – es klingt wie ein Märchen – bereits 1000 Arbeiter in jener damals alles andere als industriellen Zeit beschäftigte. Es muß ein bedeutender Mann gewesen sein, sonst hätte ihn wohl Friedrich Wilhelm III. nicht in der Fabrik besucht, wobei mein Großvater die bekannten Worte zum König sagte: »Majestät, wir sind doch die Liebermanns, die die Engländer vom Kontinent vertrieben haben.« Könige pflegen mehr an Schlachten und Generäle als an Kattun zu denken, und so mögen dem König in diesem Augenblick wohl eher Belle-Alliance, Wellington und Blücher durch den Kopf gegangen sein; jedenfalls soll er die nicht etwa scherzhaft, sondern tiefernst gemeinte Äußerung meines Großvaters nicht gleich verstanden haben, bis ihm gesagt wurde, daß an Vertreibung der englischen Textilien gedacht war.

---

* Im Original freigelassen; gemeint ist Bendix Liebermann (Anm. d. Hrsg.).

Dieser Großvater, der in seinem Hause eine eigene Synagoge besaß und jedem seiner zehn Kinder schon vor 80 Jahren je eine halbe Million Mark (wohl bemerkt, nicht Hitlermark, sondern Goldmark!) hinterließ oder ausbezahlt hatte, soll ein sehr heiterer, lebenslustiger Mann gewesen sein – ich habe ihn nicht mehr gekannt –, der eine sehr ernste, gute Frau sein eigen nannte, so daß Walther Rathenau einmal sagte, darauf sei es zurückzuführen, daß jeder Liebermann, was ich an mir bestätigt finde, neben einem oft heiteren Auge auch eine recht melancholische Ader besitze. Wie dem aber auch sei: Den Blutströmen jener beiden entsprossen neben zwei jung verstorbenen Kleinen zehn Kinder, die, wenn nicht heutiges Heroentum, sondern Aufnahme in die Konversationslexika der Vorhitlerzeit die Bedeutung eines Menschen beweisen, immerhin Respekt verdienen, denn fünf Abkömmlinge dieser Onkel und Tanten stehen im Lexikon als Zierden des Deutschtums, und zwar meine Vettern Carl Liebermann, der Erfinder des Farbstoffes Alizarin; der Maler Max; der Anglo-Historiker Felix Liebermann, Member of the Royal Society und Ehrendoktor von Cambridge und Oxford; dann der Gründer der ersten deutschen Milliardengesellschaft, der A. E. G., Emil Rathenau, und dessen Sohn, der ermordete Walther. Walthers uralte Großmutter war meine liebste Tante, sie sagte schon, als Walther noch ein Kind von acht Jahren war, »der Junge wird einmal Minister«. –

Der jüngste Sohn meines Großvaters war mein seliger Vater Adolf (geb. 1829), und während die älteren Brüder meist in hohen kommerziellen Stellungen als Vorsitzende der Berliner Kaufmannschaft, Stadtverordnete und dergleichen eine gewichtige Rolle spielten, war mein Vater geborener Weltmann und lebte dem Kunstgenuß. Er war ein eleganter, stattlicher Mann, wie wir, ca. 1,86 Meter groß, und wußte seine Angelegenheiten klug zu verwalten. Eine Zeitlang war er Mitinhaber der verschiedenen Textilfabriken der Familie gewesen, zog sich aber, wie er später oft bedauerte, zu früh ins Privatleben zurück. Er spielte gern, aber nicht hoch und hatte nur einen einzigen Fehler, den, daß er gern spekulierte, ohne freilich allzu waghalsig zu sein. Ich habe leider diese Leidenschaft geerbt, aber ohne seine kaufmännische Klugheit und seinen Weitblick zu besitzen. – Mein Vater konnte, vermutlich infolge überstarker Migränen, außerordentlich heftig sein, aber schnell verschwand der Unmut wieder und machte einer um so größeren Güte Platz, die es ihm in Verbindung mit seiner seltenen Großherzigkeit erlaubte, viel Gutes im stillen zu tun; am meisten eben für die Kinder. Er war stolz und sagte mir einmal, als ich ihm eine Bemerkung eines Schulfreundes erzählte, daß »wir Juden doch alle einmal mit dem Päckchen auf dem Rücken eingewandert« seien, ich solle ihm hinter die Ohren schlagen und ihm sagen: »Wir nicht.« Aber sein begründeter Stolz kannte keinen Hochmut und keinen Snobismus, der Gott sei Dank bei uns recht unbekannt war. Ich kann keinen schöneren Beweis seiner humorvollen Seelengüte als durch Mitteilung einer von ihm uns zu Neujahr geschenkten Taschengelderhöhung geben; damals war ich wohl 24 Jahre alt, und jeder von uns drei Söhnen erhielt folgenden Brief:

»Eingedenk der bei Ihrer Geburt übernommenen Pflichten – Rechte bestehen für mich überhaupt nicht – beehre ich mich Ihnen mitzutheilen, daß ich von heute ab Ihre monatlichen Revenuen von *400* auf *500* Mk. erhöht habe, so daß sich Ihre Jahres-Einnahmen inclusive der Geburtstags- und Weihnachtsgabe von je *1000 Mk.* (*Eintausend Mark*) auf *8000 Mk.* (*Achttausend Mark*) von jetzt pro Jahr erhöhen. Die Beschaffung der freien Wohnung, Frühstück, Diner, Souper, Weine und Liqueure, Heizung, Theater, Wäsche etc. etc. ist selbstverständlich.

Ich brauche wohl kaum hinzuzufügen, daß ich *alle meine Kräfte* einsetzen werde, meinen Verpflichtungen prompt nachzukommen; sollte ich, was Gott verhüte, trotzdem unterliegen, so bitte ich recht sehr, dies nicht meinem guten Willen, sondern meinem Mangel an Intelligenz zur Last zu legen.

Ich füge meine innigsten Glückwünsche zum neuen Jahre hinzu, daß dasselbe ein in jeder Beziehung segenbringendes für Sie sein möge, und knüpfe daran die bescheidene Bitte, mich, wenn das Rad der Zeit über mich hinweggehen sollte, in freundlichem Andenken bewahren zu wollen.

P. S. Das Ihnen schon längst gebührende *Reitpferd* haben Sie hoffentlich erhalten; die zwei- und vierspännige Equipage zu beschaffen, war mir leider bisher unmöglich; *ich bleibe selbstverständlich bemüht*, meinen Verpflichtungen auch darin so bald als möglich nachzukommen.

Ihr, Ihnen dafür, daß Sie sich überhaupt haben zur Welt bringen lassen

ewig dankbarer Vater.«

Nicht wahr? Nicht die Summe macht es, aber die Art, in der man schenkt! So erinnere ich mich auch, daß er in den 80er Jahren, in einer Zeit, als die großen Familien nicht gerade gerne viel Aufhebens von ihrem Judentum machten, nach einem Monsterprozeß, in dem ein wegen Ritualmordes angeklagter jüdischer Schlächter im Rheinland freigesprochen worden war, spontan der Vossischen Zeitung einen offenen Brief einsandte, worin er dem armen Mann eine Rente aussetzte. Und eines Tages kam dieser aus Kaufmannskreisen stammende Aristokrat von über 60 Jahren nach Hause und erzählte uns, er habe soeben durch einen uns befreundeten Geheimrat aus dem Ministerium einen anderen Geheimrat, nämlich einen Herrn von Kuegelgen, Verwandten des bekannten Memoirenschriftstellers, mit dem er in einem Restaurantgarten durch seinen kleinen Terrier Radau bekommen habe, auf Pistolen gefordert. Einen Tag später war die Sache beigelegt, aber unser Vater erzählte uns, ein jeder von uns dreien sei bei ihm gewesen und hatte ihn insgeheim gebeten, sich für ihn schießen zu dürfen.

Das waren die Erziehungserfolge – von den Mißerfolgen wird man noch genug hören – unseres Vaters, die er gemeinsam mit unserer aus Frankfurt stammenden Mutter erzielte, die eine schöne, junge und, wie mir oft erzählt wurde, unendlich beliebte Frau war, die bescheiden und ungekünstelt war und der man das ererbte Gefühl inneren Wertes ebenso anmerkte wie den angeborenen Sinn für gesellschaftliche Feinheiten, welche die Dame kennzeichnen.

Die beiden Eltern wollten streng sein; Ansätze dazu wurden gemacht; manchmal gab es Hiebe, aber lange nicht genug, denn die Strenge erlosch noch in der Vorbereitung. Ich und mein jüngerer Bruder waren wilde, faule Rangen, mein älterer

Bruder aber im direkten Gegensatz fleißig und ruhig. Die Blutströme mischen sich wohl seltsam genug.

Wir hatten abwechselnd eine französische oder englische Gouvernante zu Hause, so daß ich die Sprachen damals wesentlich besser als heute beherrschte. Dazu stets einen Hauslehrer; unter einigen prächtigen, uns durchs Leben befreundeten Männern einen, der sich in Baden-Baden, dem alljährlichen monatelangen Sommeraufenthalt, wenn wir im Bett lagen, zum Roulette stürzte und schließlich Wertsachen meiner Eltern stahl und versetzte, uns dafür aber am Tage, bis es gemerkt wurde, in einer uns als Kindern gänzlich unbegreiflichen Aufregung mächtig vermöbelte. – Musizieren und üben mußte man auch, und dann kam täglich ein Feldwebel zum Turnen zu uns (herumtollen im drei Morgen großen Garten mit dem eigenen Teich, auf dem wir Schlittschuh liefen; anderer Sport, zum Beispiel Tennis, war damals leider in Berlin noch unbekannt). Als Krönung dieser herrlichen Erziehung gingen wir täglich in das berühmte Königliche Wilhelms-Gymnasium.

»Sprecht mir von allen Schrecken des Gewissens, von dieser Schule sprecht mir nicht«; sie ist noch heute Gegenstand meiner schlimmsten Träume. Die deutschen Schulen waren damals (Anfang der 70er Jahre) durch die Bank entsetzliche Gebilde, eine Art geistiger Konzentrationslager. Beweis genug, daß Wilhelm II. die ganze Gymnasialbildung um 1890 herum änderte und sich damit (sonst wird ja von seinem dankbaren deutschen Volk nicht viel Gutes an ihm gelassen) tatsächlich den Dank der Gebildeten errang. Was man Unnötiges einochsen mußte, aber vom Wesentlichen *nicht* lernte, das stank zum Himmel. Ich mußte lange lateinische und griechische Aufsätze machen, 45 horazische Oden zum Examen auswendig lernen und dann gedankenlos herbeten, in welchen Oden die »Parther« oder die »Scythen« vorkamen; die herrlichsten Schöpfungen Goethes und Lessings wurden einem durch trockene, pedantische Erklärungen so vernebelt, daß man sie haßte; und mit der Ankunft Napoleons in St. Helena hörte bei uns, damit man nur ja keinen Einblick in Vernünftiges bekam, die Weltgeschichte wie abgeschnitten auf. Was nach 1815 kam, war Dunst; und im Dunst und Nebel lag alles, was ein so treues Volk wie das deutsche nach 1870 hätte zum politischen Reifen bringen können. Der deutsche Schulmeister hat, wie ein kluger Staatsmann schrieb, den Krieg von 1914 verloren; der deutsche Schulmeister hat auch das große deutsche Volk dahin gebracht – denn es gibt deren genug in Hitlers Scharen –, unter den Klängen des Liedes »Der Gott, der Eisen wachsen ließ, der wollte keine Knechte« seine höchsten Güter, seine Freiheit und Rechte zu opfern.

Unter all den vielen Menschen, denen ich im Leben begegnete, habe ich nirgends so eigenartige Typen je wiedergefunden wie unter unseren Lehrern, die außer einem einzigen hervorragendem Manne, der Geschichte lehrte, fast alle einen »Stich« hatten. Einen Grund muß das gehabt haben; ich glaube wohl, daß die meisten von ihnen, die sicher alle als brave, aufrechte und königliche Männer – königstreu galt damals für die höchste Eigenschaft – im Kriege gewesen waren, irgendwelche Nervenzustände aus den Kriegen von 1864, 1866 und 1870 mitgebracht hatten, wie ja auch einige von ihnen schwerkrank waren. Sie waren nun auch in eine neue Zeit gekommen, die sich, wie man sagt, noch nicht »gesetzt« hatte und in der sie sich noch nicht zurechtfanden, denn sonst wäre *solcher* Spleen nicht zu verstehen: Einem dieser Lehrer pflegten während des Unterrichts die Augen zu tränen; er hatte seine Lieblinge, denen er minutenlang im Gesicht herumfuhr und die er streichelte und die Extemporalien abschreiben ließ (ohne daß anormaler Sexus hierbei irgendwie untergelegt werden soll); ein anderer, der freilich im Irrenhaus starb, zog sich einmal plötzlich aus, und als die Klasse lachte, wieder mit den Worten an: »Ihr denkt doch nicht, daß ich mich hier ausziehen werde; nun gerade nicht.« Bei ihm ging ich aus purer Frechheit einmal ans Fenster und schaute in den Garten hinaus, worauf er nichts weiter tat, als ins Klassenbuch zu schreiben: »v. L. erlaubt sich eine Ausnahmestellung einzunehmen.« –

Wir hatten einen Mathematiker und Physiker. Der Unglücksrabe präparierte vor der Physikstunde alle möglichen Elektrisier- und andere Maschinen und dergleichen, um Experimente zu machen. Aber aus Ungeschick warf er mit Sicherheit sofort die Apparate um oder fand sich nicht zurecht, und aus Wut ging er dann auf Mathematik über, wo freilich nichts umzuwerfen war, wo er uns aber mit unsinnig schweren Berechnungen tödlich langweilte und jeden Sinn für die Wissenschaft in uns verdarb. Mit ihm hatte ich einmal einen herrlichen Spaß: Eines Tages erklärte er den Eulerschen Lehrsatz; das muß sein Steckenpferd gewesen sein, denn jeder dieser von den Jungens ja dauernd verärgerten Lehrer besaß ein Steckenpferd. Er beschloß die einstündige Erklärung mit folgenden Worten, wobei er in Seligkeit zu schwelgen und sich für Euler selbst zu halten schien: »Diesen Satz diktierte Leonhard von Euler im Jahre 1751 seinem Sekretär in St. Petersburg in die Feder, denn Leonhard von Euler war blind.« Sofort stand ich auf. Er sah mich lange an, nicht wütend wie sonst, denn ich war wohl sein schlechtester Schüler und er haßte mich, sondern mitleidig, beseligt, als dächte er: »Nun habe ich doch endlich einmal etwas, woran sogar dieses räudige Schaf Anteil nimmt«, und er sagte: »Was wünschen Sie, von Liebermann.« Ich antwortete, daß der Lehrsatz auf mich großen Eindruck gemacht habe und ich mich gerne genauer mit ihm beschäftigen möchte; und ich bäte, einige Fragen stellen zu dürfen. Begeistert nickte er mit dem Kopf und sagte: »Fragen Sie, was Sie wollen, von Liebermann«, worauf ich: »Vor allem, weil mich auch das Geringste an dem Lehrsatz interessierte, wollte ich bitten, mir den Namen von Eulers Sekretär zu sagen, den ich meiner Erinnerung einprägen wollte.« Er sah mich entgeistert an, schrie dann »setzen«, ich schrie wieder, ich müßte den Namen wissen; die Klasse, die meine Scherze kannte, schrie vor Lachen; das Feuer seiner Wut schien, wie Dickens sich einmal ausdrückte, das Glas seiner Brille schmelzen zu wollen, und nachdem sich wieder Ruhe eingestellt hatte, sagte er: »Von Liebermann, ich werde Ihnen bei dem Examen einen Strohhalm in den Weg legen.« Es hätte des Strohhalmes nicht bedurft, denn etwa ein Jahr später hatte ich beim Examen von sechs Arbeiten fünf ungenügend. –

Es ist ja kein Ruhm, solche Missetaten zu erzählen oder seinen Lehrer so zu ärgern. Ich habe und hatte auf sie auch keinen Haß; sie sind wohl ziemlich alle schon in einem besseren Jenseits versammelt und belehren dort die himmlischen Heerscharen; aber vergessen kann ich ihnen doch nicht, daß sie mir die schöne Zeit vom 15. bis 20. Lebensjahr durch das gedankenlose Auswendiglernen von trockenem Formelkram, durch die Vogelstraußpolitik in der Geschichte, durch das Vorenthalten der Erkenntnis der Natur und der Naturdinge, durch das Nichteingehen in den tieferen Sinn der geschichtlichen Tatsachen, wertvollste Zeit meines Lebens gestohlen haben. Dieser erstarrte »Gymnasialspleen« der 70er Jahre mit seinem »Lernen, um zu lernen« war ein Fluch. Und hat man dort auch schließlich die Grundlage zu einem Schatz von Wissen gelegt: Was den Gebildeten des deutschen Volkes hätte eingeimpft werden *sollen*, das war der Sinn für die einem Weltvolk nötigen politischen Eigenschaften und das Schaffen selbständiger politischer Persönlichkeiten. Das ist der tiefere Sinn dieser meiner anscheinend nur scherzhaften Erzählungen aus der Schule. –

Und nun muß ich noch eine Geschichte erzählen, die, glaube ich, die köstlichste meiner Schulerinnerungen geblieben ist. Einer unserer Professoren hatte die Eigenschaft, Ultravornehmheit zu posieren, wie sie vielleicht unter den Diplomaten vor zwei Jahrhunderten üblich war: sowohl in sehr outriertem Äußeren des Anzugs und der Manieren wie im überleisen pointierten Sprechen. Sein Steckenpferd war Aemilius Lepidus, dessen Andenken außer bei einigen lateinischen Schriftstellern und im Hirn unseres guten Professors wohl kaum noch fortlebt. Dieser Aemilius hatte es ihm angetan, er sah in ihm wohl einen zweiten Cäsar, wir lasen und hörten andauernd von ihm, und besonderer Wert wurde darauf gelegt, daß er *Ae*-milius mit deutlichem langen Ae hieß, während wir immer *E*milius sagten. Immer und immer wieder wurde geübt, der Mann hätte *Ae*milius geheißen. – Eines Tages wurde der Professor in der Stunde nach Hause gerufen; wie man hörte, weil er mit einem Sohne beschenkt worden war. Am nächsten Tage stand der Klassenprimus – merkwürdigerweise selbst aus einer Schulratsfamilie stammend – auf und sagte: »Herr Professor, wir haben gehört, daß Ihre Frau Gemahlin eines Knäbleins genesen ist, und wir wünschen dem Kinde und den Eltern alles Glück dazu.« Der Professor quittierte die etwas gezierte Gratulation mit den Worten: »Ich danke der Klasse. Setzen Sie sich.«

Der Primus blieb stehen und antwortete auf die Frage, ob er noch etwas wünschte: »Ja. Die Klasse hat in letzter Zeit so viel von dem hervorragenden Manne *Aemilius* Lepidus gelesen und sich an seinem Wirken erfreut, daß sie Sie bittet, Sie mögen den jungen Weltbürger zur Erinnerung auf den Namen *Aemilius* taufen lassen.« Auf diese unerhörte, von der Klasse mit unendlichem Gewieher begleitete Frechheit antwortete dieser Lehrerdiplomat in steinerner Ruhe und Würde nichts als: »Wie ich meine Kinder nenne, ist meine Sache.«

So ging's in dieser geistigen Mastanstalt zu. Kamen wir dann vollgenudelt mit einem Wust unnötigen toten Wissens nach Hause, so hieß es doch nach unserem Frühstück noch Musik üben, denn jeder spielte ein Instrument, der ältere Bruder Klavier, der jüngere Cello und ich, der mittlere, Geige, so daß wir unseren Eltern zu den Geburtstagen ein Mozartsches oder Haydnsches Trio vorspielen konnten. Das Klavier kam nicht recht mit, meines Bruders Paul Talent war mehr auf dem Gebiet des Zeichnens, mein jüngerer Bruder Fritz war musikalisch sehr begabt und ist noch heute ein phantasierender Klavierspieler von bedeutendem Charme, ich war jedenfalls recht musikalisch, hatte einen glänzenden Bogenstrich und spielte »mit der Seele«, wenn auch mein Lehrer Konzertmeister Rappoldi, später in Dresden, oft behauptete, mein Spiel höre sich wie ein ungeschmiertes Wagenrad an. Rappoldi freilich war Besseres gewöhnt, denn er war zweiter Geiger im damals berühmtesten Streichquartett der Welt neben Joseph Joachim, zu dem er mich einmal mit nach Hause nahm und den ich noch oft damals als weitaus größten Meister des klassischen Vortrags, namentlich Bachs und Beethovens, bewundern konnte. Man kann sich nicht vorstellen, daß dieser strengste und gedankentiefste Klassiker unter den Geigern auch einmal ein hervorragender Virtuose gewesen war, was aber von der älteren Generation stets bestätigt worden ist. –

Leider wurde meine Geigenkunst eines Tages für immer jäh beschränkt. Ich fiel in ein Glasfenster und zerschnitt mir den linken Zeigefinger, der steif blieb. Langenbeck, Wilms und elektrisierende Ärzte haben den Finger lange behandelt, an dem ich jahrelang eine Schiene trug. Die Sehne war durchgeschnitten, und obwohl ich mit den anderen drei Fingern recht geschickt herumwurschtelte – der Hauptreiz war dahin. Ich habe trotzdem noch viel gespielt, mir später auch noch eine wertvolle Amati gekauft und an Streichorchestern mit Freunden teilgenommen. Als Junge im Gymnasium spielte ich einmal im Orchester bei der Aufführung von »Oedipus« oder »Antigone« vor dem späteren Herzog Bernhard von Meiningen, der, glaube ich, die Übersetzung aus dem Sophokles gemacht hatte; und in Freiburg als Student öfters in Dilettanten-Orchestern in Theatern. Aber ich gab allmählich die Geige auf, weil sie mich aufgegeben hatte.

In das Jahr 1873 fiel ein für meine Familie bedeutsames Ereignis: Mein Vater hatte einen sehr lieben Freund, Baron Ludwig Oppenheimer in Wien, der als gebürtiger Sachse seinerzeit mit dem Minister Graf Beust nach Österreich gegangen und in Böhmen Großgrundbesitzer geworden war; er wurde schließlich Herrenhausmitglied, war auch lange Zeit als Verfasser des politischen Buches »Austriaca« bei Bismarck gern und oft gesehen. Auf seine Veranlassung hatte mein Vater ein Gut in Böhmen gekauft und durch diesen Besitz auf die böhmischen Wahlen, weil die Verhältnisse wohl so lagen, einen Einfluß im deutschen Sinne gegenüber dem tschechischen geübt. Er erhielt nach einer Audienz bei Kaiser Franz Joseph den österreichischen Ritterstand mit dem bezüglich der Wahlen geschickt ausgesuchten Prädikat »von Wahlendorf« und nachher auch wegen seiner großen Verdienste um die Kunst den preußischen Adel mit dem Rechte, sich »von Liebermann« nennen zu dürfen. – Natürlich muß dieses Ereignis für meine Eltern eine große Freude gewesen sein; in Wirklichkeit wurde es, retrospektiv betrachtet, wohl für uns Kinder durch die Erziehung in gewissem Sinne, über die ich noch genug zu sprechen haben werde, unheilvoll, denn ich hätte zum Beispiel viel besser ein Kaufmann werden sollen, was aber durch die Anhäufung ehrender Äußerlichkeiten damals mindestens psychologisch erschwert wurde.

In jene Jahre fiel noch eine andere große Freude, indem Kronprinz Friedrich Wilhelm und Kronprinzessin Viktoria durch den Grafen Seckendorff anfragen ließen, ob er unsere Galerie mit dem berühmten Menzel und unser Haus besichtigen dürfe. Wochenlang war natürlich von nichts anderem die Rede: unsere Freunde vom Hofe gaben Ratschläge bezüglich des zu veranstaltenden Tees etc.; uns Jungen, die wir in unseren Zimmern bleiben mußten, wurde befohlen, wenn der Kronprinz uns fragen würde »Wollt ihr gern Soldaten werden?«, zu sagen »Jawohl, Kaiserliche Hoheit«, und wenn wir gefragt würden, »Was wollt ihr denn mal werden?«, »Soldaten, Kaiserliche Hoheit«. – Wir warteten und warteten, hörten auch im nebenliegenden Eßzimmer Geräusche und Tassenklirren, das sich aber wieder verzog. Ein alltägliches Ereignis war das ja für einen zwölf- bis dreizehnjährigen Lumpazi nicht, und so beschloß ich, ganz von meinem soldatischen Beruf erfüllt, mich nach einiger Zeit auf Patrouille zu begeben, wurde aber bald von dem Gegner abgefangen, indem ich mich plötzlich nahe der Gesellschaft befand. Man sah mich; der Kronprinz fragte meinen Vater, ob ich wohl ein Sohn sei, und sagte dann zu mir zwar kein einziges Wort von Soldaten, sondern ungefähr: »Na, mein Junge, macht es Dir Freude, täglich all die schönen Bilder zu sehen?«, worauf ich natürlich ja sagte und artig die Hand gab; und in mir regte sich angesichts dieses wahrhaften Helden und großen Menschen, dieses Lieblings des deutschen Volkes, ein Gefühl deutschen Stolzes und deutscher Gesinnung, das mich wie die Meinigen bei jedem vaterländischen Ereignis, bei den in die damalige Zeit fallenden Attentaten auf Wilhelm I., die uns alle in Tränen versetzten, bei jedem Sang, bei jedem »Landesvater« trotz Adolf Hitler und trotz meiner nichtarischen äußeren und inneren Minderwertigkeit immer und immer wieder begeisterte und bei dem es erst der Taten der Machthaber vom Jahre 1933 bedurfte, um es mir, nunmehr aber gründlich, zu versalzen. – Ich durfte dann noch der Kronprinzessin Viktoria, der ältesten Tochter der Königin Victoria von England, und einem jungen Mann die Hand geben, den der Kronprinz mit den Worten bei meinem Vater eingeführt hatte: »Entschuldigen Sie, Herr von Liebermann, daß ich meinen ältesten Sohn miteingeschmuggelt habe.« Das war der spätere Kaiser Wilhelm II.

Das sind hübsche, große Erinnerungen fürs Leben, zumal sie mir auch immer wieder die Bilder meiner guten Eltern vor Augen führen; und ich will nun noch einiger Einzelheiten aus meiner Kindheit Erwähnung tun: So dinierten wir manchmal zusammen mit dem berühmten Walzerkönig Johann Strauss in Baden-Baden, der mir als Geigerkollegen seine Photographie mit Widmung und den selbst geschriebenen ersten Takten der »Schönen blauen Donau« schenkte; so nahm mich der uns befreundete Landstallmeister von Goetzen, der bei den Badener Rennen als Richter fungierte, einmal mit auf seinen Richterstuhl, und ich sah zum ersten Mal die Iffezheimer Bahn, wo ich später selbst Pferde laufen lassen sollte. So lernte ich, auch in Baden, einen unscheinbaren Mann, den damals berühmten »Schießhaber« kennen; er stammte aus der Karlsruher, ursprünglich jüdischen, Hofbankiersfamilie von Haber, die seitdem ganz im Adel aufgegangen ist, und war ein Bruder Emils von Haber, der Tag für Tag in Berlin bei uns den Abend mit meinem Vater Piquet spielend verbrachte, und des Barons Haber in Wien, der die österreichische Kreditanstalt begründet hat. Seinen Spitznamen »Schießhaber« hatte er erhalten, weil er in seiner Jugend wegen angeblicher Beziehungen zu einer badischen Prinzessin, von einem Dutzend dortiger Aristokraten gefordert, sich mit allen duelliert hatte. – So traf ich auch im Hause von uns nahestehenden Nachbarn in der Tiergartenstraße öfters den zweiten Sohn des Altreichskanzlers, den Grafen Wilhelm Bismarck, den ich mir viel stolzer vorgestellt hätte. – Oft sprach ich einen der elegantesten und in Aristokratenkreisen beliebtesten Lebemänner Berlins, Prinz Reichenheim, der als einfacher Prins (mit einem s) von einem reichen Onkel Reichenheim adoptiert wurde und von diesem die wertvollsten Terrains mit Villen in der Tiergartenstraße, ein herrliches Rittergut in Schlesien und riesigen anderen Besitz erbte, sich aber wohl wie ein geborener richtiger Prinz vorkam und als Reserve-Offizier, Rennstallbesitzer, Jäger und was er alles sonst war, im Lauf der Zeit sein ganzes großes Vermögen am Spieltisch kleinmachte, um sich schließlich nach Verlust seines letzten Groschens in Potsdam das Leben zu nehmen. Ich vergesse nie meines seligen Vaters Worte, daß ich ordentlich sein und das abschreckende Beispiel des sonst so bezaubernden Mannes vor Augen halten sollte. – Öfters sah ich auch bei uns den berühmten jüdischen Arzt Johann Jacoby aus Königsberg, der seinerzeit als Mitglied einer zu König Friedrich Wilhelm IV. vom Parlament entsandten Delegation diesem die berühmten Worte zugerufen hatte, es sei das Unglück der Könige, daß sie die Wahrheit nicht vertragen könnten.

Ja, was bleiben nicht alles für Bilder im Kindergemüt haften: so der Riesenbrand des Hotels Kaiserhof, dem ich zusah; so der Aufstand der Volksmenge, die ihr Geld im 1873er Krach durch die Gründungen des übrigens an und für sich nicht so schuldigen, aber phantastischen Gründers Stronsberg verloren hatte. Die Menge schrie und tobte und warf Teppiche und Möbel aus den Fenstern seines Palais, das in der Wilhelmstraße lag und die heutige englische Botschaft ist. *Strousberg*

Aber nun traten nach viel Freudigem und Schönem, gleichsam als sei uns zuviel davon vergönnt gewesen, unendlich trübe Ereignisse ein, die auf unser Leben einen tiefen Schatten warfen. Zunächst hörte man 1879 von aufsteigendem Antisemitismus, den ein Hofprediger Stoecker propagierte – der äußere Anlaß war eine Ohrfeige gewesen, die ein Herr Kantarowitz einem Antisemiten in der Tram gegeben hatte –, und diese Bewegung fraß, ohne daß ich damals als Junge je etwas gemerkt oder von ihrer späteren Bedeutung für mein Leben etwas geahnt hätte, manche Menschen vergiftend, langsam weiter.

Furchtbar aber war die eines Tages nach einer Ärzte-Consultation bei meiner im Jahre 1879 kränkelnden Mutter auftretende Gewißheit, daß sie infolge eines Kehlkopfleidens (der späteren Krankheit Friedrichs III.) dem Tode verfallen sei. Trotz aller liebevollsten Pflege und aller denkbaren Versuche, der Krankheit Herr zu werden, hauchte sie in den Morgenstunden des 30. Januar 1880 ihren edlen Geist aus. Und genau in denselben frühen Morgenstunden desselben Tages entschlief dreizehn Jahre später mein guter Vater; und wenn ich es wage, an dieser Stelle in Verbindung mit den zwei schmerzlichsten Ereignissen meines Lebens desselben Morgens im Jahre 1933 zu gedenken, so tue ich es nur – vielleicht, aber ich glaube es nicht, von dem falschen Gefühl ausgehend –, weil dieser Tag der Gründung des Dritten Reiches so vielen durch gleiches Leid mit mir verbundenen Menschen Unheil und Tod brachte. –

Der erste Abschnitt meines Lebens war vorbei; die beste Mutter dahin, ein großes Familienglück zerstört, das schönste Heim seines Sinnes beraubt. Wir Kinder freilich verstanden damals noch zuwenig von der Größe des Verlustes, bis auf meinen älteren Bruder, der gerade in den Trauertagen sein Abiturientenexamen machte. Mein Vater trauerte meiner guten Mutter in ungewöhnlich liebevoller Weise nach: Jahrelang pilgerte er, wenn er in Berlin war, nach dem entfernten Friedhof Schönhauser Allee täglich hinaus, wo er ihr ein monumentales Familiengräbnis hatte setzen lassen, und errichtete im Auerbachschen Waisenhaus eine ansehnliche, jährlich vergrößerte Stiftung für Waisen. Dorthin gingen wir an allen Gedenktagen in die kleine Synagoge, wo in Gegenwart der Waisenkinder eine Feier für unsere Mutter gehalten wurde. Sonst hatten wir die hohen Feiertage stets in der wunderbaren Synagoge in der Oranienburger Straße verbracht, wo man damals vorne wirklich Reihen voll vornehmer, ehrfurchtheischender Juden aus der großen Berliner Gesellschaft sah, vor denen man sich hätte verbeugen müssen, deren Kinder aber meistens sich taufen ließen und verschwanden. Leider, leider, denn hätte es solche Männer noch jetzt gegeben, als Hitler auf ein schwaches Geschlecht stieß, wäre die Gesetzgebung vielleicht doch einen anderen Weg gegangen. –

In Verbindung mit obiger Waisenhausstiftung muß ich vorgreifend erzählen, daß mir neulich in einem Londoner Büro, also 40 Jahre später, ein Emigrant, der in Preußen eine hohe Staatsstellung bis 1933 eingenommen hatte, als Anwalt gegenübertrat, von dem ich Rat brauchte und vor dessen hohen Kosten ich mich fürchtete. Er sagte mir, ich könne von ihm haben, was ich wolle, und nie würde ein »farthing« von mir erhoben werden. Als ich mehr wie erstaunt nach dem Grunde fragte, antwortete er, er verdanke seine ganze Erziehung und früheren Aufstieg einzig unserer Stiftung, und die armen Waisenknaben hätten, wenn wir Brüder erschienen und sie uns die Hände gaben, sich zugeraunt, das seien die drei Krösusse von Berlin. – So gleicht das Schicksal von selbst aus, es bedarf dazu der Menschen nicht. Aber jener Augenblick in London war herrlich, und mit Tränen in den Augen gedachte ich meines guten Vaters, der damals seine Frau verloren hatte. Ich freute mich aber auch über die Vornehmheit dieses Anwalts, der mir die mir unbekannte Tatsache so offen und ungezwungen mitteilte.

Ich komme nun zu 1880 zurück: Einige Zeit nach meiner Mutter Tode wurde die Bildergalerie, aus deren schwarzumflorten Raume man meine Mutter hinausgetragen, aufgelöst, das Haus an meinen Onkel Reichenheim verkauft, mein tieftrauernder Vater ging mit meinem älteren Bruder auf Reisen, und wir beiden Jüngeren wurden auf ein Jahr zu einem Lehrer in Pension gegeben. Ich trat gerade mit 15 Jahren in mein Jünglingsalter.*

---

* Tatsächlich war der Autor beim Tode seiner Mutter schon fast 17 Jahre alt (Anm. d. Hrsg.).

Jünglingsalter

»Wir sind die Gascogner Cadetten.«
(Rostand, Cyrano)

Das Pensionsjahr verging ohne besondere Ereignisse. Wir schliefen, vier Pensionäre, in einem Zimmer und propften unser Gehirn mit unnötigem Zeug weiter voll. Nur eines interessanten Tages erinnere ich mich aus jener Zeit, als wir Walther und seinen Bruder Erich Rathenau trafen, die uns nach Hause mitnahmen, um uns etwas »ganz Neues« zu zeigen. Ihr Vater Emil war in New York gewesen und hatte von Edison das erste Telefon mit nach Deutschland gebracht. Walther zeigte uns ein Instrument, in das wir hineinsprachen, während er aus der Hinterwohnung antwortete; der Apparat war aber noch höllisch einfach; Emil Rathenau hat ihn dann weiterentwickelt, die Abonnenten gesammelt, das Netz über Berlin gezogen; und als es ein Erfolg geworden war, wurde es ihm von der Reichspost für ein Butterbrot abgenommen.

In diese Zeit fiel auch der Anfang mancher Reichstagsbesuche, die ich mit einem Schulfreund, dem Sohn des englischen Militärattachés Crowe, machte, den ich leider nie wieder gesehen habe; es ist unverzeihlich gewesen, daß ich mich in London, wo jedoch wohl zuviel anderes auf mich einstürmte, allzulange nicht nach ihm erkundigte. Als ich dann später einmal den in England lebenden, mir befreundeten Fürsten Blücher nach Crowe fragte, sagte dieser, wenn er nicht irre, habe er ihn gekannt, er sei im höheren Staatsdienst gewesen, aber schon verstorben. Crowe hatte öfters Billets zum Besuch der Diplomatenloge des damals noch in der Leipziger Straße befindlichen Reichstags, und wir schlüpften in unsere Loge, wenn es noch so voll war, bei Wind und Wetter hinein. Wir kamen uns natürlich sehr wichtig vor, zeigten uns alle interessanten Abgeordneten, freuten uns, wenn es, meist durch den widerspenstigen Abgeordneten Eugen Richter, etwas lebhafter zuging – obgleich damals die Geister noch in viel gemäßigterer und artigerer Weise als später aufeinanderplatzten –, und bewunderten Moltke und den herrlichen Bismarck, der in seiner gewaltigen Kürassieruniform auf seinem Eckplatz thronte. Er ist wohl der einzige große Mann, den ich im Leben gesehen habe. Wenn er sich aber gar erhob und wie ein Riese dastand, da zuckte es einem wohl durch Mark und Bein, wenngleich seine Rede, deren ich mehrere hörte, auch nicht entfernt den Eindruck wie gelesen machte, denn er stockte oft mitten im Satze, polterte dann wieder abgehackte Perioden hervor und so fort; es war schade, daß diese Art des Sprechens nicht so ganz zu dem Bilde dieses gewaltigen Mannes paßte. Auf uns Jungen machte er natürlich, wie auf den ganzen Reichstag, einen ungeheuren Eindruck.

Sonst habe ich aus dieser Zeit meines Lebens wohl nur noch zu erzählen, wie sehr ich junger Mensch, wohl infolge der kräftigen Erziehung, aber mangelnden Sports, unter einer etwas überstarken Glut, der unbewußten Hinneigung zum anderen Geschlecht, zu leiden hatte. Schon früh hatte sich das Feuer des Mannes, das, wie Dickens sich einmal ausdrückt, das Stroh der Frau verzehrt, bei mir gezeigt; aber zu Hause konnten wir ja reiten und turnen; nun machte sich der Nachteil der damals viel zu unsportlichen Erziehung geltend. Wäre es je herausgekommen, wie glühend das Feuer gelegentlich sein Stroh suchte, wäre ich aus der Schule geflogen; darum war es ein Glück, daß wir nach einem Jahr wieder nach Hause kamen, nachdem mein Vater Ecke des Leipziger Platzes und der Leipziger Straße in einem klassischen Hause Schinkels, dem heutigen Handelsministerium, eine Wohnung gemietet hatte, dort wieder Kunstwerke sammelte und wieder ein schönes Heim schuf.

Mein guter Vater, der mit unendlicher Treue an den von meiner Mutter übernommenen Pflichten hing, hatte nun ganz die schwere Bürde unserer Erziehung, besonders schon durch die Eigenart meines älteren Bruders. Der war nämlich inzwischen

Student geworden; er hatte schon auf der Schule durch den aufkommenden Antisemitismus innerlich gelitten; wohl schwerer als ihm bewußt war, denn dieses Gift wirkt zerstörend auf den Geist eines sich gerade entwickelnden jungen Menschen; noch mehr hatte sich das wohl auf der Universität verstärkt, wo er Mitglied einer sogenannten »Blase«, einer bedeutungslosen Studentenverbindung, wurde; und da er ein nicht besonders kämpferischer selbständiger Geist war – vielleicht war er der ideale Mensch, der sich, wie man sagt, in jeder, selbst der materiellsten jüdischen Familie in einem Mitglied zeigt –, so hatten ihn gewisse Erfahrungen, unbefriedigter Ehrgeiz und innerer Kummer wohl in eine sonderbare Richtung gedrängt. Er war und blieb bis zu seinem Tode im Gegensatz zu uns weltmännischen Brüdern ein gegen sich und jeden anderen mehr als strenger, zugeknöpfter, wir sagten – ob mit Recht, weiß ich nicht – klassischer, aber auch stark pedantischer Charakter. Er war deutsch bis in die Knochen; nationalistisch im damaligen Sinne bis dort hinaus, gesucht schlicht und übereinfach im Äußeren, fast asketisch in Leidenschaften, mit keinem anderen Bestreben, als deutscher Corpsstudent, Beamter und Offizier zu werden oder es uns werden zu lassen, und verachtete den Kaufmann und alles, was damit zusammenhing.

Mein Bruder war aber nur ein Kind seiner Zeit und seiner Schulerziehung, denn der Kaufmannsstand war im damaligen jungen, alles Heil im Nationalismus und der Armee, die das kleine Preußen so groß gemacht hatte, suchenden Deutschland derartig verachtet, daß die Mitschüler *tatsächlich* von jedem abrückten, der in seinem »Lebenslauf« schrieb, er wolle sich dem Kaufmannsstand widmen. Dieser lächerlichen, von den Antisemiten und Alldeutschen natürlich propagandistisch verstärkten Abneigung gegen den Kaufmannsstand, der erst Wilhelm II. in höchst dankenswerter Weise den Garaus machte, und diesem Wahnsinn war der geistige Widerstand meines Bruders nicht gewachsen, er unterlag der allgemeinen Stimmung seiner Altersgenossen und konnte Himmel und Hölle wettern, wenn ich, gerade nach dem Einjährigenexamen, davon sprach, dieser elenden Schule Valet zu sagen und Kaufmann werden zu wollen. Ich für meine Person hatte unbewußt den englischen

Instinkt in mir, die Welt zu bereisen und als Kaufmann, oder sei es was immer es wolle, etwas zu leisten, statt mich in das enge Betätigungsfeld eines preußischen Beamten pressen zu lassen, und hatte wohl den kaufmännischen Freiheitsdrang geerbt. Vielleicht ahnte ich, auch wieder unbewußt, daß ein gewisser mir innewohnender Spekulationssinn durch solides, kaufmännisches Lernen gedämmt und in die richtigen Geleise geführt werden müßte. Und welche Chancen hätten sich mir, dem weltmännischen, jungen, gesunden, ansehnlichen Mann mit großem Vermögen und allerbesten Familienbeziehungen geboten! Aber da kam ich zu Hause schön an. Erst hieß es, das Abiturientenexamen machen, um mindestens drei Jahre (es wurden vier) dem jungen Leben zu stehlen. Das ging nun aber damals nicht anders! Mein Vater war sicherlich ein kluger Mann; aber wie später seit 1914 in Deutschland kein vernünftiger Mensch, und wäre es der vorsichtigste gewesen, richtig wissen konnte, wie er seine Kinder erziehen oder sein Vermögen verwalten sollte und wie er von Monarchie zur Republik, von Inflation zu Deflation, von Pazifismus zu Nationalismus, von Höhen zu Tiefen geschleudert werden würde, um schließlich in der heutigen Knechtschaft zu enden –, genausowenig konnte mein Vater, wie seine Welt noch in den alten Gehirnen denkend und sehend, wie sehr sich das verarmte Preußen der 40er Jahre durch Reaktion, Revolution, Emanzipation, die Kriege von 64, 66 und 70 und schließlich durch einen ungeahnten, in der Weltgeschichte kaum je dagewesenen Aufschwung entwickelt hatte, sich im Widerstreit der alten und neuen Probleme zurechtfinden und ahnen, welche Erziehung die richtige sei. So sah er im Wesen seines ältesten Sohnes die künftige Jugend und erzog uns nur zum künftigen Akademiker. Sonst ließ er uns viel freien Willen, freute sich an unserem Wohlergehen, ging und fuhr oft mit uns aus und machte schöne Reisen mit uns. Er fuhr kreuz und quer mit uns in Deutschland herum, namentlich zum Besuche der Museen und Galerien, besuchte mit uns die große Pariser Weltausstellung von 1891 und eine Budapester Weltausstellung; er ging mit uns aufs böhmische Schloß Kleinskal unseres Freundes Baron Oppenheimer, von wo wir auf viele Schlösser der Umgebung wie der Grafen Aehrenthal, Dufour und des Prinzen Rohan Abstecher machten; er fuhr mit uns zu einer Ausstellung und zur Besichtigung der Museen und Künstlerateliers in Wien, von wo ich mich zum Beispiel derjenigen des Bildhauers Zumbusch und namentlich des schweigsamen, fast weltabwesend scheinenden Malers Makart lebhaft erinnere, der als Wiens verhätscheltster Maler in seinem von orientalischen Teppichen fast erdrückten Atelier saß; man erzählte von ihm, daß viele schöne Frauen des Hofes es sich zur Ehre schätzten, ihm für seine von nackten Frauengestalten strotzenden Bilder Modell sitzen zu dürfen.

Kurz, mein Vater tat alles, was ein liebender Vater für Kinder tun konnte, denen leider zur Festigung häuslicher Tugend die Mutter fehlte. Und doch, wie weltfremd, wie unpraktisch mußte diese von meinem nur deutsch und deutschnational im guten damaligen Sinne denkenden Bruder inspirierte Erziehung sich auswirken? Eine Schwester meines Vaters, Julie Gerson, eine gütige, vornehme Frau, wollte ihren Liebling, meinen jüngeren Bruder Fritz, zum Erben ihres drei bis vier Millionen Mark betragenden Vermögens machen, wenn er ihren Namen Gerson dem unseren einverleibte und sich Gerson von Liebermann nannte. Mein Bruder schlug es ab, »da sich der Name nicht mit dem Adel vertrüge!« Andererseits aber, wie erhebend war es wieder, als unser Vater uns eines Tages mitteilte, ihm sei eines der schönsten Güter, die Standesherrschaft Muskau in der Lausitz mit dem herrlichen, weltberühmten Park zum Kauf angeboten worden; für zwölf Millionen, von denen drei anbezahlt werden müßten; die restlichen neun aber seien leicht im Lauf der Zeit durch Abholzung zu liquidieren. Er fragte uns um unsere Ansicht; rein wirtschaftlich betrachtet sei es ein gutes, klares Geschäft. Keiner von uns dreien zuckte mit der Wimper. Wir erklärten sämtlich, das Wort »Abholzung« habe einen häßlichen Beigeschmack, wenn es auch jeder Adlige täte. Aber jüdischer Adel verpflichtete! Mehr als jeder andere! Und so wurde nicht mehr an Muskau gedacht, das die gräfliche Familie Arnim dann erwarb. –

Natürlich war der Urgrund unserer Ansichten hierbei wie bei allem, was meine Brüder oder ich im Leben getan haben, obgleich unsere Wege in Dingen der Religion später auseinandergehen sollten, da sie sich, freilich viel später, taufen ließen, der, daß unsere Familie dem aufkeimenden Antisemitismus keine Nahrung geben dürfte. Von diesem werde ich noch genug zu erzählen haben; vorläufig jedenfalls merkten wir alle bis auf den Studenten nichts: Ich war als wilder Patron und Nie-Spielverderber bei meinen Schulgenossen beliebt, und im übrigen war ich ein höllisch hochgewachsener und starker Mensch, dem der Vollblutantisemit niemals gern zu begegnen pflegt.

Von sonstigen Ereignissen jener Zeit möchte ich die erste Aufführung von Wagners »Ring der Nibelungen« im Victoriatheater, dem wir beide jüngeren Brüder beiwohnten, erwähnen. Ich war nicht Wagnerianer, mein Bruder Fritz war es; exaltiert, wie damals ganz Berlin – im guten, heiligen Deutschland mußte man sich ja immer bekriegen, wird es übrigens auch weiter tun, nur ruhig abwarten – in gegenseitiger Fehde zwischen Wagnerianern und Antiwagnerianern war. Diesen Kampf betrieben selbst wir Brüder manchmal bei Tisch so heftig, daß mein Vater gelegentlich drohte, wenn wir nicht aufhörten, müßten wir den Tisch verlassen. Im übrigen bin ich später ein großer Bewunderer von Wagners gewaltigem Genie in »Lohengrin«, »Tannhäuser« und anderem, vor allem der »Walküre« geworden; überall da, wo Wagner auch melodiös ist. Wo er aber *nur* Tonmaler ist – was er ja für seine eigentliche Kunst hält –, kann ich nicht so recht folgen.

Zwei eigenartige Zwischenfälle bei diesen Aufführungen erscheinen hier mitteilungswert: Das ganze, bis auf den letzten Platz gefüllte Theater war versammelt, dann erschien in seiner Orchesterloge Kronprinz Friedrich Wilhelm mit seiner Familie und einige Minuten später erst, von Orchestertusch begrüßt, in der gegenüberliegenden Loge Richard Wagner mit Familie. So war es an jedem der vier Tage des Nibelungenrings. Am letzten Abend aber nach Schluß der Vorstellung war eine Huldigung für Wagner und seine Künstler, die die Bühne füllten, vorgesehen. Vorne standen Wagner, die große Sängerin Materna und die anderen weiblichen Mitwirkenden. Erst kam eine Ansprache des Intendanten. Dann wurden Lorbeerkränze gereicht, zunächst der Materna, der Reicher-Kindermann und den anderen großen Künstlerinnen. Wagner, entrüstet, daß er nicht den ersten Kranz erhielt, verließ hierauf, während das ganze Haus und die königliche Familie, um ihn zu ehren, stand, die Bühne. – Es war für feinfühlendere Menschen recht peinlich zu sehen, wie dieser bedeutende Mann nicht *vor* dem Volkshelden und seiner hervorragenden Gemahlin seine Loge einnahm und beim Schluß die Bühne nicht *nach* dem Abgehen des Königshauses verließ. Gerade in dem Lande, dem jene Kronprinzessin entstammte*, gibt es Könige, als deren höchste Eigenschaften ihr Volk ihren Takt gefeiert hat und feiert. –

Da ich gerade beim Theater bin und Ernst und Scherz sich gerecht mischen sollen, will ich gleich von den Gastspielen berichten, die mein Bruder und ich in der königlichen Oper gaben, wo bekanntlich die Statisten in den großen Opern von dazu kommandierten Soldaten dargestellt wurden. Diese Leute erhielten für den Abend 50 Pfennige; da wir Schüler aber darauf verzichteten und dem betreffenden Statistenführer noch eine Mark dazugaben, so nahm er uns manchmal als Statisten. Man mußte in die allgemeine Garderobe, bekam die sonst von Soldaten benutzten Maskenkostüme, erhielt dann noch eine Perücke und zwei Striche Puder und Schminke, und fertig war man. Es war natürlich ein Hauptgaudium, aber streng verboten, und man wäre sofort aus der Schule geflogen, wenn es gemerkt wurde. Dann wurde man auf die Bühne wie eine Schar Hammel geführt und machte das nach, was der Führer tat: Wir sind im Zuge der Ratsherren im »Propheten« gegangen; mein Bruder Fritz trug die Fahne auf dem Eisfest ebendarin; in der »Afrikanerin« stellte ich einen richtigen Neger (Heil Hitler und Streicher!) dar, in »Carmen« lagerten wir als Banditen im Freien und säuberten, durch unzählige Stierkampfbesucher und dekolletierte, schminke- und puderbedeckte Balletteusen schreitend – ein unbeschreibliches Fest für uns junge Dachse –, den Weg zum Circus und so weiter. Es war herrlich, nur wurde auf einen, sobald man hinter die Kulissen trat, sofort von der Bühnenpolizei Jagd gemacht, da sie uns natürlich von den Sol-

---

* Gemeint ist England; Kronprinzessin Viktoria war die Tochter der englischen Königin Victoria (Anm. d. Hrsg.).

daten nicht unterscheiden konnte. Ab und zu freilich rettete mich der uns befreundete Operndirektor, der famose alte Gentleman aus alter Zeit, von Strantz. Dann durften wir hinter der Bühne hervorspazieren und alles ansehen. – Wer beschreibt aber unser Entsetzen am nächsten Morgen nach »Carmen«, als in der französischen Stunde der Lehrer, da wir beim Vorlesen eines französischen Lustspiels mit verteilten Rollen hinten ziemlich laut waren, rief: »Ruhe da hinten bei den Statisten.« Wir fünf oder sechs Verbrecher dachten natürlich, es sei bekannt geworden, daß wir statiert hatten. In Wirklichkeit – ein sonderbarer Zufall – hatte der Lehrer aber nichts anderes mit »Statisten« als uns gemeint, die wir hinten nicht mit vorlasen. Also das war mal wieder gutgegangen, und die nächste Vorstellung sah uns als gläubige Protestanten in den »Hugenotten«.

In jene Zeit fällt noch ein erwähnenswertes Ereignis, indem mein Bruder Paul, der bei den Gardedragonern sein einjähriges Jahr gedient hatte (1883), trotz sicher guter Leistungen nicht die Offiziersqualifikation erhielt; natürlich wieder eine Folge wachsenden Antisemitismus, denn in den 70er Jahren nach dem Kriege wurden Juden noch zu Leutnants befördert. Ein Bekannter unserer Familie von demselben Regiment, Graf August Bismarck, von der süddeutschen badischen Linie, ein vornehmer Mann par excellence, von dem ich noch zu erzählen haben werde, bemühte sich vergeblich, die Order umzustoßen. Wieder eine Verdüsterung des Gemüts meines Bruders, der in seiner klassischen Anständigkeit beschloß, mir meinen Militärweg durch Corpszugehörigkeit nach meinem Abiturientenexamen zu ebnen. Es hatte aber noch Zeit bis dahin, denn bei meinem ersten Examensversuch riefen die Lehrer infolge der meist ungenügenden schriftlichen Arbeiten »da capo«, und so hatte ich ein halbes Jahr später Michaelis 1883 nochmals anzutreten und bestand. Ich konnte lateinisch sprechen, konnte auch den halben Homer auswendig, hatte eine wissenschaftliche philologische Grundlage, für die man natürlich dankbar sein muß, die aber mit vier Jahren Lebensverlust viel zu teuer bezahlt war; wußte von Naturwissenschaft so wenig, daß ich nicht Reif von Tau unterscheiden konnte, und ahnte von der Welt, und was auf ihr *wirklich* vorging, überhaupt nichts. – An meinem Entlassungstag wurde ich sofort von der Feier durch einen Freund zu einer Berliner Burschenschaft mitgenommen, gekeilt und derart mit Bier vollgepumpt, daß mir, nachdem ich zum Essen nach Hause stürzte, zu dem wir stets pünktlich zu erscheinen hatten, beim Eintritt ins Speisezimmer etwas Menschliches passierte. Man sieht, selbst am ersten Studententage war vom Erhabenen der Schulfeier zum Lächerlichen nur ein Schritt. Mein guter Vater hatte empört das Zimmer verlassen und sandte mich ins Bett, meinen ersten Rausch auszuschlafen; aber am nächsten Morgen strahlte die Sonne ins Zimmer und mir ins Herz hinein ob der goldenen Freiheit, die mir nun winkte. Ich beschloß, da mein Bruder Jurist war und der jüngere Medizin studieren wollte, selbst Chemie zu studieren und nach Würzburg zu gehen, was mein Bruder Paul ausgeknobelt hatte, um dort Corpsstudent zu werden.

In der schönen Mainstadt Würzburg besuchte ich zunächst den Baron Joseph von Hirsch, einen famosen, jovialen, alten Herrn aus der bekannten Familie, der als Jude Ehrenmitglied des Corps »Nassovia« war und an den ich empfohlen war, um ihn zu befragen, ob ich Chancen hätte, dort aktiv zu werden. Er sagte mir offen, es sei immer und immer schwieriger geworden, und sein Neffe, der letzte Jude im Corps, hätte manche Unannehmlichkeiten gehabt. Er wollte mir nicht ab-, aber auch nicht zuraten. Nun ging ich zu den Nassauern, stellte mich vor, machte sichtlich einen guten Eindruck und wurde zum Bierkonzert geladen, bei dem dann ein anderer älterer jüdischer Herr zu mir kam und mir, befürchtend, daß wie immer bei Juden – bei Christen war das nie der Fall –, ein eventuelles Scheitern des einen Juden den anderen in die Schuhe geschoben werden könnte, eigentlich von einer Meldung abriet. So wurde ich denn, da einige »Mainländer« mich keilten, bei ihnen aktiv und habe dort auch nie viel zu klagen gehabt. Einige sehr liebe aktive Corpsbrüder und einige famose alte Herren blieben mir im besten Gedächtnis. Ich lernte »saufen«, was mein früher schwacher Magen sonderbarerweise besser vertrug, als ich angenommen hatte, und fechten und entpuppte mich auf dem Fechtboden als besonders geschickt. Das Leben war schön, frei und ungebunden; auf den Bällen, sowohl den christlichen als jüdischen – die Gesellschaften waren völlig geschieden, und auf letzteren war ich sicher der einzige Corpsstudent – spielte man eine herrliche Rolle, der Verkehr untereinander war größtenteils echt freundschaftlich, kurz, ein sorgloses, eigentlich ideales Studentenleben. Meine Mensuren gefielen, nach dreien wurde ich als Bursche recipiert; bei der dritten, im Walde stattfindenden, wurden wir von der Polizei geschnappt, und ich erhielt drei Monate Festung, von denen ich einen Monat in Passau absaß. Das Haus, in dem wir auf der Festung untergebracht waren, hatte den vielversprechenden Namen »das Tollhaus«; ich lernte eine ganze Anzahl netter Studenten und Offiziere dort kennen; der Garten lag hoch an der gelben Donau am Einfluß der schwarzen Ilz, gegenüber vom Einfluß des grünen Inn; und noch kilometerweit konnte man die Farben schwarz, gelb, grün verfolgen. Da man überhaupt nichts zu tun hatte, bestellte ich die in unserer dortigen Zeitung angepriesenen Schnecken zum Essen, die in einem großen Sack ankamen. Wir öffneten ihn und fanden lauter fest verschlossene Schneckenhäuser. Über Nacht aber wurde es warm, die Schnecken erwachten, und am nächsten Morgen waren alle Wände, Decken etc. des »Tollhauses« zum Gaudium der Inwohner weit und breit mit kriechenden Schnecken bedeckt. –

Aber nicht nur die Festung, auch das Gefängnis in Würzburg lernte ich kennen, da verschiedene von uns wegen des beliebten Verprügelns von Schutzleuten einen Tag Haft bekommen hatten, der in demselben Gefängnis abgesessen werden mußte, in dem unter Umständen Mörder hingerichtet wurden. Wir wollten nun Essen, Bücher, Karten, ein Petroleumlämpchen, eine Flasche Petroleum einschmuggeln; ich versteckte letztere unter meiner Weste, aber auf der steinernen Wendeltreppe rutschte sie heraus, zerbrach natürlich und verpestete das ganze Gefängnis mit Petroleumgeruch. Wir drei mußten daraufhin alles abgeben, was wir bei uns hatten, aber in dem Alter und als Student macht ja alles Freude. In unserem Zimmer, wo noch drei andere Studenten saßen, war ein scheußlicher Gestank; ein furchtbares Essen mußte mit am Teller angeketteten Löffeln gegessen werden, abends wurden drei Matratzen auf die Erde für uns gelegt, und morgens kam ein Wärter und rief »aufstehen«. Da wir es natürlich nicht taten, kam er mit zwei Drillichleuten zurück, die die Matratzen einfach aufhoben und uns auf die Steinfliesen herunterrollten. Nun standen wir auf und waren nach einigen Stunden frei. Solche Abstecher schaden nichts und sind recht ergötzlich. –

In Würzburg hatte ich mich nach halbjährigem Studium in eine entzückende, vornehme, junge, aus einem Zweige der erstklassigen jüdischen Berliner Familie Herz stammende Dame sterblich verliebt; dieser Zweig hatte sich nach großen Verlusten in Berlin in die Heimat zurückgezogen. Die junge Dame, obwohl fünf Jahre älter als ich, war mir 20jährigem, es ehrlich mit ihr meinenden Menschen, gut; auch die Eltern hätten natürlich die Verbindung gerne gesehen, und so begleitete ich Mutter und Tochter im Sommer auf eine kurze Reise ins Salzkammergut; mein Vater aber, mein leicht entflammbares Herz wohl in Erinnerung an seine eigene Jugendzeit erkennend, war unerbittlich gegen eine schon durch den Altersunterschied unvernünftige Ehe und verlangte, daß ich Würzburg verließe. So mußte ich, noch ehe das Jahr herum war, von Stadt und Corps scheiden, und traurig ging ich nach Berlin.

Sofort hatte mein Bruder Paul, dem mein Ausscheiden aus dem Corps sehr wehe tat, durch Beziehungen zu einem Gießener Herrn gefunden, daß ich vielleicht in Gießen bei den »Starkenburgern«, einem besonders gut angesehenen Corps mit vielen Beziehungen, eintreten könnte, das durch Cartellverbindungen zu einigen adligen Corps, zum Beispiel den »Saxoborussen« in Heidelberg, ohne es zu sein, den adligen Corps zugerechnet wurde. Ich fragte dort schriftlich an, wurde um Vorstellung gelegentlich einer Kneipe ersucht und fuhr auf vier Stunden nach Gießen; ich gefiel, die Leute gefielen mir, und bei meiner nächtlichen Abfahrt wurde mir mitgeteilt, ich könnte nach den notwendigen Würzburger Erkundigungen dort aktiv werden. So trat ich Oktober 84 als »Bursche«, mein Bruder Fritz, der inzwischen Student geworden war, als »Fuchs« bei »Starkenburgia« ein. Ich will hier gleich bekennen, daß mir nächst meiner engeren Familie das Corps bis Oktober 1935 wohl am allernächsten im Leben gestanden hat; ich habe ihm immer und es mir auch bis dahin, selbst durch zuletzt sehr schwierige Verhältnisse, die Treue gehalten; bis es durch den Nazismus wie alle anderen aufgelöst worden ist. Was nachher geschah, wird später erzählt werden.

Das Leben in Gießen war einfach, aber urgemütlich; wir Corpsstudenten waren die Herren der Stadt und die Lieblinge der jungen Mädchen. Waren auch sofort von befreundeten Corps, sogenannte Doppelbanderleute, die außer unserem Bande noch ein anderes hatten, nach Gießen gekommen, um »die beiden Juden zu entfernen«, da es doch völlig unmöglich sei, jetzt noch solche aufzunehmen, so ließ man es mich persönlich doch kaum je merken, wie ich in Würzburg, obwohl mehr als soupçonnös*, wohl auch nie etwas gemerkt hatte. Einer jener Doppelbänderleute wurde sogar zeitlebens einer meiner besten Freunde.

Wir tranken unsinnig; mein Bruder zum Beispiel an einem Abend 21 Liter freilich leichtes Bier! Das war damals deutsche Sitte, ist freilich längst fast ganz abgekommen, jedenfalls vernünftig gemildert.

Die Vergnügungen waren sehr bescheiden. So gingen wir jeden Nachmittag an den Bahnhof, wo die Damen, da es noch keine Speisewagen gab, ausstiegen, und freuten uns, wenn wir den Anblick einer schönen Fessel oder gar den unteren Teil der Wade einer jungen Frau erwischen konnten. Das machte damals schon Eindruck, denn man darf nicht vergessen, es war eine Zeit, in der die Kaiserin befahl, daß die Balletteusen der königlichen Oper längere Röcke tragen müßten, obgleich man von ihren Beinen im Trikot viel weniger sah, als man zum Beispiel von unseren heutigen Tennisspielerinnen ohne Trikot sieht. –

Wir fochten an jedem Sonnabend, an dem man nicht durch frühere Wunden behindert war; daß ich in meiner schwierigen Sonderstellung natürlich die allerschwersten Bestimmungsmensuren bekam, war selbstverständlich, war das Fechten doch ein starker Bestandteil unserer deutschen Ehre; ich habe zwischen 15 und 20 Mal gefochten und mir natürlich meine Stellung durch die Mensuren erobert. –

---

* soupçonnös: argwöhnisch, mißtrauisch (Anm. d. Hrsg.).

Nach zwei Semestern ging ich, da mir die Würzburger Semester angerechnet wurden, als Inaktiver nach Berlin und habe mein Starkenburger Band 51 Jahre mit Stolz und Freude getragen, zuletzt wohl der einzige noch lebende jüdische Corpsstudent im ganzen 28 000 Mann starken Kösener Verband! – Man mag über Fechten und Verunstalten des Gesichtes sagen, was man will: Es ist ein Sport wie jeder andere, es erfordert Selbstbeherrschung, fördert Selbstbewußtsein und verhindert dadurch, daß man jeden Augenblick der Waffe gegenüberzutreten gezwungen ist, den in anderen Kreisen oft üblichen rohen Schimpfton; es ist geeignet, den zwischen Männern so erfreulichen Standpunkt gegenseitiger Achtung zu schaffen und zu festigen. Und mag man die Corps und ihren früheren großen Einfluß im Staate, wo Corpszugehörigkeit tatsächlich eine fast unerläßliche Empfehlung für höchste Staatsmänner war, auch angegriffen haben, so ist doch nicht zu verkennen, daß sie stets Stätten der Pflege der Ehre und, ich gebe es zu, vielleicht etwas künstlich outrierten Ehrbegriffe gewesen sind. Die Corps waren eine Insel, als *alle* damaligen Ehrbegriffe nach dem Fall Deutschlands 1918 zusammenbrachen. Als alle Offiziercorps versanken, die Kösener Studentencorps hielten; und was sie weit über die Offiziercorps erhob, war, daß Gemeinschaft und Kameradschaft nicht von höheren und tieferen Chargen und aus Furcht vor Strafe und Vorgesetzten, sondern von völlig gleichberechtigten Menschen gepflegt wurden, die sich durch gemeinschaftliche Ehrbegriffe zusammengefunden hatten. Es war trotz selbstverständlicher Mängel deutsche Ehre im früheren besten Sinne; das einzige, was der englischen, oft auch durch Sport zusammengehaltenen Selbsterziehung und nicht aufgezwungenen Disziplin entspricht, die doch dort in unvergleichlich gesunder Moralhygiene stets anständige, oft hervorragende und nicht selten auch Staatsmänner züchtet. –

Ich nannte obige Ehrbegriffe etwas outriert, künstlich, etwas hochgeschraubt, und ich möchte das erklären. – Schriftlich habe ich den Ehrenkodex nie gesehen, weiß auch nicht, ob einer existierte. Der saß von selbst im Blut und im Gefühl: Man durfte sich nicht beleidigen lassen, sondern mußte seine Ehre mit der Waffe in der Hand verteidigen; man mußte sein Ehrenwort wie irgend etwas auf der Welt halten; und ich glaubte an das Wort so fest, daß ich mehr als einmal einem Manne, der mich sicher betrogen hatte, seine Rede aber mit dem Ehrenwort bekräftigte, glatt die Hand mit Worten der Entschuldigung bot, daß ich mich geirrt haben müsse; man hätte es zum Beispiel auch damals für unehrenhaft gehalten, ein junges Mädchen aus guter Gesellschaftssphäre zu verführen, ohne die Konsequenz daraus zu ziehen. Aber diese Begriffe hatten den Nachteil, daß sie einen im praktischen Leben stark handicapten; die weitgezogene Grenze zum Beispiel zwischen moralisch Erlaubtem und Unerlaubtem im kaufmännischen Leben stieß sich oft an der durch den Ehrenkodex erlernten Moral. Ich habe es tatsächlich erlebt, daß ein Mitglied meiner Familie, das sich später bei einer guten Weingroßhandlung rein kommanditistisch, also ohne jede Verantwortung; Namen oder dergleichen beteiligt hatte, diese Beteiligung, die ihm jährlich ca. 50 Prozent abwarf, kündigte, weil der Geschäftsinhaber zu seinem größten Glück eine Verbindung mit dem damals bedeutendsten Nachttanzlokal zwecks Weinmonopols geschlossen hatte, weil sich das seiner Meinung nach nicht mit der Familienehre vertrug! »Ist es auch Wahnsinn, hat es doch Methode.«

Ebenso unklar war es auch, auf welche Menschen diese Ehrbegriffe sich denn eigentlich erstreckten? Sicher auf die Satisfaktionsfähigen! Aber wer war das? Offenbar Offiziere, Studenten, gewisse andere Stände. Ein Ehrengericht entschied hierüber. Aber wo hörte die Satisfaktionsfähigkeit auf? Ich selbst wohnte einmal einer Unterhaltung zweier Generäle bei, von denen der eine behauptete, wenn einer seiner Offiziere einen Kutscher oder Kellner beleidigte und dieser ihn forderte – es gab ja schließlich solche Männer, die, aus guten Kreisen stammend, wirtschaftlich heruntergekommen waren –, so habe der Offizier jenem unbedingt Genugtuung zu geben, während der andere General auf ganz entgegengesetztem Standpunkt stand. Ich selbst habe auch einmal in England vor einem Gericht als Zeuge gegen einen höheren Offizier, der sein Wort in Geldsachen nicht gehalten hatte, ausgesagt, man hätte ihm glauben müssen, denn auf ein Offizierswort müsse man sich doch verlassen. Der englische Richter fragte, was ich damit meinte? Er konnte ebensowenig verstehen, warum ein Offizier ein höheres Wort als irgendein anderer Sterblicher habe, wie ich verstand, daß man jedes Wort gleichsetzen müsse. – Aus diesen Beispielen erkennt man deutlich, daß die heutige deutsche Diskriminierung der einzelnen Menschen und Rassen seine Vorläufer in der besseren Behandlung einzelner Stände schon damals hatte – damals Satisfaktionsfähige, heute Parteigenossen – und daß ferner der Engländer mit seinem untrüglichen Nützlichkeitsinstinkt und in seiner ritterlichen Anpassung an die Forderungen der Vernunft wieder das richtige getroffen hat, wenn er allen seinen Bürgern dasselbe Recht und dieselbe Ehre vindizierte und vindiziert.

Freilich, alles entwickelt sich auf die Dauer in der Welt historisch, abgesehen von Zufällen, die durch Erscheinen und Abgang von einigen ganz Großen oder auch gelegentlich von Konjunkturrittern herbeigeführt werden: Deutschland hatte sich im Mittelalter in den Religionskriegen, im Dreißigjährigen Krieg und später im Siebenjährigen gegenseitig zerfleischt; die einzelnen Stämme hatten in der Zeit Napoleons gegeneinander gekämpft; das Land war durch die preußischen Kriege, Mitte des neunzehnten Jahrhunderts, als Preußen – *noch zu meinen Lebzeiten!* – Hannoveraner, Bayern, Sachsen etc. totschossen, endlich 1870 wieder groß und einig geworden und verdankte alles der Armee: Dieses Deutschland suchte nun quasi zur Bevorzugung der schlecht bezahlten Offiziere und Beamten besondere Ehrbegriffe, die solche vor anderen Ständen bevorzugen sollten; und diese Begriffe wurden naturgemäß nun von den guten Kreisen, auch den jüdischen, adoptiert. Und von diesem Standpunkt und *nur* von diesem aus ist meine Erziehung, unter der fast alle jungen Leute aus den ersten Berliner jüdischen Familien jener Zeit litten, eher zu verstehen. In der nächsten Generation hat sich das schon wieder wesentlich zum Besseren geändert. Nun, diese Ehrbegriffe stärkten, wenn sie auch den geistigen Horizont verengten, immerhin Moral und Charakter.

Von Gießen ging ich 1885 nach Berlin, während mein Bruder noch dort blieb. Ich ging an ein Laboratorium, um chemisch zu arbeiten, wie ich selbst in den Zeiten wilden Bummlerlebens niemals ohne geistige Interessen, sei es Dichtung oder Musik, sei es Beschäftigung mit Harmonielehre, die mich sogar einige recht schwache Lieder komponieren ließ, geblieben bin. Immer im eigenartigen Wechsel von Genußsucht und Sentimentalität, mit einem starken Hang zur Romantik begabt, der etwa aufkeimenden praktischen Sinn ungünstig beeinflußt hätte, stürzte ich mich in den Strudel des Berliner Lebens. Viele Schulfreunde sah ich wieder, die Corpsbeziehungen wurden gepflegt und die Saxoborussenabende aufgesucht. Einmal unterhielten sich diese, wie es unter Adligen üblich war, von dem Alter ihrer Familie; einer erzählte, seine Vorfahren seien schon in den Kreuzzügen gewesen, worauf ein anderer, witzig, ohne boshaft sein zu wollen – denn das Verhältnis zwischen unseren Corps war ein gutes und ich beliebt – zu mir herüberrief: »Na, Liebermann, sind Deine Ahnen auch schon in den Kreuzzügen gewesen?« – »Natürlich«, antwortete ich in plötzlicher Eingebung. Alles sah auf mich ungläubig hin, man wußte ja, daß ich Jude war, worauf ich fortfuhr: »Natürlich waren sie schon in den Kreuzzügen, aber als Lieferanten«, womit ich schallenden Beifall erntete.

Aber meinen Hauptverkehr bildeten natürlich wieder die großen Berliner jüdischen Familien, und ich hätte mir nie einen schöneren Verkehr bis an mein Lebensende gewünscht. Zu diesen Häusern gehörten außer den schon lange getauften Mendelssohns mit ihren Abzweigungen, zum Beispiel Hugo und Benoit Oppenheims, dessen Schwester die spätere Exzellenz von Leyden war, in erster Linie das des Bankiers Gerson von Bleichröder, des Vertrauten Bismarcks, der, mit der Hofgesellschaft geschäftlich verbunden, infolge seiner totalen Blindheit sich auf wenige offizielle Gesellschaften beschränkte; das seines Mitinhabers Schwabach, dessen gesellschaftlich außerordentlich versierte Gattin viel beste Hofgesellschaft und Männer aus der nächsten Umgebung Wilhelms I. als intime Freunde bei sich sah. Paul von Schwabach, dieser liebenswürdige, feine Mensch und Nobleman im Bankierstand, der noch lebende Sohn dieses Hauses, setzte später die gesellschaftliche Tradition seiner Eltern fort, während sein Bruder Ernst, ein Bild von Mannesschönheit, leider etwas verbummelt und früh verstorben, der eleganteste Kavalier der damaligen jeunesse dorée war, mit dem ich manchen wilden Streich ausgeführt habe. – Es gehörten dazu die spätere Exzellenz und Präses der Handelskammer, Wilhelm Herz, sein ganz anders gearteter Bruder, der mehr dichterisch als kaufmännisch interessierte Hermann Herz, dessen elegantes Heim in der Voßstraße heute »ausgerechnet« das Berliner »Braune Haus«*ist; dann das Haus Reichenheim, meine Familie, das Haus Geheimrat Pringsheim, dessen Gattin der alte Kaiser nie zu begegnen pflegte, ohne mit ihr zu plaudern, und die durch die drei berühmten Schwestern von Prillwitz, die Gräfinnen Perponcher und Moltke die Verbindung mit der Hofgesellschaft zu halten wußte; die kunstliebende Familie Rosenfeld, eine Schwester des Freiherrn Max von Goldschmidt-Rothschild, dann die Familie Julius Schiff mit seiner feingeistigen Frau; Ernst Meyer, der sogenannte »schöne Meyer«, Schwiegersohn von Wilhelm Herz; der bedeutende Mäzen und Kunstsammler Geheimrat Eduard Arnhold, der als wirtschaftlicher Berater verschiedener Reichskanzler gerne hohe Beamte bei sich vereinigte; Generalkonsul Eugen Landau und verschiedene andere Familien; und wenn mir die Namen einiger Häuser entfallen sind, so mögen sie oder ihre Nachkommen es nicht verübeln, da ich ja keine Statistik schreibe, sondern nur ein ungefähres Bild des gesellschaftlichen Lebens geben will.

Jedes dieser Häuser hatte seinen eigenen Reiz, wie fast jeder einzelne – wir sind ja alle nur Menschen – seinen eigenen Tick hatte. Hier traf man Hofleute, dort Botschafter und Gesandte, dort Staatsbeamte und vielleicht Minister, dort Cavallerieoffiziere, zu denen sich als pièce de résistance sogar Gardecavallerie, obschon vorsichtig, gesellte; da Gelehrte, dort Künstler und überall die Mitglieder dieser Familien unter sich in ganz hübscher Vermischung mit Obigen. Man darf nicht fragen, wen man alles traf, man muß fragen, wen man nicht traf. Ich, der ich nicht nur in Berlin, sondern auch in Wien, Paris und London große Gesellschaften mitgemacht habe und der ich mir wohl einbilden darf, ein gewisses Empfinden für die höllisch schwieri-

---

* Das »Braune Haus« ist das Heim der Nazi-Partei.

gen Unterschiede und Feinheiten bei der Beurteilung gesellschaftlicher Schichten zu besitzen, muß sagen, in keiner dieser Familien, die natürlich alle auf ein gewisses Alter zurückblickten, auf keiner ihrer Gesellschaften konnte man trotz aller Eleganz, trotz aller künstlerischen Ausstattung der Feste und trotz ihrer Kosten, außer bei ganz vereinzelt räudigen Schafen, die man genau kannte, eine Spur von Snobismus entdecken; denn den zu zeigen wären diese Kreise, selbst wenn er unter der Oberfläche geglommen hätte, zu klug gewesen. Nirgends war je eine Spur von Protzerei, Übermut oder Parvenutum zu bemerken, denn es war keines da; bei diesen Leuten *war* Kultur, *war* Vornehmheit gepaart mit guter Erziehung, größerer oder geringerer Bildung und hoher jüdischer Ethik. Diese Leute waren aber durchweg beste Deutsche im guten alten Sinn, besaßen genug, um nicht geschäftlichen Konjunkturerfolgen nachzulaufen, sondern waren ernste Kaufleute und freuten sich, dem Staat gegenüber ihrer Alltagspflicht zu genügen. Nie habe ich in einem jener Häuser erlebt, daß, wie es einmal bei einem Neureichen später geschah, man sich beim Kommen auf der Treppe fragte: »Wie kommen Sie denn hierher?« Und *so* exclusive waren diese Kreise, daß, als ein Mann nach Berlin zog, der viel mehr Geld als irgendeiner von ihnen besaß, von dessen 70er Kriegsgewinnen und deren allzu erfolgreicher Verzinsung man aber – übrigens wie ich später hörte, ganz mit Unrecht – geringschätzig sprach, keines dieser Häuser sich ihm zum Verkehr öffnete, obwohl der Kaiser ihm hohe Titel verlieh.

Aber auch in den einfacheren Familien mancher jüdischen Schulfreunde verkehrte ich bei belegtem Brot statt Hummersalat ebenso gerne, wenn ich bei ihnen trotz des mangelnden Prickelns, den Wohlhabenheit und Luxus erzeugen, dasselbe feinere Empfinden, wie so oft, ja ebensoviel wie bei den anderen entdeckte. Und genau dieselbe Befriedigung empfand ich, wenn ich bei meinen christlichen Freunden und ihren Familien verkehrend, trotz etwas anderen Gehabens auf dieselbe vornehme Gesinnung stieß. Es war eben damals eine andere Welt, die Menschen offener, ehrlicher, das Volk glücklicher, das Land weit und breit im Aufblühen. Damals, als ich alles hatte, was das Menschenherz begehrt und von der Welt nichts wußte, sah ich im Menschen nur das Gute. Als sich später viel bei mir verkrümelt hatte und ich die Menschen besser kannte, übersah ich geflissentlich das Schlechte und *suchte* das Gute in ihnen. Ich tat es gerne und konnte nicht anders. – »Phantast« sagten meine Freunde; »Unsinn« meine Frau; »Anlage« ich; klug war es nicht, aber gereut hat es mich doch nie. –

Warum und wie diese Berliner Gesellschaft sich im Lauf der Zeit verwandelte? Das Taufen trug viel dazu bei, und die alte Vornehmheit ließ im selben Verhältnis nach, als das Deutschland Wilhelms II. sich allmählich bedenklich zu einem lärmenden und herausfordernden Parvenustaat auswuchs; immerhin ist es interessant, dieser Gesellschaft Berliner Juden in einer Zeit zu gedenken, in der auf einer Münchner Nazischule die jungen Menschen, wie mir ein Beteiligter selbst erzählte, im Antisemitismus dahin unterrichtet wurden, »daß alle Juden Schweine seien«. Auf den Einwurf eines Unterrichtenden aber, daß es jedoch auch verschiedene Schichten unter den Juden gäbe und man doch nicht alle über einen Kamm scheren dürfe, entschieden sich diese heroischen Pfleger germanischen Geistes nach Überlegung für die Ansicht: »Unterscheidungen können nen junge Köpfe nur verwirren, es ist schon besser zu sagen: »Juden sind alle Schweine.« –

Inzwischen war im Jahre 1886 mein Bruder Fritz aus Gießen wieder in Berlin gelandet und studierte Medizin. Durch gleichen weltmännischen Sinn, leichtere Lebensauffassung, Corpsbruderschaft, gleiche Ehrbegriffe mit mir verbunden; er überlegter, weniger nervös und sentimental als ich, haben wir beide im Gegensatz zum immer allein stehenden älteren Bruder ähnliche Wege beschritten. Morgens reitend, dann arbeitend – denn Interessen hatte auch er immer –, verbrachten wir den übrigen Tag im holden Bummeln, und unser Vater drückte gerne ein Auge zu.

Die Frauen waren uns gnädig gesinnt. Eine meiner Tanten war eng befreundet mit dem berühmten spanischen Sängerehepaar Artôt de Padilla. Frau de Padilla, Liebling der Kaiserin Augusta, eine nicht sehr schöne, aber große Künstlerin und Dame, war die erste Gesanglehrerin Berlins, zu der auch vom Ausland viele Elevinnen kamen. Diese ganze Schule verkehrte bei unserer Tante, musizierend und gelegentlich kleine Sing-spiele aufführend. Und wir beiden Brüder ertappten uns eines Tages gegenseitig in nicht ganz ungefährlichem Flirt mit zweien dieser jungen Damen, und das Bewußtsein, daß wir, falls etwas gemerkt würde, für ewige Zeiten aus diesem Salon fliegen würden, erhöhte vielleicht den Reiz. Meine Flamme, eine große nordländische Schönheit, die, schon am Opernhaus gastierend, von der Lebewelt bewundert, mich 23jährigen Menschen aber den gefährlichsten Don Juans vorzog – und was gab es unter der Gardecavallerie, die das Theater bevölkerte, für uniformstrotzende herrliche Gestalten! –, gab in der Oper zwar nur eine kleinere Rolle in »Faust«, spielte mir gegenüber aber in vornehmster, dankenswerter Weise das Gretchen, das »schon so viel gegeben, daß ihr zu geben nichts mehr übrig blieb«. Sie, eine Nordländerin mit aschblondem Haar, heiratete dann bald einen reichen Landsmann und gedieh, wie ich hörte, prächtig. Fast 40 Jahre später meldete ich mich, jenes Land bereisend, bei ihr an und wurde auf einem Schloß eingeladen, wo sie mir im Schmucke zweier Töchter und einer Anzahl Enkel gütig wie immer entgegentrat; wir verbrachten einen schönen Tag mit Mann und Familie, aber aus der Venus von Milo war, wie der alte Witz sagt, eine von Kilo geworden, und ich hatte gelernt, daß man klüger tut, alte Freundschaften mit dem weiblichen Geschlecht nur im verklärenden Spiegel der Erinnerung zu betrachten. –

Auch sonst war mir das Glück hold, was nicht schwer ist, wenn man jung und reich ist und anständig aussieht; und manche hübsche Erinnerung gaukelt mir Frauen der obersten Kreise vor, deren Stroh das verzehrende Feuer der Liebe entgegenzüngelte. Gerade in jenen hohen Schichten – die dem englischen »smart set« entsprachen –, in denen man damals noch zaghaft und schüchtern das Recht der Liebesfreiheit diskutierte, zehn Jahre später aber die Berechtigung ehelicher Treue fast bestritt, brauchte man kein sündhafter Verführer zu sein, um Erfolg zu erringen.

Auf einer der Gesellschaften dieser Kreise tanzte ich als ungarischer Offizier in Hellblau und Gelb in einem großen Ballett im Saale des »Hotel Kaiserhof« mit. Zufällig war an jenem Tag im Kaiserschloß, ich glaube zu Ehren des anwesenden Kronprinzen Rudolf, eine riesige Festlichkeit. Alle dorthinführenden Straßen, also auch die meine, vom Leipziger Platz durch die Leipziger Straße zum Wilhelmplatz, waren illuminiert, überfüllt, streng abgesperrt und nur eine Rinne für die zum Schloß fahrenden Wagen freigelassen. Verzweifelt überlegte ich zu spät, wie ich noch zur Zeit dorthinkommen sollte; im Wagen vorwärtszukommen war undenkbar; im Paletot, aus dem die hellgelbe Maskenuniform schaute, konnte ich unmöglich über die überfüllte Straße. Ich nahm einen Wagen, zog den Paletot aus, setzte die Czapka auf und sagte einem Schutzmann zum Fenster hinaus, er möge doch Platz schaffen. Sofort glaubte er, ich wolle zum Kaiserlichen Schloß, drängte die Menschen fort, verständigte den nächsten Schutzmann, und rasch war ich in der Rinne und fuhr, von jedem Polizisten begrüßt und wiedergrüßend, in das Hotel »Kaiserhof«. Ein urdrolliger Zufall, aber solche Verwechslungen sind mir mehrfach im Leben passiert. –

Aber auch ernstere Ereignisse jener Zeit haften in meinem Gedächtnis, zum Beispiel ein Besuch meines Vetters Emil Rathenau bei uns zu Tisch, als er gerade zum zweiten Mal von Amerika und Edison zurückgekehrt war, der ihm das Ausbeutungsrecht des elektrischen Lichtes, damals noch in der Form einer Bogenlampe, für Deutschland verkauft hatte. Mein Vetter suchte bei meinem Vater eine Beteiligung an einem Syndikat, das tatsächlich der Anfang des ersten industriellen Milliardenunternehmens Deutschlands, der A. E. G., geworden ist. Er erzählte viel von »Kraft und Licht«, Ausdrücke, die uns in dieser Zusammenstellung so ungewöhnlich, ungewohnt und wenig seriös erschienen, daß wir uns unter dem Tisch anstießen und lachten, so daß unser Vater sagte: »Kinder, wenn ihr nicht vernünftig seid, müßt ihr in euer Zimmer.« So wenig ahnten wir damals etwas von der Grundlage des elektrischen Lichtes. Es ist aber ein Trost, daß derselbe Rathenau, als der Graf Zeppelin ihn 25 Jahre später um Finanzierung seines Luftschiffes bat, es ihm abschlug, weil er nicht an dessen Zukunft glaubte; und daß Napoleon I., als ihm Fulton sein Dampfschiff erklären wollte, diesen hinauswarf und dem eintretenden Talleyrand bemerkte: »Denken Sie, dieser verrückte Kerl will mir eine Erfindung verkaufen, mit der er meine Soldaten mit kochendem Wasser nach England bringen will.« –

Und wie nahe Erkennen und Nichterkennen, Glück und Unglück zusammenliegen, mag ein anderes mir einfallendes Erlebnis aus jener Zeit erläutern: Unser Vater besuchte öfters, einen von uns mitnehmend, einen sehr alten, in einem einfachen Zimmer wohnenden Herrn D., der, Vater seines guten Schulfreundes, schwer krank lag und auch bald starb. Unser Vater, der dem alten Mann immer Südwein mitnahm, erzählte uns: Herr D. sei ein wohlhabender, hochanständiger Bankier gewesen, der sein Vermögen verloren habe, und weder er noch seine Familie hätten wieder hochkommen können. In früheren Jahren sei Rothschild – wohl vom Frankfurter Hause – nach Berlin gekommen und habe dem ihm von Montefiore in London als besonders zuverlässig und ehrenwert empfohlenen Bankier Herrn D. angeboten, ihn in Berlin zu vertreten, aber Herr D. habe, die Ehre schätzend, mit den Worten verzichtet: »Herr Baron, ich bin zeit meines Lebens selbständig gewesen, verzeihen Sie, wenn ich es gerne bleiben möchte.« Darauf habe Rothschild mit dem Bankier Samuel Bleichröder gesprochen, der natürlich überglücklich gewesen sei, die Vertretung zu erhalten. Zweifellos wäre Bleichröder ohne die eminente Befähigung seines Sohnes Gerson von Bleichröder nicht das Welthaus geworden, das es tatsächlich wurde, aber wie anders hätte sich wohl das Schicksal D.'s gestaltet!

Ich bekam damals (1886), gerade als ich ans Einjährigenjahr denken mußte, einen recht starken Keuchhusten, der ja, wenn man aus der Kindheit heraus ist, sehr häßlich und quälend ist. Mein Vater brachte mich zum Kurgebrauch nach Ems, der auch nutzte; in Ems hatte ich Gelegenheit, den alten Kaiser Wilhelm I. jeden Morgen am Brunnen im eigentümlichen schwarzen Zylinder und Gehrock mit grauen Hosen zu sehen, der immer noch täglich mit den sogenannten »Kaiserjägerinnen« – Damen, die ihm beständig nachreisten und inzwischen auch selbst in die Jahre gekommen waren – in reizender Weise zu konversieren pflegte. Des Abends saß er stets im Theater

ganz einfach auf der ersten Reihe des Parketts, wo seine Lieb-
lingsstücke gegeben wurden und wo er sich mit den Schauspie-
lerinnen, wenn sich die Gelegenheit bot, als Kavalier von
ca. 90 Jahren ebenso liebenswürdig unterhielt. Sein Liebling
war eine entzückende, junge, schlanke, außerordentlich kluge
»Naive«, die eine bekannte Liaison mit dem damals elegantesten und begehrtesten Herrn der Berliner Schöpfung, einem
auffallend glücklichen Rennmann, hatte. Sie machte den armen
reichen Mann, der ein großer Pistolenschütze war, vor Eifersucht rasend, wenn er gelegentlich nach Ems zu Besuch kam
und sie mich jungen Dachs beim Vorbeigehen im Kurhaus-
restaurant an ihren Tisch rief. Dabei war in Wirklichkeit noch
gar kein Grund zur Eifersucht; der kam erst. Denn eines Tages
gingen wir an der Lahn spazieren; ihr Mops fiel ins Wasser, sie
schrie und versprach Himmel und Hölle dem, der den Hund
rettete, ich sprang in das übrigens kaum bis an den Hals rei-
chende Wasser und holte das Untier heraus. Abends beim Souper flüsterte sie mir ins Ohr, sie liebe mich, aber ich solle die
Gelegenheit benützen, wer wüßte, ob sie es noch morgen täte?
Ein guterzogener Mann kennt seine Pflichten einer schönen
Frau gegenüber, so daß der frisch gerettete Mops einem glücklichen Schäferstündchen beiwohnen konnte. Und besonders
freute es mich, daß ich mich an den nächsten Tagen überzeugen
konnte, daß die große Schauspielerin sich in punkto Beständig-
keit doch wesentlich unterschätzt hatte. –

Aber dann hieß es ans Militär denken, und ich mußte Ems
verlassen, um Vorbereitungen für mein Dienstjahr zu treffen.

Mein Dienstjahr

»Every subject's duty is the King's,
but every subject's soul is his own.«
(Shakespeare, Henry V.)

Eine besonders warme Empfehlung eines Freundes Majors Heermann, Bruder des berühmten, soeben – 1936, in Meran, wo ich dieses Buch schreibe – verstorbenen Geigenkünstlers Professor Hugo Heermann, an einen hohen Straßburger Offizier erweckte in mir den Gedanken, bei den 15 Ulanen, einem schönen Regiment in Straßburg, zu dienen, und da ich von einem meiner Familie befreundeten früheren Kommandeur desselben Regiments, dem Baron Korff, ältesten Schwiegersohn Meyerbeers, auch noch eine Empfehlung erhielt, so stand es für mich fest, in Straßburg zu dienen. Baron Korff war in der Berliner Welt berühmt, weil er lange der ausgesprochene Liebhaber der großen Sängerin Pauline Lucca gewesen war und seine wenig hübsche, aber reiche Frau, selbst vor seinem Sohne, nur das »Portemonnaie« zu nennen pflegte, was weniger ein Beweis für die Eleganz seines Herzens, als die seiner wirklich glänzenden Erscheinung war. Es wäre klüger von mir gewesen, zum Militärdienst nach Bayern zu gehen, wo immer noch Juden zu Reserveoffizieren gemacht wurden, als in Preußen zu bleiben, wo dies seit der elenden Stoeckerhetze nicht mehr möglich war; aber auf meinen guten Stern und meine Corpserfolge vertrauend, meldete ich mich in Straßburg und landete dort Oktober 86. Das erste, was ich hörte, war die Versetzung des höheren Offiziers, dem meine Empfehlung galt; der Freund Korffs lud mich zwar freundlichst zu Tisch ein, das war aber auch alles. Ich kam in die Schwadron des Rittmeisters

55

Mackensen, der dann als »Mackensen von Astfeld« geadelt wurde und ein Vetter des Generalfeldmarschalls war, eines sehr strengen, knöchernen Offiziers, dessen Eigenschaften ich zu kritisieren kein Recht habe, der sich aber im Lauf der Zeit jedenfalls als Antisemit und mir gegenüber als recht wenig gütig erwies. Im Anfang aber gefiel es mir recht gut. Die schönen Pferde, das Zureiten, das Leben im Freien, die blaugelbe Uniform und die sportliche Einstellung unseres Rekrutenleutnants, Fullerton-Carnegie, eines geborenen Engländers und soviel ich weiß, Neffen des Botschafters Fürsten Radolin, die Gunst der Frauen und so weiter; das alles ließ in mir seit jeher begeisterten Reitersmann den Wunsch aufleben, umzusatteln und aktiver Cavallerieoffizier zu werden. Ich befragte schriftlich meinen Vater, der mir klug wie immer antwortete, er wolle mir, wenn ich es für mein Glück hielte, nichts in den Weg legen, wenn es sein müßte; auch nichts über die dazu nötige Taufe sagen, aber ich sollte es mir genau überlegen; seiner Ansicht nach würde mein Leben trügerischen Scheins ein glänzendes Elend werden. Er hatte recht; mir wurde bald klar, daß ich nur Reiter, aber kein Militär war und daß die Abhängigkeit des Offiziers meinem inneren Empfinden widerstrebt hätte; auch fühlte ich, obwohl der beste Reiter und der größte Mann und als solcher Flügelmann der Schwadron, in mir eine gewisse Reaktion auf unausgesprochene Antipathie meines Rittmeisters aufkeimen. Er war mir gegenüber zwar verhältnismäßig vorsichtig, denn ich hatte ja meine Corpsmeriten und bekam außerdem schon im November gelegentlich eines Besuches eines früheren Berliner Schulfreundes, der eine verheiratete, mir nahegestandene Berliner Dame beschimpfte und den ich dafür züchtigte, ein Duell. Es kam wie üblich, obgleich ernst gemeint, nichts dabei heraus: hüben und drüben Corpsstudenten, bei mir Heidelberger Schwaben. Das Duell wurde zwar bekannt, aber nicht offiziell zur Anzeige gebracht und daher nicht bestraft; immerhin gemahnte es zu einer gewissen Vorsicht mir gegenüber.

Sonst war es hübsch in Straßburg! Mein Hauptverkehr war mein lieber Freund, der Einjährige Richard Ladenburg und seine Corpsbrüder, die Schwaben Heinrich Lindemann, dem ich vor kurzem noch öfters in Kassel begegnete, der berühmte Linksfechter Dr. Karl Spengler, Sohn des Gründers des Davoser Internates, und der nicht weniger berühmte Theodor Bumiller; dann meine Miteinjährigen: Graf Schwerin, ferner ein Enkel des Reichsgerichtspräsidenten von Simson und schließlich Graf Hatzfeld, Sohn des deutschen Botschafters und jetzt Fürst Hatzfeld-Wildenburg, der ein überaus kluger und sehr feiner Kopf war, bald aktiver Offizier wurde, später in die Diplomatie hineinwechselte und den ich bei einigen Gelegenheiten wiederzusehen die Freude hatte. Unser Leben war nach den Dienststunden ziemlich luxuriös: Straßburg hatte brillante Lokale, und die Frauen boten noch von der früheren französischen Zeit her einen unserem Berliner Geschmack ungewohnten und reizvollen Typus dar. Da passierte es, daß ich zwei Tage ehe man die »Knöpfe« bekam, das heißt Gefreiter wurde, in Zivil in einem Lokal gesehen und von einem recht bissigen Rittmeister, den ich eigentlich gar nichts anging, angezeigt wurde. – Andere Offiziere, die dabei waren, haben mir später erklärt, sie hätten mich nie angezeigt, denn natürlich kam das jeden Augenblick vor. Aber dieser verkniffene Junggeselle, den ich nachher in meiner großen Zeit als pensionierten und nach Baden-Baden zurückgezogenen Offizier oft genug in Baden traf und der mir dort immer hübsch vorsichtig aus dem Wege ging, hatte mit »seines Hasses Macht« mir meine Karriere mit einem Schlag verdorben.

Mackensen wetterte, gab mir Arrest, aber keine Knöpfe; ich blieb S. Majestät »gemeinster Gemeiner«. Aber »la revanche était en marche«. Ich schoß damals jeden Tag; ich schoß das sprichwörtliche As aus der Karte. In der damals berühmtesten Schießanstalt der vornehmen Welt, in Marienbad, wo ich im Jahre 1895 mit dem gewaltigen Büchsenschützen, dem französischen Thronprätendenten Philipp von Orleans um die Wette schoß, hängen heute noch unter den Scheiben der besten Schützen der Welt, die sich in diesem heute vergessenen, damals großen und beliebten Sport versuchten, fünf meiner Pistolenscheiben. Und damals – 1887 – ward es mir gewiß, daß ich mir wohl das Vergnügen machen müßte, das einzige Mittel, das nie versagte, anzuwenden, um die mutigen Ritter des Judenhasses, die sich so sehr überlegen vorkamen, vor mich auf die gleiche Ebene als Gleichberechtigte zu bringen: das Duell. Nicht um zu töten, wahrlich nicht; aber mich hat es stets gefreut, gewisse Leute zu sehen, wenn ihnen einmal vor ihrer eigenen Gottähnlichkeit bange wurde.

Ein reizendes Erlebnis jenes Einjährigenjahres war eine Einladung Richard Ladenburgs in das elterliche Patrizierhaus in Mannheim, der wir zu viert oder fünft zu Pfingsten für acht Tage folgten, und gerne erinnere ich mich eines Mittagessens dort, an dem der bedeutende Schwager Ladenburgs, der Abgeordnete Ernst Bassermann, teilnahm, mit dessen liebenswürdiger Frau ich noch vor kurzem zu korrespondieren die Freude hatte. Ich, der immer politische Kindskopf, wagte es damals, mit dem mir nicht links genug stehenden Bassermann, dem späteren Führer der Nationalliberalen, ziemlich stark zu polemisieren. Denn sonderbar, in mir war in diesem letzten Halbjahr im Gegensatz zu meinen Brüdern, die streng konservativ waren, ein starkes freiheitliches Gefühl aufgedämmert, das mich dann in meinem ganzen Leben nicht mehr verlassen sollte.

Dann ging's nach Straßburg in den alten Trott zurück, der mir mit Ausnahme des Reitens langweilig geworden war, um so mehr, als unser Einjährigenleutnant Fullerton plötzlich abgegangen war. Er hatte in einer Kneipe mit einem Studenten Ramsch bekommen, eine Forderung erhalten und wollte sich, als in England geboren, nicht schießen, worauf er den schlichten Abschied bekam. Ich ging nun erst recht zu ihm hin und suchte ihn in seinem Kummer zu trösten. Er war ein »perfect gentleman«. Übrigens war er nicht so sehr zu bedauern, denn er trat – wohl infolge Intervention seines Onkels – bald wieder als einfacher Soldat in die Armee ein, wurde ganz schnell wieder Offizier und später Militärattaché in Konstantinopel, wo er die Tochter des Feldmarschalls von Goltz-Pascha heiratete, dann aber nach einigen Jahren starb. Goltz' anderer Schwiegersohn, Ingenieur Dr. Krause, mit dem ich später in Johannesburg befreundet war, erzählte mir noch oft von seinem famosen Schwager. Bei uns in der Schwadron aber fehlte Fullerton sehr, und der Kommiß machte sich doppelt fühlbar. Wer beschreibt also unser Entzücken, als es eines Tages hieß, morgen sei den ganzen Tag Urlaub und kein Dienst. Das war eine Freude! Also elegant gemacht und mit den teils mehr, teils weniger reizvollen Frauen, die uns das Leben zu versüßen suchten, geschlemmt und bis in die tiefe Nacht und den ersten Morgen hinein getanzt und gefeiert! Und kaum hatte man das müde Haupt zur wohltuenden Ruhe gebettet, da tönte es wie Blasen, Trompetenblasen, aber nicht wehmütig wie das des Trompeters von Säckingen oder liebesglühend wie das von Rilkes »Cornet«, sondern recht laut und kräftig; und schon schallte es durch das ganze, von Einjährigen bevölkerte Haus: »Alarm.« – »Alarm« bedeutet, daß in fünf Stunden das ganze Regiment in vollkommen neuer Equipierung zum Ausrücken in den Krieg fix und fertig dastehen muß. »Es ist bestimmt in Gottes Rat, daß man vom Liebsten, das man hat, muß scheiden.« In zehn Minuten war ich in der Kaserne. Nun galt es, treppauf treppab, immerfort auf den Boden zu laufen und alles, was für Pferd und Mann für den Krieg nötig ist, die unmöglichsten Dinge wie Nähnadeln, Knöpfe und Fußlappen, von der Kammer neu zu holen. Ich drückte mich so gut wie es ging, andere Soldaten besorgten Arbeit für mich, und der Unteroffizier drückte ein Auge zu. Aber allein schon im Stall fünf Stunden bei mangelnder Sitzgelegenheit zu stehen, wo ich die Augen schon schwer hatte öffnen können, wenn der scharfe Ammoniakgeruch nicht gewesen wäre, war genug. Doch schließlich waren die fünf Stunden vorbei, das ganze Regiment trat an; mein liebes Pferdchen hatte neues Leder von oben bis unten und neue Satteltaschen mit Dingen, die ich nie zuvor gesehen hatte, gefüllt; und nun mußte man noch zwei Stunden warten, bis endlich der Allgewaltige erschien. Er fragte mich: »Wo haben Sie Ihre Reserven-Patronentasche?« Mein Nebenmann rief mir zu »linke Manteltasche«; ich öffnete, sah zu meiner Freude eine längliche Blechbüchse und zeigte sie strammstehend; worauf der Oberst fragte: »Schmieren Sie immer mit Hufschmiere?« Ich hatte nämlich die Blechbüchsen verwechselt, da ich mich nie im glücklichen Besitz von Hufschmiere gewußt hatte. Nun, die Sache war nicht schlimm; die anderen Einjährigen kannten ihren Besitz auch nicht besser. Und so ging auch dieser Kelch glücklich vorüber.

Und dann kam das Manöver, das mit schönen Geländeritten vom reiterlichen Standpunkt aus immerhin manchen Genuß bot. Die kleinen lothringischen Dörfer freilich, in denen man gelegentlich kampieren mußte, waren damals keine reine, man kann schon sagen, eine recht unreine Freude. Und in einem dieser Orte brachte es Herr von Mackensen fertig, die anderen freilich mit »Knöpfen« versehenen Einjährigen zu Tisch zu laden und mich, den einzigen ungetauften Juden, allein essen zu lassen. – Aber in wichtigen Augenblicken zeichnete mich trotz innerer Nervosität stets eine gewaltige Gelassenheit aus, die gegenüber Herausforderungen, wie Sforza sagt, der beste Stolz ist. Ich dachte wie Tell:

>»Was ich erlebt in jenes Augenblickes Höllenqualen
>Ist eine heil'ge Schuld, ich will sie zahlen.«

Und der Tag der Abrechnung und Zahlung kam am 1. Oktober 1887, als das Jahr zu Ende war. Wir traten zum letzten Mal an, erhielten unseren Paß, und der Rittmeister, vielleicht in einem hellen Augenblick ahnend, daß ich Jude doch schließlich ein Herr und kein Muschkote sei, sagte etwa: Wenn auch nicht jeder von uns das Ersehnte erreicht habe, so wünsche er doch, daß jeder an die Zeit, wo er den Rock des Königs getragen habe, mit Freuden zurückdenke. Ich glaube, der König selbst hätte anders als dieser sein Vertreter gehandelt. Mir aber war mein eigenes Hemd und ein Herz darunter, das für die Ehre seines Hauses und seiner Rasse schlug, näher als des Königs Rock, und eine Stunde später war mein Cartellträger, ein netter lieber Mensch, Tübinger Franke, mit dem gar nicht für ihn passenden Namen Dr. Teufel bei meinem Rittmeister. Dieser muß gedacht haben, der leibhaftige Gottseibeiuns müsse bei ihm erschienen sein, als Teufel eintrat und ihm eine Pistolenforderung auf fünf Schritt »Barriere« überbrachte. Herr von Mackensen erklärte, er habe mich doch nie persönlich beleidigen wollen, und was geschehen sei, sei nur dienstlich geschehen. Teufel, der mir dies überbrachte, ging auf meine Direktive sofort zurück und meldete, Herr v. L. lasse sich auch dienstlich eine solche Behandlung nicht gefallen und bestehe auf der Forderung, worauf der Rittmeister sagte, er werde die Sache dem Ehrenrat übergeben.

Ich hatte als Forderungsgründe ausdrücklich nichts von Antisemitismus, Einladung oder dergleichen erwähnt, weil diese Dinge allzu leicht nach Gefallen umdeutungsfähig sind, sondern drei für den Militärgebrauch gar nicht so schlimme Ausdrücke, zum Beispiel, »daß ich ein frecher, unverschämter Mensch« sei. Der Ehrenrat wollte die Forderung nicht genehmigen und ließ eine andere Beilegung durchschimmern; worauf ich durchfühlen ließ, es täte mir leid, wenn ich bei Nichtgenehmigung den Rittmeister in der Uniform des Regiments eventuell auf der Straße tätlich beleidigen müßte, um das Duell zu erzwingen. So blieb dem Ehrengericht kein Ausweg.

Dieses Duell, das ungeheures Aufsehen in ganz Deutschland machte – denn wohin sollte es denn kommen, wenn frühere Einjährige ihre früheren Vorgesetzten forderten? – fand am 4. Oktober früh statt. Es war schon aus prinzipiellen Gründen mehr wie ernst. Mir natürlich lag nichts am Töten, sondern nur daran, den Gegner vor die Pistole zu bekommen und an ihm ein Exempel zu statuieren – fühlte ich mich doch als Exponent einer gewissen Gesellschaftsschicht; dem Gegner aber müßte doch wohl aus Gründen militärischen Prestiges daran liegen, mich sozusagen »abzuführen«.

Die Nacht war sehr häßlich! Die guten Ratschläge, die optimistischen Worte der Freunde, die immer dasselbe sind und sein müssen, klingen gesucht; der Gedanke, daß man nun nach dem Dienst froh und glücklich wieder die goldene Freiheit hätte genießen können, wenn sich dieser Mann nicht so gehässig benommen hätte, ärgert; die Möglichkeit, daß in einigen Stunden Auge, Mund und ein anderer edler Körperteil getroffen werden und man zeitlebens zum Krüppel werden kann, ohne erlöst zu sein, läßt keine innere Ruhe aufkommen, und die nötigen Abschiedsbriefe an Vater und Bruder rufen tausend Erinnerungen wach. Den Gedanken an Trinken und Verbummeln der Nacht verwarf ich im Duellfall stets als unwürdig, und endlich schlief ich ein, alle fünf Minuten nach Träumen erwachend, die Stunden gedauert zu haben schienen. Aber dann kommen die Freunde, holen einen ab, und von diesem Augenblick ab ist alles Ruhe und Kraft.

Meine Sekundanten waren Corpsstudenten, die des Gegners

Offiziere unseres Regimentes; den Unparteiischen von dem Knesebeck und den Gegensekundanten von Mitzlaff, urvornehme Leute, später Kommandeure der ersten und zweiten Gardedragoner – ersteres war das Leibregiment des englischen Königs – habe ich im Leben noch manchmal in Berlin gesehen und gesprochen.

Ich hatte mit meinen Sekundanten verabredet, nach eventuellem zweimaligem fruchtlosem Kugelwechsel, wie es bei Corpsstudenten Sitte ist, den immer wiederkehrenden Versöhnungsversuch des Unparteiischen anzunehmen. – Meine Sekundanten waren: Dr. Teufel und Richard Ladenburg, mein Arzt – der Davoser, Dr. Spengler. Ich war in schwarzem Rock und Zylinder, der Gegner in Offizieruniform. Ich will hier gleich bemerken, daß ich niemals, auch bei meinen anderen Duellen, schoß, ohne mit meinen Leuten beraten zu haben, wie ich schießen sollte, was an und für sich beweist, wie wenig blutgierig man in Wirklichkeit ist; auch sind weder ich noch meine Gegner jemals avanciert, was bei Forderungen »auf Barriere«, wo man sich bis auf fünf Schritt nähern darf, erlaubt ist.

Nach den üblichen Formalitäten und dem Versöhnungsversuch erhielten wir die Pistolen. Ich zielte auf den Fuß, da ich den Gegner nur kampfunfähig machen wollte. Er schoß sofort beim Anfang des Zählens, und zwar auf den Kopf, und mein Schuß krachte sofort hinterher, wie das, der menschlichen Natur entsprechend, wohl stets der Fall ist. Wir fehlten beide; ich hatte zu kurz geschossen; es ist schwer, mit unbekannten, nicht gezogenen Pistolen zu schießen. Wieder folgte ein Vermittlungsversuch, der aber nicht angenommen wurde. Beim zweiten Schuß – ich hatte verabredet abzuwarten und dann eventuell in die Luft zu schießen, weil wir das Duell nach zweimaligem Kugelwechsel für erledigt hielten – zielte der Gegner wieder auf den Kopf, denn ich habe alle drei Mal die Kugel pfeifen gehört. Rasch nahm ich die Waffe hoch und schoß absichtlich in die Luft. Der Gegner muß dies nicht bemerkt und wohl gedacht haben, ich könne nicht schießen, denn als der Unparteiische wieder versuchen wollte, uns zu versöhnen und meine Partei den Versuch angenommen hatte, rief er laut: »Die Forderung ist auf dreimaligen Kugelwechsel gestellt, ich verlange den dritten Gang.« Nun sagten mir meine Freunde: »Halte auf ihn.« Sein Schuß krachte; sofort meiner hinterher; ich hatte auf's Bein gehalten und traf höher als ich gewollt. Man sah den Gegner die Hände in die Luft strecken, sich halb um- und dann nochmals zurückdrehen und hinstürzen. Nach einigen Minuten, nachdem die Ärzte untersucht hatten, und ich sicher war, daß die Verwundung keinesfalls tödlich sei, ging ich hin und sagte den Gegensekundanten, ich hoffte, es sei nur ein Streifschuß, worauf er erwiderte »leider der Oberschenkel«. Ich konnte mich nicht dazu überwinden, dem Rittmeister die Hand zu bieten. Ich habe niemals im Leben über einen Gegner schlecht gesprochen – denn ein Duell ist, wenn auch nur eine Erinnerung aus dem Mittelalter, so doch immerhin aus der ritterlichen Zeit – aber mein Gegner hatte etwas getan, was ich selbst nie fertigbekommen hätte oder habe: So höllisch scharf ich bei einer an und für sich mehr wie gutmütigen Veranlagung sein konnte, so habe ich doch niemals im Leben einem Menschen innerlich da wehegetan, wo er zutiefst verwundbar ist und zumal unschuldig leidet. *Einen* solchen Punkt gibt es aber bei jedem Menschen, sei es der Höchste oder der Niedrigste, und das ist der, wo sich Gefühl und Liebe zu seinen Eltern, seinen Voreltern, seiner Rasse und ein unbewußtes Ahnen wie aus der Urzeit im Menschenherz treffen. Diesen gewissen, nicht zu definierenden, aber von jedem gefühlten Punkt, das *Urgefühl*, darf man nicht berühren, und ich weiß nicht, warum just Alldeutsche und Antisemiten glauben sollten, sich herausnehmen zu dürfen, gerade dort zu verletzen. Das war wohl der Gedanke, aus dem heraus ich die Hand nicht bot; die angebotene hätte ich wohl ergriffen. –

Ich und meine Leute empfahlen sich, wir fuhren heim. Es hatte sich alles so gut wie denkbar gefügt. Des Gegners Tod hätte mich schwer berührt; das Treffen beim dritten Schuß bewies meinen Schonungswillen; und ich hatte eine glänzende Genugtuung. Viele Jahre später saß ich in Ostende an der Roulette, da sagte mir mein Freund Werner Begas, Sohn des großen Bildhauers Reinhold: »Drüben sitzt der Sohn Deines einstigen Gegners Mackensen« – und auf meine Frage: »Kennt er mich?« – antwortete Begas, er hätte mich ihm gezeigt und er hätte geantwortet: »Also das ist der Mann, der meinen Vater lebenslänglich unglücklich gemacht?« – Ich weiß sonst nichts weiter, als daß Herr v. M. sehr lange gelegen hat und dann dienstunfähig blieb. –

Sofort depeschierte ich meinem guten Vater, der nichts gewußt, aber zu meinen Brüdern gesagt hatte, es würde ihn doch wundern und ihm leidtun, wenn ich mir diese Behandlung gefallen ließe – und packte meine Siebensachen. Der Kaffee hat mir sicher besser als je geschmeckt, ich brauchte ihn wohl nicht zu zuckern. Dann verabschiedete ich mich von meinem Arzt, dem berühmten Straßburger Kliniker – Professor Kußmaul, der sich herzlich für mich freute, traf gerade noch den Prinzen Alexander Hohenlohe, den Sohn des dortigen Statthalters, und den Grafen Blücher, dem ich später recht nahetreten sollte, wurde von ihnen wie von vielen Bekannten beglückwünscht, da die Nachricht sich wie ein Lauffeuer verbreitet hatte, und fuhr zur Feier meines Geburtstags nach Berlin. In kurzer Zeit war aus dem Manne, der aktiver Offizier hatte werden wollen, ein Gegner der militärischen Überheblichkeit geworden; und wohl in jenen Stunden haben sich mein Stolz auf jüdische Abkunft und Judentum und mein moralisches Rückgrat gestählt, das in dieser Beziehung – Gott sei Dank – auch niemals versagt hat. Ich habe wohl manche – ach! – wie viele »Dummheiten« im Leben gemacht; aber das war mein Ehrentag. »Es gab ein Gott zu strafen und zu rächen.«

Da ich gerade beim Duell bin, will ich meine Meinung über Berechtigung und Nichtberechtigung desselben gleich an dieser Stelle mitteilen: Ansichten über diese Dinge können im Hirn ein und desselben Menschen während eines langen Lebens natürlich genauso wie politische Einstellungen wechseln. Damals war ich selbstverständlich unbedingter Anhänger des Zweikampfs, aber heute ist meine Meinung, trotzdem ich mich ihm persönlich nie entziehen würde, die, daß ein Pistolenduell – wenn überhaupt – allenfalls nur dann einen Sinn haben könnte, wenn es sich zwischen zwei Menschen bei dem stärksten Triebe des Mannes, dem der Liebe zu einer Frau, darum handelt, daß beide fühlen, einer sei zuviel von ihnen auf der Welt. Aber selbst nicht einmal da scheint es mir angebracht. Ich habe am eigenen Leibe erlebt, daß, als einmal ein Mensch in meine Ehe, also mein Lebensglück brach und mir meine Frau – wenn auch nur seelisch – stahl und ich Monate keinen anderen Gedanken als den der Rache an jenem Menschen fassen konnte und zu einem Corpsbruder, einem der klügsten, in Sachen der corpsstudentischen Ehre erfahrendsten Männer, der aber auch Weltmann durch und durch war, ging und ihn – Dr. Charles Bottler, bat, den Betreffenden zu fordern, Bottler mir die unvergeßlichen Worte sagte: »Willy, Du bist auf falschem Wege; es gibt eine Tragik im menschlichen Leben, die so groß ist, daß wir mit unseren Ehrbegriffen nicht an sie herankommen können.« Zu einem Kampfspiel andererseits ist aber ein Duell, in dem doch immerhin ein Menschenleben vernichtet werden kann, zu ernst; der Gedanke an Gottesurteil ist natürlich unsinnig, denn der anständige Mensch mag gar nicht schießen können und der Lump ein glänzender Schütze sein; wieso die Ehre durch einige Löcher in die Luft hergestellt sein soll, ist mir heute ebenfalls unklar, und sonst habe ich doch an mir selbst, an meinem Zweifel, ob und wohin ich treffen soll, an dem ganzen Hin und Her in den eigenen Gefühlen und denen der Beteiligten empfunden, daß an der ganzen Sache, die natürlich Mannesmut und Würde erfordert und die ich als Symbol mittelalterlicher Ritterlichkeit gern gelten lasse, doch zuviel innere Unaufrichtigkeit klebt. Und Aufrichtigkeit gegen sich und andere ist doch schließlich erstes Postulat der Vornehmheit!

Dieses Urteil habe ich schon lange. Und wenn ich mich auch gern der Forderung und des Duells bedient habe, um Menschen, die, wie leider in Deutschland nicht selten, herausforderndes und taktloses Benehmen an den Tag legten, auf die Knie zu zwingen, so muß ich doch anerkennen, daß das einzige Volk, das mir in allen Dingen die Realitäten des Lebens am richtigsten zu erkennen scheint, die Engländer, durch das Verbot des Duells auch hierin wieder einmal das richtige getroffen hat. Fragt man mich aber, ob ich den Mut des Duellanten oder des Soldaten höher schätze, so glaube ich sagen zu können, daß mir der Duellant den höheren zu besitzen scheint, denn der Soldat kann doch nicht zurück, während dieser, für den das

Duell, wenn er ein Gentleman ist, doch immer ein tiefernstes Ereignis ist, doch in jedem Augenblick Herr über seine Entschließungen ist. Schon aus diesem Grunde ist mir das ewige Umherwerfen mit dem Wort Heroismus, dem wir heute in den Mündern gewisser Staatsmänner zur Verherrlichung des Soldatentums und zu ihrem eigenen höheren Ruhme so oft begegnen, in der Seele zuwider.

Nach der Dienstzeit

Nun aber zurück zur Wirklichkeit und meiner Ankunft in Berlin, das uns nun alle wieder glücklich vereinte. Erst wurde mal zu Hause gefeiert und dann wohl Berlin wieder etwas gekostet, und dann begann der Alltag wieder. Natürlich waren mir die Häscher bereits auf dem Fuße. Ich erhielt die Mitteilung, daß die Straßburger Strafkammer mich verfolge, dann auch das Militärgericht, weil ich am Tage der Forderung noch Soldat gewesen sei; dann stritten sich diese beiden Gerichte um meine Bestrafung wie die sieben bekannten Städte um die Geburt Homers; schließlich gab die Militärbehörde die Akten nicht mehr heraus, die Strafkammer gab, wie immer in Deutschland, der Militärbehörde nach, und ich kam in Anklage wegen Duells mit dem Vorgesetzten, was es naturgemäß niemals war. Die Sache gelangte wegen Fehlens eines Gerichtes zur Entscheidung von Kompetenzkonflikten sogar mehrmals vor den Reichstag, aber mein Vater hatte sich an einige Bekannte gewandt, die dem alten Kaiser nahestanden, und man hieß uns wissen, man solle nur möglichst ruhig sein, es könne ja gegebenenfalls Gnade vor Recht ergehen. – Ich war öfters vorgeladen, aber solche Sachen dauern sehr lange, und so hatte ich Zeit, mich zum Doktorexamen in Chemie vorzubereiten und ließ mich nun durch einen hochbegabten Chemiker, Professor Proskauer, einpauken.

Inzwischen verkehrte ich fast immer in meinem schönen alten jüdischen Gesellschaftskreise, auch mit manchen Corpsstudenten, die mir gleichsam den Pulsschlag der christlichen Gesellschaft zu vermitteln schienen – und ich Phantast glaubte doch, die Gegensätze dieser Welten wenigstens vielleicht einmal in etwas annähern oder ausgleichen zu können – und neben Reiten, Jagen und den sich für einen jungen Weltmann der

Göttin Venus gegenüber geziemenden Huldigungen ging ich auch oft in die Universität. Da gab es damals gewaltige Geister. Ich ging einmal ins Kolleg des großen Physikers Helmholtz, dessen Gedankengänge mir aber zu hoch waren; ich hörte gelegentlich die bedeutenden Historiker Theodor Mommsen und Heinrich von Treitschke, ging auch mal des Interesses halber in ein medizinisches Kolleg von Virchow, von Leyden, von Bergmann, aber am liebsten zum Chemiker Aug. W. von Hofmann. Hofmann, dem die wissenschaftliche und technische Entwicklung der Anilinfarbstoffe zu verdanken ist, war ein Gelehrtenkopf par excellence; dazu, weil er sich viele Jahre in England als Besitzer von Anilinfabriken aufgehalten hatte, ein sehr eleganter Mann im Äußeren, Gehaben und Ausdruck, ein wirklicher »Hofmann«. Man erzählte von ihm, der auch seinerzeit die Kronprinzessin als Princess Royal in die Chemie einführte, er habe auch den Kaiser Friedrich als jungen Mann in Chemie unterrichtet und ihm gesagt, daß die organische Chemie schon manche Bestandteile des menschlichen Körpers auf künstlichem Wege geschaffen habe und weiter schaffen werde. In der darauf folgenden phantastischen Diskussion soll der Kronprinz ganz folgerichtig gefragt haben, ob man wohl schließlich im Laufe von Millionen Jahren alle Bestandteile so herstellen könne und ob dann ein aus diesen Bestandteilen zusammengestelltes homuncules auch leben würde; worauf der elegante Hofmann geantwortet haben soll: Nach dem Stande der Wissenschaft, die das Leben nur als eine Funktion der Organe auffasse, müsse man das wohl annehmen; aber er glaube, daß die jetzige Methode der Menschenerzeugung immer die beliebtere bleiben werde.

Nach Hofmann arbeitete ich bei dem Entdecker des Tuberkulinserums und Vater der Bakteriologie, dem unsterblichen Robert Koch; er, ein ruhiger, ernster, liebenswürdiger Biedermann, vom Landarzt zur Weltberühmtheit gelangt, von dem es unverständlich bleibt, wie er als alter Mann sich von der langjährigen Lebensgefährtin und Genossin seiner Anfangserfolge hatte scheiden lassen, um eine Schauspielerin zu heiraten, leitete damals das Hygienische Institut, und mein Lehrer Proskauer war sein chemischer Assistent. Proskauer veranlaßte mich, über eine damals aktuelle Sache, Fettbestimmungen in Mischungen von Butter und Margarine, zu arbeiten, und zwar als Doktorarbeit. Ich laborierte nun also den halben Tag im Dampf der verschiedensten Fette, Ochsen-, Schweine-, Hammel-, künstlichem Fett etc., und schließlich war mir in all dem Fettgestank so übel, daß ich ungelogen seitdem sofort unwohl werde, wenn ich etwas anderes als die beste Butter anrühre. Und ich erinnere mich, daß während vieler Wochen jeden Morgen stundenlang der große Robert Koch, der offenbar immer noch höher hinaus wollte, an dem hohen eisernen Ofen unseres Laboratoriumssaales auf einer riesigen Leiter stand und dort oben Messungen machte. Worüber – habe ich nie erfahren, das drang nicht von seinem Olymp bis in meine Fetthexenküche hinunter. Ich hatte manches Bild, auf dem Koch und seine Schüler, die ersten Pfadfinder der Bakteriologie aus allen Weltteilen, und ich photographiert waren. Mit einem derselben blieb ich, solange er lebte, befreundet, nämlich August von Wassermann, dem Erfinder der Wassermannschen Syphilisreaktion. Noch eines lieben Bekannten aus medizinischem Kreise will ich hier gedenken, den ich oft sprach: Professors Schleich, eines Studiengenossen meines Bruders, des Erfinders der Lokalanästhesie, eines auf allen geistigen Gebieten hervorragenden Mannes von liebenswürdigem Charakter. Aber meine Arbeit konnte ich bei Koch doch nicht beenden, denn nach etwa dreiviertel Jahren, während deren ich verschiedentlich zu Militärbehörden vorgeladen war, ließ man meinen guten Vater wissen, daß ich zu drei Jahren verurteilt worden sei; ob Festung oder Gefängnis war nicht ersichtlich, da die Strafe für jedes militärische Delikt sozusagen zwischen einem Tag Haft und Todesstrafe schwankte; so wunderbar weiträumig waren die Paragraphen des Militärstrafgesetzbuches.

Ich fuhr daher, weil ich mich einer Gefängnisstrafe nicht ausgesetzt hätte, nach dem Ausland und versprach mich zu stellen, wenn es nur Festungsstrafe sei.

In Brüssel wohnte ein guter alter Onkel, Bruder meines Vaters, der in den 40er Jahren erster Chargierter des Bonner Corps Rhenania gewesen war, dann in der Revolution von 1848 in Berlin auf den Barrikaden gekämpft hatte und als freiheitsliebender Mann nach London ausgewandert, dort ein guter Arzt geworden war, eine Engländerin geheiratet und sich schließlich aber nach Brüssel zurückgezogen hatte, um dort seiner Familie, den Büchern und der Musik zu leben. Dieser prächtige alte Herr kam nur ab und zu mal nach Baden-Baden, wollte aber von Deutschland, das ihm damals zu wenig freiheitlich erschien, sonst nichts mehr wissen. Er ist sich auch treu geblieben: als im Jahre 1914 die deutschen Regimenter in Brüssel einzogen, legte er sich mit freilich ca. 88 Jahren hin und starb. –

Zu diesem lieben Onkel Eduard fuhr ich also; er ging sofort mit mir zu einem Anwalt, um festzustellen, daß ich in Belgien wegen Duells, falls verfolgt, nicht ausgeliefert werden konnte. Ich zog in ein Hotel und amüsierte mich in Brüssel, das damals ein kleines Paris war, vortrefflich. Einige Tage später lag ich nachmittags, von einer kleinen Brüsslerin süß träumend, auf dem Bett, als es klopfte und zwei ziemlich robuste Herren eintraten, die sich mir als Polizeikommissare vorstellten.

Ich war absolut nicht erstaunt, weil ich denken konnte, daß ich von Berlin aus gesucht würde und festgestellt werden konnte. Aber gerade dieses Nichterstaunen schien diese offenbar nicht sehr findigen Vertreter der heiligen Hermandad nur noch sicherer zu machen, daß ich ein Schwerverbrecher sei, und sie sagten mir auf den Kopf zu, ich käme aus Amsterdam in Begleitung eines Hundes, was ich keinesfalls zugeben konnte, hieße Rosenthal, was ich noch weniger zugestehen konnte, und sei wegen Diebstahl verfolgt, womit ich mich doch beim besten Willen nicht einverstanden erklären konnte. Ich sagte den Herren, ich würde mit ihnen zur Polizei fahren und bäte nur um Rücksicht, damit das Hotel oder gar die Straße nichts merke. Aber kaum war ich aus dem Zimmer, als ich mich in einem Spalier von Dienstboten und Gästen befand, die offenbar schon alle alarmiert waren. Ich blieb äußerlich ruhig, fuhr zur Polizei, stellte dem Polizeiobersten die Sache klar, der natürlich gleich sah, wen er vor sich hatte, wurde aber trotzdem doch mit einer Dogge konfrontiert, die mir gegenüber aber, wohl weil ich keinen Bissen Schinken bei mir hatte, gänzlich unempfindlich und kühl blieb.

Es stellte sich heraus, daß ein kleiner Student Rosenthal mit

Schmissen und einem Hund als Dieb signalisiert worden war, und daß man auf mich trotz meiner ansehnlichen Größe verfallen war, weil ich Schmisse hatte, ein herrenloser Hund sich um das Hotel herumgetrieben und ich den Wirt avertiert hatte, daß man möglicherweise wegen einer Duellsache nach mir fragen würde. Der Polizeioberst kanzelte die Agenten gehörig herunter, erklärte mich für einen »hochrespektablen« Herrn, der einen ebenso »hochrespektablen« Onkel in Brüssel habe, und hieß mich unter tausend Entschuldigungen ins Hotel zurückfahren, wo die Beamten die Sache zu erklären hatten. Ich habe nie in meinem Leben mehr Ehrenerklärungen als an diesem Tage erhalten. Aber, obgleich nicht verärgert, zog ich doch vor, das Feld meiner Tätigkeit, zumal es Sommer war, nach dem schönen Ostende zu verlegen.

Und dort, wo ich mich herrlich amüsierte, habe ich die allergrößte Dummheit meines an Torheiten nicht armen Lebens gemacht, indem ich meinem Vetter Hochstädter, Schwiegersohn jenes Onkels, nicht gefolgt bin, der mir ungefähr sagte: »Willy, Du hast Dein Leben vor Dir, bist ein anständiger Kerl innen und außen, hast einmal ein großes Vermögen zu erwarten; Du hast Deine Erfahrungen beim deutschen Militär nun gemacht; geh doch nicht zurück, opfere Dein Leben doch nicht Illusionen; die Deutschen sind nie dankbar gewesen, es gibt nur ein Land – und es liegt so nah hier, nur über dem Kanal –, wo Menschen wie Du ihr freies Leben als »independent gentlemen« anständig und unbelästigt leben können; das einzige Land, wo Du Dich glücklich fühlen wirst, weil die Engländer gentlemen sind und den einzelnen Menschen nach ihrem inneren Wert schätzen.« Und ich Blödianer, der das große Los in Form eines so wertvollen Rates gezogen hatte und der in jenem Augenblicke frei *war*, der ich »dem Weltgeist näher als sonst hätte sein können« und müssen und der freilich nicht ahnen konnte, daß 50 Jahre später ein Österreicher aufstehen und mir und allen mir Rasseverbundenen zuzurufen wagen könnte, ich sei kein Deutscher: Ich Phantast antwortete etwa: »Eduard, sieh, in Berlin sind Vater und Brüder; wir sind Deutsche und fühlen als solche trotz manchem inneren Kampfe, wir haben einen guten Namen zu verteidigen, und wenn die Menschen mit guten Namen und unseren anderen Vorzügen ihr Land verlassen würden, so wäre das doch nicht ehrenhaft, wenn überhaupt jemand, so haben Leute wie wir auszuharren.« So war der Sinn meiner Antwort; denn so dachten wir.

Kurze Zeit darauf schrieb mein guter Vater, ich hätte nur drei Jahre und einen Tag Festungshaft bekommen, und ich schied von Ostender Freunden und einer entzückenden, ganz jungen, blonden Engländerin aus vornehmer Familie, die vielleicht nach noch wenigen Wochen Zusammenseins mein Schicksal nach »Old merry England« hin entschieden hätte, und fuhr nach Berlin, wo nach dem Tode der zwei Kaiser der junge Kaiser Wilhelm II. meines Vaters Gnadengesuch mit dem Bedauern abgeschlagen hatte, daß mein »Vergehen ein sehr schweres und seine nachdrücklichste Ahndung im Interesse der militärischen Disziplin geboten sei«. So meldete ich mich als Festungsgefangener.

Mein Vater, der nur daran dachte, seinen drei Jungen das Leben zu erleichtern, hatte durch einen befreundeten Herren von Bärensprung Beziehungen zum Kommandanten von Koblenz und Ehrenbreitstein, wo ich sitzen sollte, angeknüpft und beim Berliner zuständigen Offizier, einem Obersten von Livonius, durchgedrückt, daß ich in einem gewöhnlichen Zuge statt im Militärzug fahren durfte; aber trotzdem von zwei Sergeanten mit geladenem Gewehr umgeben. So fuhren wir dann ein Nacht hindurch, ich mit den Soldaten dritter Klasse, mein Vater und Bärensprung in einem Nebencoupé, von Berlin nach Koblenz. Die Fahrt war erträglich, ich saß meist im Nebencoupé und die braven Muschkoten, die nie im Leben eine bessere Chance gehabt hatten und wie die meisten einfachen deutschen Leute, wenn nicht verhetzt, gutmütige Menschen waren, stiegen an jeder möglichen Station aus, um sich rasch zu begießen. In Koblenz angekommen, wurde ich sofort nach oben auf die Festung gebracht, während mein Vater und von Bärensprung sich bei meinen direkten Vorgesetzten, Kommandanten von Koblenz, Exzellenz von Gelieu, einem glänzenden Offizier, Hugenotten und Protegé der Kaiserin Augusta, einem General von Wolff und dem Platzmajor Freiherr von Maercken vorstellten und überall besonders liebenswürdige Aufnahme fanden; waren doch Offiziere dieser Klasse ebenso wie der Berliner Vorgesetzte, wenn sie nicht gerade Kommißmenschen waren, Edelleute und frei von der gerade in Linienregimentern und unteren Chargen so oft zu findenden Überheblichkeit und Einbildung. Die Herren versicherten meinen Vater ihres Wohlwollens, machten ihn aber aufmerksam, daß mein direkter Vorgesetzter, Hauptmann X, ein verbitterter Drillmensch, diffizil und mit besonderer Skepsis zu behandeln sei. So besuchten wir beide auch ihn. Nach zwei Tagen fuhr mein Vater dann zurück.

Ich war erträglich in der Festung untergebracht; hatte ein ganz nettes Zimmer, bekam vernünftiges Essen von der Frau des sehr verständigen Feldwebels, der ja auch wußte, wo sein Vorteil war; andere Gefangene, Offiziere und Studenten, waren meist wegen Duells ja immer auf kürzere Zeit da; ich habe mindestens 60 Herren dort kennengelernt, und man durfte sich alles kaufen, Skat spielen etc. Täglich konnte man morgens und nachmittags in den Garten mit der wunderschönen Aussichtsterrasse von hoch oben auf Rhein, Mosel und Gebirge herab, spazierengehen; dann durfte man dreimal wöchentlich zum sogenannten Badeurlaub in die Stadt herunter, den mir gewöhnlich eine mitleidige junge Rheinländerin versüßte, ohne daß wir damals wußten, daß wir Rassenschande trieben –, und alle zehn Tage gab es sogar einen Extraurlaub von fünf Stunden, die mit dem anderen Urlaub zusammengelegt, sogar acht Stunden ergaben, so daß ich gelegentlich auch in Mainz und Bonn Freunde zum Essen besucht habe, was angesichts der Gefangenschaft doch recht menschenfreundlich war. Aber über den einen wunden Punkt kam ich nicht hinweg; der junge Kaiser war militärisch sehr streng; begnadigte er mich nicht, so konnte ich unter Umständen drei Jahre meines jungen blühenden Lebens mit diesem Unsinn verbummeln.

Not macht erfinderisch, und so erfand ich nach einigen Monaten als kleine Nachhilfe ein nervöses Leiden, das meinen Aufenthalt im Lazarett von Ehrenbreitstein erforderlich machte; und da die Ärzte und die katholischen Schwestern mitfühlende Menschen waren, so fanden sie, daß eine Untersuchung bei dem ersten damaligen Neurologen, Professor Westphal in Berlin, nötig sei. Sie machten demgemäß eine Eingabe; inzwischen wurde ich genau untersucht. Da ich als Hauptzeichen der Krankheit Kopfschmerzen, die ich wirklich, und Schlaflosigkeit, die ich gar nicht hatte, angegeben hatte, wurde ich auf letztere hin untersucht, und ich armer Kerl mußte mich halbe Nächte, obwohl todmüde, künstlich wach halten. Das schlimmste aber war, daß ich Schlafmittel bekam, von denen ich ja gar nicht einmal wußte, ob es wirklich welche waren, ober ob man mir etwa zur Prüfung nur etwaigen Simulierens irgendein unschuldiges Salz gegeben hätte. Ich mußte herumschmekken und suchen, mich herumzulügen; aber die Genien der Frechheit einerseits und der Liebenswürdigkeit andererseits haben mich nie verlassen, und diese feine Mischung brachte es dahin, daß die Ärzte mir hold waren. Freilich war ich naturgemäß ja auch nervös genug.

Man habe von Ehrenbreitstein aus, wie ich hörte, ärztlicherseits dreimal eine Eingabe gemacht, daß meine Untersuchung in Berlin dringend nötig sei; die Eingaben mußten aber ihren offiziellen Weg über Straßburg gehen; und dreimal wies die Behörde die Eingabe ab, obwohl doch für sie meine Gesundheit auf dem Spiele stehen mußte! Das war die Rache der kleinen Geister, der Schützer der Subordination, der Spießer, die leider manchmal etwas zu sagen haben. Wehe dem Lande, das von Spießern regiert wird! Das war die Rache an einem Menschen, der doch schließlich nur den Gesetzen der Ehre folgte, als er sich schoß!!!

Nun bat ich meinen Vater nach ca. dreiviertel Jahren um eine Immediateingabe an den Kaiser, und gleichzeitig legte die Kaiserin Augusta, von meiner Tante darum gebeten, bei ihrem Enkel Wilhelm II. ein gutes Wort für mich ein. Und kaum war die Sache den Spießern entrückt, da kam auch die kaiserliche Begnadigung.

Noch acht Tage vorher hatte ich eine Aussprache mit jenem Hauptmann gehabt, der sich bei mir über meinen Vater beschwerte, daß dieser über seinen Kopf hinweg mit seinen Vorgesetzten verhandelte. Ich nahm meinen Vater artig, aber bestimmt in Schutz: Er wüßte, was er zu tun hätte.– Sofort wurde der Hauptmann ungnädig: »Sie sind immer gleich beleidigt; ich kenne ihre Akten, Sie hätten seinerzeit die Worte Ihres Rittmeisters ruhig einstecken können und nicht zu fordern brauchen«; – worauf ich antwortete: »Herr Hauptmann, ich glaubte damals nicht anders handeln zu können, und wenn mir heute ein Vorgesetzter ähnlich entgegenträte, wüßte ich selbst heute als Gefangener nicht, wie ich nach meiner Entlassung anders handeln könnte.« – Diese Worte beruhigten ihn, er sagte höhnisch: »Es tut mir leid um Sie, denn ich weiß, daß Ihre Sache so liegt, daß Sie niemals begnadigt werden.« Acht Tage später hatte er, der von einer Immediateingabe meines Vaters nichts geahnt hatte, mir die Begnadigung selbst zu überbringen, und mein Vater, der nach Koblenz gekommen war, um mich abzuholen und sich zu bedanken, erzählte mir, dieser selbe Hauptmann habe ihn um 500 Mark angepumpt, die er ihm gegeben hätte, dann habe er ihn ein zweites Mal um 1500 Mark wegen eines Pferdekaufs gebeten, die er ihm aber abgeschlagen habe. Ehre den Soldatentugenden! Aber Vorsicht vor kleingeistigen Drillern und Achtung vor Überbewertung der Uniform! –

In Koblenz hatte ich einem jungen Mädchen zuliebe, in deren väterlichem Geschäft ich mich frisieren ließ, alle möglichen Essenzen und Haarwasser abgekauft, und schließlich veranlaßte sie mich zu einer Kur gegen mein stark ausfallendes Haar, wobei ich mir freilich den Kopf rasieren lassen müßte. Sie meinte, es sähe mich ja doch niemand oben auf der Festung und unten könnte ich eine Perücke tragen, die sie mir anfertigen würde. Was tut man nicht alles, wenn ein hübsches junges Mädchen auf etwas schwört? Und wenn meine Haare auch nicht stärker geworden sind, dieser ihr Tip war doch nicht schlechter als 99 Prozent aller später erhaltenen Börsentips, aber immerhin wesentlich billiger. Jedenfalls, kaum hatte ich mir den Kopf blitzeblank rasieren lassen, als ich begnadigt wurde.

Mein Vater, der mich in Koblenz abholte, sah mich beim Essen plötzlich entgeistert an und sagte: »Was hast Du denn auf dem Kopf?« Er war wenig angenehm überrascht, als ich ihm meine mit Wachs angebrachte Perücke zeigte, in deren Schmuck ich nun nach Baden-Baden fuhr, weil meine dortige

Tante Stein und Bein schwor, ich sei nur durch ihre Intervention bei der Kaiserin Augusta freigekommen und müßte mich auch bei ihr bedanken. Meine gute Tante Julie, ein Prachtmensch, hatte ein »Hobby« – ihre Liebe zur alten Kaiserin. Ihr zuliebe hatte sie Hunderttausende für Wohltätigkeit ausgegeben, im Kriege eine eigene Baracke, im Frieden ein Krankenhaus gebaut; und nun »hätte sich ihr die Kaiserin dankbar erwiesen und ich müßte unbedingt hinkommen«. Kaum in Baden arriviert, erschien der Zeremonienmeister der Kaiserin, von dem Knesebeck, ein wunderbarer Typ des vornehmen Hofmannes, bei uns in der Villa und lud mich zur Audienz ein. Einige Tage später gingen meine Tante und ich ins Hotel Mesmer, wo im ersten Stock in denselben Zimmern dem Kurgarten gegenüber, wo ich mit meinen Eltern als Kind öfters logiert hatte, die uralte Kaiserin wohnte, die erhabene Gemahlin Wilhelms I., die als Kind Goethes Liebling gewesen war, die er oft auf seinen Beinen geschaukelt hatte und deren hohe geistige Bedeutung aus ganz kürzlich erschienenen Briefen von neuem hervorgeht. Es war ca. sechs Monate vor ihrem Tode, sie war sehr gebrechlich. Ich erinnere mich, daß die Kaiserin scheinbar festgebunden auf einem sehr erhöhten Stuhle saß, denn unsere Augen waren, da ich stand, ziemlich auf gleicher Höhe. Sie sagte zu mir gleichsam mit einer Fistelstimme: »Ich gratuliere Ihnen, daß Sie frei sind, Sie freuen sich gewiß sehr«, was ich, für ihre Güte dankend, natürlich bejahte. Dann noch wenige Worte, etwa: »Ihre Tante hat mir gesagt, daß Sie gut behandelt wurden; nun genießen Sie aber Ihr junges Leben.« Ich dankte wiederum, und da sie sich dann an meine Tante wandte, die noch dablieb, so begrüßte ich nochmals die hohe Frau und zog mich zurück. Es war eine große Freude für mich, die erhabene Vertreterin einer so großen Zeit, der größten Deutschlands, von Auge zu Auge gesehen zu haben.

Einige Tage später fuhr ich nach Befolgung der üblichen Formalitäten nach Berlin, wo ich nach wieder kurzer Zeit dem Militär Valet sagte, indem ich, sonst kerngesund, dem untersuchenden Militärarzt erklärte, ich sei ein so aufgeregter Mensch, daß ich bei ähnlichen Vorkommnissen wieder fordern würde. Niemand war froher als der Arzt, mich dauernd dienstuntauglich erklären zu können und einen so unruhigen Geist loszuwerden. Und ich erst recht. So endete mein Dienst beim Militär, der mich am Anfang so begeistert hatte, daß ich gerne aktiv geworden wäre und dessen einziger Erfolg die Stärkung meines inneren Selbst und meiner Liebe zum Judentum war. – Und doch und gerade darum habe ich mich 1914, obgleich über 50 Jahre, sofort bei Kriegsausbruch der Militärbehörde freiwillig zur Verfügung gestellt.

Nach der Festungszeit

Nun war ich wieder bei meinem Vater und den Brüdern und ein kleiner Held des Tages, denn es war gerade nichts gewöhnliches, dieser Angriff auf die Überheblichkeit des Militarismus, der unter dem jungen Kaiser natürlich seine Blüten trieb und bei seiner falschen Politik und seinem späteren, für andere Völker unerträglichen Säbelrasseln, trotz sicher nicht schlecht gemeinter Absichten, eine der Grundlagen des Weltkrieges bildete; und kluge Männer dachten wehmütig an den unglücklichen Dulder – Kaiser Friedrich – zurück; man muß die Hetze der Alldeutschen und mancher kleingeistigen Offiziere während der letzten Regierungszeit Wilhelms I. gegen seinen als nicht hypermilitärisch bekannten Sohn und dessen Gemahlin, Kronprinzessin Viktoria, miterlebt haben – die im Munde dieser Leute trotz ihrer Abstammung von einem urdeutschen Vater, dem Prinzen Albert von Koburg, nie aufhörte, die »Engländerin« zu sein – um deren Genugtuung darüber zu verstehen, daß nun wieder ein ganz militärischer Kaiser regierte. Das Schicksal hat es wohl zweimal recht böse mit Deutschland gemeint, erst, als es damals den Kaiser Friedrich so rasch hinwegraffte, der im Verein mit seiner fein- und kunstsinnigen, für Meinungsfreiheit, Völkerverständigung und Humanität nach bestem englischen Vorbild begeisterten Gattin es jedenfalls verstanden hätte, Deutschland im Fall eines durch den Panslavismus einmal nötig gewordenen Weltkrieges auf die richtige Seite, die Englands, zu bringen. Und wieder, als es Stresemann, wohl den einzigen fähigen politischen Kopf Deutschlands in der Nachkriegszeit, so jung verschwinden ließ: in beiden Fällen wäre dem Lande wohl das tragische Geschick, von 1918 wie von 1933, erspart geblieben. –

Zufällig hatte ich damals öfters Gelegenheit, über Kaiser und Kaiserin Friedrich Interessantes zu hören; und zwar von dem uns eng befreundeten Professor Krause, dem Arzt, der im Jahre 1887 als Vertreter Sir Morell Mackenzies, den Kronprinzen nach San Remo in die Villa Zirio begleitete; Einzelheiten, über die zu schreiben ich mich nicht für berechtigt halte. Aber eines Tages zeigte mir Krause ein Bild der Kaiserin Victoria mit der merkwürdigen Widmung »Victoria *einst* Kaiserin Königin«, einem im Deutschen gänzlich ungebräuchlichen Ausdruck, der wohl auf manche innere Kämpfe deutete, zumal sie ja bekanntlich in der ersten Zeit mit ihrem Sohne, dem jungen Kaiser, sehr schlecht gestanden hat.

Von Krause, dem ich jahrelang sehr nahestand, und der einen ganz hübschen, von Leuten aus der Umgebung des Kaiserpaars und der ersten medizinischen Größen besuchten Salon hatte, kann ich sonst nichts Gutes berichten. Er hatte sich in meinem elterlichen Hause mit der Schwester des uns befreundeten, schon erwähnten Wiener Barons Ludwig Oppenheimer verlobt; diese Dame war durch den Tod eines Verwandten im Kriege 1870 schwer melancholisch geworden; man durfte sie nur einem Arzte als Frau anvertrauen und hatte für die nicht besonders hübsche, aber gute und vornehm denkende Dame den jungen, sehr klugen, strebsamen, gutaussehenden, freilich etwas zu sehr gezierten Dr. Krause gefunden, der aus kleinen jüdischen Kreisen der Provinz stammte. Er hatte sich mit Hilfe der erheblichen Mittel seiner Frau bei den ersten Halsärzten Deutschlands, Österreichs und Frankreichs ausgebildet, einen guten Ruf erworben, hatte es durchgesetzt, eine von der Ärzteschaft angegriffene, aber große Karriere durch Mackenzie zu machen und sich dann durch gute Praxis und kluge Hausspekulationen selbst ein Vermögen erworben. Eines Tages sagte er mir vor dem Diener bei sich: »Willy, ich habe Ihnen den Platz neben einer besonders charmanten Dame gegeben« und erkundigte sich nach Tisch begeistert und angelegentlich nach unserem Gespräch. Bald darauf hatte er seiner armen, von einer Reise heimkehrenden Frau die Tür verschlossen, um ihr mitzuteilen, daß sie sich trennen müßten, und obige Dame geheiratet. Seine erste Frau kam bald in ein geschlossenes Sanatorium;

das befürchtete Leiden, zu dessen Verhinderung sie einen Arzt geheiratet hatte, war zum Ausbruch gekommen, und sie hat niemals wieder einen Menschen erkannt. Ich habe nie mehr auch nur mit einem Gruß von Krause Notiz genommen, solange er lebte.

Um zu erfreulicheren Dingen zu kommen, möchte ich einige künstlerische Genüsse jener Zeit der Vergessenheit entreißen: Wie oft sah ich in den philharmonischen Konzerten den genialen Hans von Bülow, den ersten Mann von Cosima Wagner, dirigieren, der gelegentlich herrliche, witzige rednerische Eskapaden machte und zum Beispiel vom Opernhaus, dessen Intendant Herr von Hülsen war, als »Circus Hülsen« öffentlich in einem Konzert sprach. Wie oft sah ich im Opernhaus den noch heute in Wien wirkenden, glänzenden Dirigenten Weingartner am Pult, den ich auch gesellschaftlich öfters bei dem berühmten Berliner Anwalt, Geheimrat Kempner, traf. Im Konzertsaal hörte ich zweimal die unvergleichlich vornehm wirkende Adelina Patti singen, die jeden Abend ein halbes dutzendmal ihr »Home sweet home« zugeben mußte; eine ähnliche süße und künstlerisch geschulte Stimme wie von dieser damals über 50 Jahre alten Dame habe ich nie wieder gehört; ebensowenig einen so glockenreinen Sopran wie den der Pauline Lucca, die als ebenso alte Dame noch einmal als Gast nach Berlin gekommen war und in »Carmen« und »Der Widerspenstigen Zähmung« den Beweis einer unerhört dramatischen Kunst und eines unauslöschlichen, für ihre Jahre kaum faßbaren Feuers bot. – Von literarisch hervorragenden Männern kam ich mit Hermann Sudermann viel zusammen und verkehrte mit Hans von Hopfen und namentlich Richard Jaffé, dem Autor des »Bildes des Signorelli« freundschaftlich. Dutzende von Nächten habe ich dem nie zu Bett findenden, glänzendsten Vertreter deutscher Publizistik, dem Kenner so vieler politischen und gesellschaftlichen Pikanterien, Paul Lindau, gelauscht. Von Bildhauern standen mir der geistvolle Reinhold Begas und sein Sohn, der witzige Werner und dann der vortreffliche Künstler und Mensch Walter Schott nahe. Von Kunstbegeisterten verband mich Freundschaft mit dem klugen und gütigen, mir heute noch nahestehenden späteren Wiesbadener Intendanten von Mutzenbecher; und von anderen interessanten Männern sah ich öfters Dr. Karl Peters, den Weltreisenden, Entdecker und Gründer der Ostafrikanischen Gesellschaft, der aber dafür von Deutschland damals in undankbarster Weise um alle Erfolge gebracht worden war, und den ich übrigens später noch manchmal in seiner Wohnung in Victoria Street in London zu sprechen die Freude hatte; er war damals, und wohl mit Recht, über Deutschland arg verbittert und vergrämt. –

Daß andere, Größere, nicht mit mehr Dank belohnt wurden und Wallensteins Worte: »Dank vom Hause Habsburg« auch auf das Haus Hohenzollern unter Umständen anwendbar wären, erlebten wir, von unserem damaligen Balkon Wilhelmstraße Ecke Behrenstraße, zwei Häuser von meinem Geburtshause entfernt, hinunterschauend, als Deutschlands größter Sohn Bismarck im Jahre 1890, vom Kaiser schlecht behandelt, abgegangen war und Berlin verließ; er, der dem Hohenzollernhaus das zweite Reich, und zwar ganz ohne Zuhilfenahme von Gleichschaltung und ähnlichen heute beliebten Methoden gegründet hatte. Die ganze Wilhelmstraße und der Weg von dort bis zum Lehrter Bahnhof, war schwarz von freiwillig hinausgeeilten Menschen, die dem eisernen Kanzler, der in einer Victoria, von seinem ältesten Sohn begleitet, nur im allerlangsamsten Schritt durch die Straßen vorwärts kam, noch einmal die Hand reichen wollten. Welche Gedanken *mich* bei dem Anblick dieses damals in Ungnade gefallenen Löwen bewegten, kann ich kaum mehr sagen; aber mir schwebte seine Figur noch vor, aus seiner großen Zeit, der des Berliner Kongresses, als ich neben ihm die meisten Teilnehmer, Beaconsfield, Gortschakow, Andrassy auch persönlich gesehen hatte; auch aus dem Reichstag, auch aus seinem Badeaufenthalt in Kissingen und so weiter. Aber sicher dachte ich in jenem Augenblick auch daran, daß er seinerzeit den großen Antisemiten Stoecker, dessen Partei im Reichstag benützend, eine Zeitlang begünstigt, ihn freilich dann wieder hatte fallen lassen; denn Bismarck, der ja das Wort von dem Wert der Mischung eines »preußischen Hengstes mit einer jüdischen Stute« geprägt hatte, war ja im Grunde viel zu klug, um wirklicher Antisemit zu sein oder es wenigstens mehr zu sein, als es nun einmal jeder preußische Junker mit der Muttermilch eingesogen hatte. Immerhin, er hatte dem Antisemitismus doch mal etwas auf die Beine geholfen, und der fraß doch nun einmal gegen den Wunsch seines früheren Beschützers weiter.

Gerade damals hatte ich Beweise seines glückzerstörenden, menschenzerfressenden Wesens, denn ich hatte, mich für mein mündliches Doktorexamen vorbereitend, ein Repetitorium bei einem jungen, ich glaube aus Bayern stammenden Chemiker, Dr. Weinmann, belegt, dessen ich nie vergessen werde, sooft ich an vornehme, immerhin aus bescheidenerem Milieu stammende Menschen denke. W. war unleugbar ein überlegen kluger Kopf, sowohl in seiner Fachwissenschaft als in der Philosophie, in der er noch viel hätte leisten können. Wie klar und erschöpfend wußte dieser einfache, äußerlich leider unansehnliche Mann mich über schwierigste naturwissenschaftliche Probleme zu unterrichten! Wie fein und vernünftig sprach dieser edle, zartfühlende Jude über religiöse Dinge. Er kam aber in der Karriere nicht vorwärts und zermürbte sich: er wollte gern die Universitätskarriere ergreifen, aber sich nicht, wie es ihm nahegelegt wurde, taufen lassen. Ich bemühte mich um ihn, aber war selbst noch zu jung in diesen Dingen; und doch hätte ich mich vielleicht noch mehr anstrengen sollen; er verließ dann Berlin, seine Briefe ließen jede Lebenshoffnung vermissen und eines Tages schrieben mir die Eltern von seinem Freitod. –

Und nicht anders erging es später einem anderen Freunde von mir, Georg Adler aus Posen, Professor, Nationalökonom, Philosoph und im besonderen Nietzscheaner. War Weinmann zaghaft und sich sofort in sich selbst zurückziehend, so war Adler, auch aus kleinerer Umgebung stammend, sich seiner enormen Begabung bewußt, fast herausfordernd. Ehrenmann durch und durch, national im damaligen guten Sinne, äußerlich sehr prononciert aussehend, nicht gerade bescheiden, liebte er es, von mir in christliche und höhere Kreise eingeführt zu werden, was ich, mir das Recht meiner Persönlichkeit wahrend, manchmal auch tat, obwohl es nicht immer ganz leicht war. War Adler erst einmal bekannt mit den Leuten, so ging es, denn dann horchte alles gern seinen klugen Worten.

Aber bis es soweit war – was hatte der arme Mann da wohl innerlich auszufressen? Er war Dozent in Basel gewesen, dann in Freiburg, wo ich sein Nietzschekolleg hörte. Dort erzählte er mir wohl oft von seinen Seelenkämpfen; später ging er nach Kiel und eines Tages erlag auch er, ehrgeizig wie er war, den unermüdlichen Jägern, deren Waffen nicht Büchsen und Flinten, sondern Gemeinheit, Nadelstiche, Neid und Haß heißen. Ja, latent war der deutsche Antisemitismus immer vorhanden, wenn es ihm zu seiner ganzen Glorie, zur Staatsmaxime erhoben zu werden auch erst jetzt vergönnt wurde. Wie sagen die Herren Antisemiten? »Am deutschen Wesen wird einst die Welt genesen.« Ich habe, offen gesagt, einige leise Zweifel in die Richtigkeit dieses Satzes, da ich an die Macht der Liebe, aber nicht an die des Hasses glaube. –

Immerhin kamen an mich persönlich solche Dinge nicht heran, denn ich war innerlich in rebus antisemiticis stets auf dem quivive, und ich habe die Erfahrung gemacht, daß, wie die Maus sich bei dem leisesten Geräusch und das Kapital bei dem geringsten Krachen sofort zurückziehen, sich auch der Antisemit bei ernster Duellgefahr rasch verflüchtigt. So machte ich mir denn keine Sorgen und genoß neben der Arbeit die Freuden Berlins. – Die Gesellschaften waren ebenso bezaubernd, die jungen Damen tanzten lustig, die Diners – und man war fast täglich eingeladen – exquisit wie früher geblieben. Zu den schon genannten Häusern waren einige neue gastfreie hinzugekommen, wie das des Gründers der Dresdner Bank, Eugen Gutmann, dessen schöne Töchter später den italienischen Botschafter und den schwedischen Gesandten in Berlin heirateten; dann der Eisenmagnat und Offizier der Leibkürassiere, Georg von Caro, der Röhrenfabrikant Huldschinsky mit seiner liebenswürdigen, zu früh verstorbenen Gattin – sie waren aus Oberschlesien nach Berlin gezogen; die Witwe des Museumsdirektors Geheimrat Dohme, mit dem Hause des Wiener Barons Springer verwandt, hatte einen glänzenden Salon, wo sich alles traf, was mit Kunst zu tun hatte. Der freilich recht leichtsinnige »arbiter elegantiarum« Ernst Schwabach hatte sich mit der schönen Flora Herz, Tochter des gastfreien Hauses Hermann Herz, verheiratet und versprach ein großes Haus zu machen.

Zunächst freilich wurde er, bis zur Erledigung seiner nach der Hochzeit herausgekommenen großen Schulden, nach Kronstadt in Siebenbürgen an eine dem Hause Bleichröder, also seinem Vater mitgehörende Zuckerfabrik, zum solide werden verbannt, was der Börsenwitz dahin auslegte, man habe ihn dorthin geschickt, weil er sieben Bürgen brauchte, wenn er weiter Schulden zu machen hätte. Und last but not least war Fritz Friedländer, ein aus Gleiwitz stammendes kommerzielles Gestirn, am Berliner Gesellschaftshimmel aufgegangen. Friedländers Vater, ein sehr reicher Mann, hatte teils die Kohlengruben oberschlesischer Magnaten exploitiert, teils war er selbst an solchen beteiligt gewesen, hatte aber sein großes, vornehmes Geschäft, da er jahrelang an schwerer Gehirnkrankheit litt, mit Millionen Passiven hinterlassen; sein Sohn Fritz aber hatte sich, kaum mündig geworden, an die Spitze des Geschäfts gestellt, dasselbe durch enormen Fleiß, Tüchtigkeit und Beliebtheit bei den Magnaten, deren Vertrauen er voll und mit Recht genoß, wieder heraufgearbeitet, hatte jeden Groschen Verbindlichkeiten, obwohl er sich leicht hätte arrangieren können, voll zurückgezahlt, sich in dem großen Konjunkturaufschwung noch ein großes Vermögen hinzuerworben und den Sitz dieses gewaltigen Geschäfts nunmehr nach Berlin verlegt. Neben dieser großen kaufmännischen Kapazität saß in diesem Manne aber ein staunenswerter Hang zum Äußerlichen und Gesellschaftlichen, ein eminenter Ehrgeiz und eine Liebenswürdigkeit sondergleichen. Er hatte sich an mich angeschlossen und ich an ihn; wir machten einige Reisen zusammen und oft genoß ich damals die Annehmlichkeiten seiner Freude am eleganten Leben. Er heiratete dann bald das ebenso schöne wie weltkluge Fräulein Milly Fuld aus Amsterdam und hat mit ihr gesellschaftlich alles erreicht, was ein Kaufmann, Jude oder Christ, in Deutschland überhaupt erreichen konnte, indem Hof und Diplomatie bei ihnen ein- und ausgingen. – Am Neujahrstage 1900 hieß es in Berlin, Friedländers Name befinde sich unter den neuen Nobilitierungen; er erhielt auch den Adel mit dem Prädikat »von Friedländer-Fuld«. Ich traf ihn jenen Neujahrsmorgen im Hotel Bristol und sagte: »Friedländer, haben Sie schon gehört, worüber ganz Berlin spricht?« Er fragte: »Nun, was würden Sie dazu sagen, wenn wir Standesgenossen würden?«, worauf ich den faulen Scherz machte – es war ja der erste Tag des neuen Jahrhunderts – »Ich würde mich sehr für Sie freuen, lieber Friedländer, aber freilich, mein Adel ist ja schon aus dem vorigen Jahrhundert.«

Neben gesellschaftlichen Freuden interessierten mich am meisten die Rennen, und so ist es geblieben, und wenn ich heute etwas vermisse, so sind sie es mit ihrem farbenprächtigen Bild, den so sehr schwierigen Wettkombinationen, dem gesunden Aufenthalt und der fortwährenden Bewegung im Freien, von der man vor lauter Aufregung nichts merkt. In meinen Bruder Fritz und mich und unseren Freund, den berühmtesten Corpsstudenten jener Zeit, den schönen legendenumwobenen Heidelberger Schwaben, Dr. Theodor Bumiller aus Mannheim, war eine tolle Wettleidenschaft gefahren; wir hatten uns zu einer Compagnie zusammengetan; einer von uns mußte immer auf dem Rennen sein und die Wetten leiten, denn mein Vater sah unseren häufigen Rennbesuch durchaus nicht gern. Aber ob einer von uns dreien oder ob wir alle draußen waren, war gleichgültig; der Erfolg oder der Mißerfolg war meist derselbe negative, was kein Wunder war, da wir alle drei richtige Kinder waren und uns gegenüber die gerissensten Vertreter der Buchmachergilde hatten, die notabene nicht einmal konzessioniert waren und bestraft wurden, wenn sie ertappt wurden. Diese klugen Leute sandten uns hinten herum von ihnen angestiftete Tipster und wir gingen ihnen wie die Fliegen auf den Leim. Die Buchmacher liebten uns heiß, da wir auch nicht die geringste Ahnung von geschäftlichen oder finanziellen Dingen hatten. Je dümmer und kindlicher – natürlich immer nur in geschäftlicher Beziehung – ein Offizier oder ein Aristokrat oder ein Mitglied dieser Gesellschaft war, desto echter war er in jener Zeit, in der noch so gut wie kein Aristokrat »Koofmich«, wie es geringschätzig hieß, werden durfte. Daher auch der damalige unbewußte Haß der Adels-Clique gegen Geschäftsleute und was den dummen Kerls damals oft genug identisch schien: Juden.

Ein Beispiel, wie töricht wir damals waren: Wir beiden Brüder und Bumiller schuldeten den Buchmachern eine recht stattliche Summe, hatten aber nicht den Mut, es unserem Vater zu sagen. Wir baten daher einen Onkel, die Sache zu arrangieren, bis einmal der günstige Augenblick für die Beichte käme. Der Onkel ließ sich alles erklären und meinte, er werde mit diesen Leuten, deren ganzes Wetten ja illegal sei, erst einmal vernünftig sprechen, wir seien doch offenbar betrogen und begaunert worden, er würde den Betrag auf 50, ja auf 25 Prozent herunterdrücken; worauf wir beide erklärten, wir seien Ehrenmänner, unser Wort sei ein Wort, und wenn er versuchen wollte, auch nur einen Pfennig herunterzuhandeln, so bäten wir ihn, lieber ganz abzustehen. Solche Torheit gab es einmal im heiligen deutschen Reiche, aber es war die Folge der Zeit und ihrer Erziehung: Geld sparen hieß Geiz; herumhandeln, das Salz kaufmännischen Lebens, war Schande; Geld pumpen, natürlich wenn man es einmal zurückgeben konnte, galt als chic und war erlaubt!

Freilich haben sich diese verrückten Auffassungen bald, Ende der 80er Jahre, durch das vernünftige Eingreifen des jungen Kaisers geändert, der dem Kaufmannsstand, wohl durch die englische Erziehung beeinflußt, die ihm gebührende Stellung gab und ihm auch aristokratische Kreise zuzuführen liebte; die unglückliche kaufmännische Mißachtung der zehn oder zwanzig Jahre, in denen ich gerade groß wurde, ist nun als Folge eines Übernationalismus gewisser Kreise nach dem 70er Kriege zu betrachten.

Da ich gerade vom Pumpen sprach, darf ich nicht an einem urkomischen, meiner Meinung nach noch nie dagewesenen, Erlebnis vorbeigehen: In Ostende hatte ich an der Spielbank den belgischen Generalkonsul in Berlin, Georg Goldberger, getroffen, auch Mitglied einer angesehenen Familie und Bruder des als kommerziellen Vertreters Bülows und Gründers des »Vereins Berliner Kaufleute und Industrieller« bekannten Geheimrats Ludwig Max G. Wie letzterer niemals spielte, so gern tat es Georg, und bei dem erklärlichen Verständnis, das Menschen leichter Natur einander nähert, sprach er von den Gefahren des Spieles und sagte mir dabei: »Liebermann, Sie und Ihr Bruder Fritz sind famose, aber leichtsinnige Leute, nehmen Sie sich in acht vor dem Spiel, und wenn Sie, wie es ja doch nicht ausbleibt, mal Schulden machen und es Ihrem Vater nicht beichten wollen, dann kommen Sie ruhig zu mir; wenn ich kann, helfe ich Ihnen gerne.« Auf die Folgen dieses an und für sich ebenso verheißungsvollen wie auch unvorsichtigen und seltenen Vorschlages sollte G. nicht lange zu warten haben, und als es wieder einmal etwas knapp war, erinnerte ich mich G.'s und ging zu ihm hin. So mutig ich sonst war, so ängstlich war ich zeit meines Lebens in Geldsachen und gar im Leihen, und wenn ich meinem Gegner gegenübersaß, so fiel mir aus Scheu vor einem refus mein Herz in die Hosen. Ich hatte mindestens 2000 bis 3000 Mark haben wollen, als mich aber der jetzt recht ernst dreinblickende G. nach der ersten Einleitung fragte: »Um wieviel handelt es sich denn?«, da antwortete ich, innerlich immer kleiner und kleiner werdend: »Um 1000 Mark, Herr Generalkonsul.« G. antwortete, er bedaure, die könnte er mir aber nicht geben. Beschämt stand ich auf und empfahl mich, konnte mich aber nicht zurückhalten, ihm zu sagen: »Herr Generalkonsul, ich habe Sie doch wirklich nicht um viel gebeten; aber wenn Sie mir solch kleine Summe abschlagen, wozu haben Sie mir denn in Ostende ganz aus freien Stücken gesagt, ich sollte zu Ihnen kommen – nur um mich einem refus auszusetzen?« –, worauf er antwortete: »Um solche Summe braucht mich ein Sohn Adolfs v. L. nicht zu bitten; wenn ich Ihnen die gegeben hätte, würde Ihr Herr Vater, wenn er es erführe, mir nie verzeihen: hätten Sie zehn Mille haben wollen, wäre es etwas anderes gewesen.« Ich sagte: »Gut, Herr Generalkonsul, dann geben Sie mir doch zehn Mille«, worauf dieser freundliche, aber eitle Gernegroß klingelte und seinem Sekretär sagte: »Geben Sie Herrn v. L. eine Quittung über zehn Mille für drei Monate.« – Wie ich mich empfahl, und wie mein Bruder Fritz und Bumiller erfreut waren, als ich schwerbepackt nach Hause kam, brauche ich nicht sagen. Aber ebensowenig, wie mir bei Öffnung eines Goldbergerschen Briefes nach drei Monaten zumute war, als ich nicht gezahlt hatte. Ich mußte es meinem lieben Vater sagen und die Sache kam in Ordnung. – Ja, nicht mit Unrecht sagte Polonius im Hamlet »Ein Borger sei und ein Verleiher nicht«. Später, als ich, selbst im Besitz eines großen Vermögens, einem Freunde, Hans Herz, und noch später dem noch lebenden Hans von Bleichröder pekuniär ausgeholfen hatte und ich von beiden Vätern, Hermann Herz und dem alten Hans von Bleichröder einen kurzen Brief erhielt, etwa des Inhalts, er höre, daß ich seinem Sohne – über den einige wenig schmeichelhafte Epitheta nicht fehlten – Geld geliehen habe, und das Geld stände mir im Geschäft zur Verfügung, antwortete ich in beiden Fällen ungefähr dasselbe: Ich hätte den Söhnen unter liebenswürdigen Formen Geld geliehen und wenn sie es mir nicht in denselben Formen der Artigkeit zurückgeben könnten, so würde ich warten, bis die Söhne einmal erwachsen wären: sie würden es mir schon selbst wiedergeben. Die Folgen waren außerordentlich verbindliche Danksagungen beider Väter nebst Schecks. –

Ich sprach vom Spiel, dem ich damals sehr wenig huldigte. Nur in einem Privatzimmer des alten famosen Restaurants Schünemann, das die beste Gesellschaft Berlins an Stammtischen vereinigte, spielte eine kleine auserlesene Corpsstudentengesellschaft die »Lustige Sieben« und »Mauscheln«; der Hauptakteur auch dieser Gesellschaft war Bumiller, den ich leider bald als Genossen meiner Schandtaten durch eigene Schuld und Zufall verlieren sollte, indem ich ihn einer reizenden kleinen gewesenen Freundin von mir, Frl. U., vorstellte. Theodor Bumiller war ein damals in Corps – aber auch allen gesellschaftlichen Kreisen weit bekannter Mann, hauptsächlich dadurch, daß er – wegen einer total versoffenen Prügelaffaire zu einigen Monaten Gefängnis verurteilt – bei dem 500jährigen Jubiläum der Universität Heidelberg (1886) Hauptperson des ganzen Festzuges, als Carl Rupert von der Pfalz vor dem Zelt des Großherzogs von Baden – aus eigener Erleuchtung – auf seinem Pferde haltmachte, und vor demselben die Lanze senkte, an der ein Gnadengesuch befestigt war. Der Großherzog nahm das Gesuch ab und begnadigte den schönen ritterlichen Mann, was natürlich durch alle Zeitungen der Welt ging. – Nun hatte ich Bumiller und jene junge Dame, die mit ihrer ebenso entzückenden Schwester sich zum schwierigen Berufe von Priesterinnen, zwar nicht der Vesta, aber der Venus vorbereitete, zu einem kleinen Verlobungsdiner eingeladen, zu dem die Schwester mitgekommen war und ihren Freund mitgebracht hatte, der sich als der ebenso charmante wie berühmte Afrikaforscher von Wissmann – ich habe ihn nie wieder getroffen – entpuppte. Die beiden Herren waren sich dort nahegekommen, Wissmann forderte den wilden, unabhängigen, zu Abenteuern neigenden Bumiller auf, mit nach Afrika zu kommen, wo er eine große Karriere machte. So wurde er selbst ein berühmter Mann, heiratete eine ebenso schöne wie reiche Frau, führte später ein großes Haus, wurde Handelsattaché in Paris, starb aber nach schwerer Krankheit verhältnismäßig jung Anfang des Krieges. Er hatte leider von Afrika Malaria und Morphiumsucht mitgebracht, er war nur noch ein Schatten seiner selbst, als er zum ersten Male aus Afrika zurückkehrte, und als ich ihn 1913 das letzte Mal sprach, fuhr er hoffnungslos im Rollstuhl. –

Die Zeit rückte weiter und es wurde unaufschiebbar, an mein Doktorexamen zu denken. Für die Prüfung hatte ich ja immer etwas gearbeitet, aber doch in durch all die Störungen recht zerklüfteten Studiumsverhältnissen, und es galt zu überlegen, welche Universität ich für das Examen wählen sollte. Es gelang mir, mich in Rostock, wo ich durch meine Corpsbeziehungen in der besten und reizendsten Gesellschaft verkehrte, zum Examen in Chemie, Physik und der mir zwar gar nicht zusagenden, aber leicht zu bewältigenden Botanik derart vorzubereiten, daß ich mit aufgrund meiner hervorragenden Doktorarbeit meinen Doktor mit dem stolzen Prädikat »magna cum laude« bestand, damit meinem Vater eine recht große Freude bereitend.

Oft noch kam ich nach Rostock während meiner alljährlichen Fahrten in das nur eine Stunde von dort entfernte Heiligendamm, ein kleines, auch Rennen veranstaltendes Ostsee-Paradies. Ein Seebad mit einem Hotel und mit etwa zehn Villen, deren eine die großherzogliche Familie bewohnte, die mit fast sämtlichen Badebesuchern auf gutem Fuß stand. Der Großherzog Friedrich Franz III., Vater der letzten deutschen Kronprinzessin, war der Typ eines gütigen, eleganten Welt- und Edelmannes, der es sich nicht nehmen ließ, bei dem Rennen dem Diner der Rennleute mit seiner Familie in patriarchalischer Weise zu präsidieren, fast an jeden freundliche Worte zu richten und sogar in einem kleinen Club nachts sich am Baccarat zu beteiligen, wo freilich die Gesellschaft ziemlich gesiebt war.

Eines nachts hatte dort ein Berliner jüdischer Anwalt, Dr. Wolff, ein braver, sehr witziger, leider aber äußerlich wenig reizvoller Mann, ziemlich viel verloren. W. paßte nicht recht in die Gesellschaft, aber, da er der Vertrauensmann und Beichtiger der enorm verschwenderischen und tonangebenden Söhne des reichen Fürsten Hohenlohe-Oehringen bei ihrem Vater war, so wurde er von den Prinzen oft mitgenommen. Die Großherzogtümer Mecklenburg – sowohl Schwerin wie Strelitz – hatten bekanntlich eigenartigerweise keine Verfassung, waren also offiziell absolutistisch regierte Länder und wurden wegen ihrer Verfassungslosigkeit im Reichstag oft angegriffen. Wer beschreibt also das Entsetzen aller Anwesenden, zu denen auch ich gehörte, als Wolff, den der Großherzog am Tage nach jener Verlustnacht in seiner chevaleresken Art fragte: »Nun Herr Doktor, wie geht es Ihnen?« antwortete: »Königliche Hoheit, l'etat c'est moi.« Dieses Wort war bekanntlich der Wahlspruch des absolutistischen Königs Ludwig XIV. und die Erinnerung daran mußte für den alles andere als sich selbstherrlich gebenden Großherzog außerordentlich peinlich sein, doch fragte er Wolff, etwas merkwürdig berührt, was er damit meine. W. antwortete: »Königliche Hoheit, ich habe einen Zustand.« Dieser Witz, diese komische Übersetzung eines französischen Wahlspruchs in einen Satz mit ausgesprochen jiddischen Jargon, war zweifellos eine glänzende Pointe, aber bedeutete wohl die größte Taktlosigkeit, die ich jemals gehört habe. Kein Mensch lachte, ich schämte mich meines Glaubensbruders, der Großherzog, der den Jargon gar nicht einmal verstanden haben konnte, wandte sich an seinen Adjutanten; poor old Wolff, dem ich gehörig meine Meinung sagte, ist lange tot, aber seitdem suche ich Leuten, die mir dieser Belehrung bedürftig erscheinen, klarzumachen, daß Wahrung der Distanz und Rücksicht im Verkehr – auch unter uns Juden *untereinander*! – eines der ersten Erfordernisse gesellschaftlicher Kultur sind; natürlich begegne ich hierbei leider öfter und so ganz zu Unrecht dem Vorwurf des Hochmuts. –

In jenen 90er Jahren begann ich jedes Jahr von Ostende für einige Wochen zwecks Anschaffung der Garderobe nach London zu fahren, denn die Berliner Schneider arbeiteten halb so chic, waren dafür aber viel teurer als die allerersten Londoner Kollegen. Damals waren mein Bruder Fritz und ich so elegant, daß ein großer Berliner Schneider mir gestand, er ginge bei den Rennen oft hinter uns her, um sich den wirklich neuesten Schnitt anzusehen.

Der erste Eindruck Englands war für mich ein eigenartiger insofern, als ich, der ich doch zum Beispiel Frankreich, Österreich, die nordischen Länder und Italien recht gut kannte, in England alles, aber auch alles anders als in Deutschland fand; obgleich ich mir gerade diese Länder durch die Rassenverwandtschaft der Völker doch ähnlich gedacht hatte. Aber von dem Benehmen des Trägers bei der Landung, dem Geschmack des Tees und des nicht recht schmackhaften Brotes in Dover, der verschiedenen Bauart der Bahnen, der Eisenbahnreklame, der damaligen Cabs, der »Hansoms« in London, der Kurzangebundenheit der Schaffner und Dienstboten angefangen, erschien mir alles fremd und anders als auf dem Kontinent. So auch die Sitten im Verkehr, der Mangel an Verbeugungen und Untertänigkeit; die Unmöglichkeit den Damen, wie wir es sonst gewohnt waren, die Hand zu küssen; und auch die Sprache, die ich doch seit meiner Kindheit sprechen zu können glaubte, war so ganz anders und schwerer verständlich als unser Schulenglisch. Und alles nicht nur so ganz anders, sondern auch alles so praktisch und vernünftig! Als wir eines Nachts einen Schutzmann, wie wir es als Studenten zu tun gewohnt waren, anulken wollten und unser englischer Freund uns fragte, was wir denn eigentlich von dem Schutzmann wollten und wir ihm erklärten, wir machten Witze mit ihm, da sagte unser Freund: »Wenn Sie einen Mann, der hier zu Ihrem Schutz steht, verhöhnen wollen, so kann ich nicht mehr mit Ihnen verkehren.« Und als ich ein anderes Mal einen falsch fahrenden Cabman, wie man es in Deutschland tat, anschrie, ob er verrückt sei, und er trotzdem weiter falsch fuhr und ich ihn fragte, wohin er eigentlich führe, da antwortete er: »Zur Polizei, um Ihren Namen wegen Beleidigung feststellen zu lassen«; und in dem Blick des kleinsituierten Mannes lag so viel Menschenverstand, so viel Beschämendes, daß ich ihn gerne spontan um Entschuldigung bat. Ja, in England war der Schutzmann der Freund und in Deutschland der Feind des Bürgers; und in England hatte der arme Mann zwar weniger Geld, aber doch dieselben Rechte wie der Wohlhabende. In Deutschland wußte man das damals alles noch nicht, man hat es dann langsam gelernt; und jetzt hat man es nicht nur wieder längst vergessen, sondern jede Erinnerung daran wird einem in den wunderbarsten Nuancen gewaltsam wieder ausgetrieben. –

Alljährlich ging ich nun nach England und lernte immer etwas dazu, so daß man nach meinem jahrelangen Aufenthalt dort meine Ansichten über eine gewisse Fairneß und eine in mich übergegangene selbstverständliche Rücksichtnahme darauf, daß der andere doch *auch* ein Recht hat, in Deutschland oft nicht verstanden hat. Ich hatte immer das Gefühl, daß der Deutsche das sich dem Fremden freilich ganz verschließende und erst nach langer Zeit, wenn überhaupt, sich seiner Erkenntnis eröffnende England niemals verstanden hat; ob er nun im Kriege glaubte, Indien würde von ihm abfallen oder ob er jetzt noch sagt, das englische Weltreich wackle schon und würde in nicht zu ferner Zeit zusammenfallen; oder ob er meint, in Deutschland sei alles ebenso gut wie dort. Ich galt stets als Anglomane und war es auch, aber mein Urteil basierte nicht auf der seitens der Deutschen geradezu kindlichen Unterschätzung Englands, sondern auf richtiger Wertung von Englands Gentleman-Ideal, seiner politischen Vernunft, seinem echten Nationalstolz und seinem unerschütterlichen, mit der Fähigkeit gepaarten Willen zum Herrschen.

Wie sonderbar ist es doch, daß selbst der große Bismarck, dessen außenpolitische Genialität auch nur mit einem Satze zu streifen kindisch wäre, sich zu dem Ausdruck hinreißen ließ, er würde die Engländer, wenn sie mal in einem Kriege in Deutschland landen würden, »verhaften lassen«; er, der doch England schon durch den dortigen häufigen Aufenthalt seines Sohnes, des Fürsten Herbert, sehr gut kannte. Ich konnte nie verstehen, was er mit diesen Worten meinte. Weniger sonderbar erscheint mir der an sich nicht üble Gedanke Hitlers, unter *allen*

Umständen ein gutes Verhältnis oder Bündnis mit England zu suchen, das er von seinem »Erbfeind« Frankreich zu trennen hofft. Aber sollte er dabei in seiner doch vielleicht etwas zu primitiven Kunst der Auslandspolitik genügend in Berechnung gezogen haben, daß von und zu dem wahrlich nicht altruistisch, sondern recht real denkenden England und den westlichen Demokratien eine unsichtbare Welle hin- und herübergeht, die tiefe Sehnsucht nach Demokratie und Menschenrecht und Kampf der Freiheit gegen Tyrannei bedeutet? Und daß diese Welle sich wohl kaum je in die trüben Gewässer eines Hitlerdeutschlands wird ergießen können? Dieses Deutschland, in dem die Bürger, damit sie die Welt nicht richtig sehen, in solchem Dunkel erzogen werden, daß mir von befreundeten Stahlhelmleuten gesagt wurde, sie seien belehrt worden, England, diese trotz monarchischen Systems vollendetste aller Demokratien, sei eine »Oligarchie«. Und sie glaubten den Unsinn. – Wohin rollst Du wohl, Äpfelchen Hitlerdeutschland?–

Von England fuhr ich häufig über Paris zurück, das natürlich das Eldorado eines jungen Menschen war; die alte französische Kultur, die Fülle der altertümlichen und neuen Kunst, die bezaubernde Leichtigkeit der Vergnügungen und vor allem das bezaubernde Bild der Rennplätze erfreuten mich und boten mir mehr Zeitvertreib und Augenweide als die englischen Rennen, die mir im allgemeinen doch mehr Studium und ernste Prüfungen bedeuteten. Gesellschaftliche Feste zogen mich in Paris, wo die Zerstreuungen auf der Straße lagen, weniger an; in dieser Beziehung reizte mich Wien desto mehr, das ich im Winter, ich glaube 91/92, vom Baron Oppenheimer eingeladen, mit meinem Bruder Paul besuchte, um die dortige Gesellschaft kennenzulernen.

Einen besseren Einführer als Baron O., der, wie schon erwähnt, der deutschen Botschaft nahestand und durch den wir manchen diplomatischen Persönlichkeiten nähertraten, läßt sich schwer denken; unter diesen erinnere ich mich an den Militärattaché Grafen Wedel, den späteren Stadthalter von Elsaß-Lothringen, und an den freilich sehr sarkastischen, herben und im Urteil recht scharfen Generalkonsul in Budapest und späteren Botschafter in Rom, Grafen Monts, dem ich nach Jahren noch öfters im Salon Fritz von Friedländer-Fulds begegnete; aber unser Hauptverkehr waren natürlich die großen jüdischen Familien, auf deren Gesellschaften es vielleicht noch weltstädtischer als in Berlin, gemäß der Altersverschiedenheit dieser beiden Städte, zuging. Am meisten kümmerte sich um uns der Baron Gustav Springer, der seine junge Frau früh verloren hatte und mit einem Töchterchen, das damals freilich noch ein Baby war, mit der ich aber noch heute in Konnex zu stehen die große Freude habe, zurückgeblieben war. Springer hatte einen berühmten Rennstall und erfreute sich in der Renn- und aristokratischen Welt der Monarchie einer um so größeren Beliebtheit, als er sprichwörtlich mit freigebigster Hand vielen Mitgliedern derselben über manche Sorgen hinweghalf. In seinem Hause, in dem er als Witwer zwar keine Gesellschaften gab, traf man aber die bedeutendsten männlichen Vertreter der Diplomatie, des Adels und der Kunst; und ähnlich ging es bei seinen Brüdern, den Junggesellen, Baronen Hermann und Ludwig zu, von denen ersterer in seinem Palais einen ganzen Saal als Voliere für berühmte Vogelarten eingerichtet hatte, und von denen letzterer der Wiener Bonvivant par excellence war. Ebenso gastlich wie diese Häuser waren die der geschiedenen Gattin unseres Freundes, der Baronin Jella Oppenheimer und ihrer Mutter, der Baronin Todesco. Auch einige Feste im Hause des Kohlenwerkbesitzers Wilhelm von Gutmann und seiner schönen Frau, einer Schwester der in Berlin schon genannten Geheimrätin Pringsheim, sind mir noch gegenwärtig. Die jüngste Tochter des Gutmannschen Hauses, die damals freilich noch nicht den Kinderschuhen entwachsen war, ist seit einigen Jahren die heute »regierende« Fürstin von Lichtenstein. – Noch mehrere Häuser dieser Gesellschaft sind mir in lieber Erinnerung, wie zum Beispiel der Barone Lieben, Schey, Königswarter, das der Familie Schiff und anderer. Und all diese Familien, deren Feste die besten Kreise besuchten und die durchschnittlich noch mehr mit Adel und Hofgesellschaft als in Berlin durchsetzt waren, waren wenigstens damals alle noch gute Juden geblieben, im Gegensatz zu den sich allmählich immer würde- und stolzloser entwickelnden und dem Berliner

Taufprinzip langsam aber sicher verfallenden Berliner Kreisen. – Je höher Menschen dastehen, aus je älterem Hause sie stammen, desto mehr können sie sich selbst treu bleiben und brauchen nicht zu erstreben, anders zu erscheinen als sie sind. Einem Rothschild würde ja das Taufen nichts nützen, aber wenn es ihm nützte, würde er es auch nicht tun, denn gerade der Stolz auf ihre Abkunft ist trotz allem, was sie erreichte, der Stolz dieser Familie, die zum mindesten im Mannestum traditionsmäßig Juden bleiben müssen.

Mit Baron Oppenheimer besuchte ich auch den Chef der Wiener Linie dieses Hauses, Baron Albert Rothschild, den, wenn ich nicht irre, Kaiser Franz Joseph zum Mitglied der Hofgesellschaft gemacht und dem er die dazu erforderlichen 16 Ahnen nachgelassen hatte. Rothschild, dem Oppenheimer von meinem Duell berichtet hatte, wünschte mich kennenzulernen, und ich freute mich außerordentlich, als der Baron, ein ziemlich großer, schlanker, diplomatisch leise sprechender Herr sich alles erzählen ließ und mir für die gute Tat dankte, die ich »im Interesse des Judentums geleistet hätte«; er behielt uns beide bei sich und bot mir, sooft ich nach Wien käme, seine Loge im Opernhaus an, was ich für den ersten Abend natürlicherweise gerne annahm. – Im Palais seiner Tochter, der einfachen und bescheidenen Gattin meines leider auch schon verstorbenen Freundes Baron Sigi Springer, habe ich später im Kriege, der mich öfters nach Wien führte, noch manchmal vorzüglich gespeist. –

Von Wien ging es zurück nach Berlin, wo ich, bis eine chemische Fabrik gefunden würde, die mir vernünftige Eintrittschancen böte, wieder im Laboratorium auf dem mich interessierenden Gebiete der Nahrungsmittelchemie arbeitete.

Weiter wechseln nun kaleidoskopisch die Ereignisse auf allen Gebieten meines Lebens, und Schönes wechselte mit Traurigem (damals freilich ersteres noch sehr überwiegend) und Lustiges mit Ernstem, waren doch in meinem Charakter die Elemente Wildheit und Sentimentalität, Humor und seine Kehrseite Tragik seltsam gemischt. Eine dumme Geschichte fällt mir aus jener Zeit ein. Eines Tages erzählte uns unser Vater, aus seinem

Pult fehlten 3000 Mark, die er ausdrücklich dorthin gelegt hätte. Natürlich kamen die Dienstboten in Betracht, und mein Vater sandte zur Polizei, die einen Kriminalkommissar zu uns beorderte. Der ging sofort zum Diener, der ihn darauf hingewiesen haben soll, daß wir Söhne ziemlich spendable junge Leute seien. Ich werde nie im Leben das Gesicht des Kommissars vergessen, als dieser zu uns ins Zimmer trat; ich hatte ja Polizei, Gefängnis und Festung genugsam kennengelernt, aber *das* war mir doch neu. Er fragte uns, was wir vom Diener wüßten, etc. und empfahl sich dann, versprach, auch er würde die Sache verfolgen, fragte aber doch im Abgehen meinen Vater: »Herr v. L., sollte vielleicht einer Ihrer Herren Söhne eine kleine Anleihe (sic!) bei Ihnen gemacht haben?« So gleichgültig es war, so peinlich war es doch, und nun ließ unser guter Vater erst recht die Affaire weitergehen; der Diener wurde überführt und erhielt Gefängnis, das man ihm ohne jenen unverschämten Hinweis auf unser gutes Leben sicher erspart hätte.

Und nun kommt ein kleines, durch die beispiellose, fast geistvoll anekdotenhaft anmutende Unverfrorenheit einer Frau interessantes Histörchen:

Zu jener Zeit machte in Berlin eine junge, bildhübsche, kleine Schauspielerin viel von sich reden. Die junge Dame war reizvoll, klug, schauspielerisch begabt, hatte, obwohl christlich, merkwürdigerweise einen ausgesprochen jüdischen Witz, war wie das Schillersche Mädchen aus der Fremde verschwenderisch im Verschenken ihrer Liebesgaben und fesselte jeden Mann – namentlich wenn er ihr nahegetreten *war*, es gibt ja solche Frauen! –, sie war, wie der Theaterausdruck heißt, eine »Naive Sentimentale«, aber wehe dem Manne, der so naiv war, sie für eines von beidem zu halten. Ihre Mutter war die Frau eines ehrsamen Weichenstellers, und man vermutete, daß der Zug ihrer Liebe durch falsche Weichenstellung einmal auf ein verkehrtes, heute würde man sagen, nichtarisches, Geleise gefahren sei; was Wunder, daß auch ich mich etwas zu sehr in sie vergaffte? Mein Vater, befürchtend, daß ich mich mehr als nötig engagierte, wünschte, daß ich in dem weit genug entfernten Freiburg auf andere Gedanken käme. Ich ging dorthin, arbeitete im Laboratorium, und alles ging gut, bis nach einigen Monaten Frl. X. mich mit Telegrammen bombardierte, sie würde zugrundegehen, wenn sie nicht eine kleine Reise zu mir unternehmen dürfe. Sie »kam, sah«, ich »siegte«, und diese Treue mußte durch eine kleine Reise in den Schwarzwald belohnt werden. Nach 14 Tagen entschwand sie und versprach mir, mich in einigen Wochen in Halle zu treffen, wohin ich ihr, ohne daß man es in Berlin wissen dürfte, entgegenreisen wollte. Der Tag kam, ihre inzwischen immer wärmer werdenden Liebesbriefe verfehlten ihre Wirkung auf mich nicht; ich verließ frühmorgens Freiburg und erhielt in Heidelberg mittags noch ein Telegramm von ihr, wie glücklich sie sei, mich wiederzusehen. Als ihr Zug in Halle spät in der Nacht einfuhr und ich liebeglühend die »Naive« suchte, entstieg ihm auch nichts ähnliches; der Zug verschwand wieder, ich war allein, dachte, ein Unglück sei geschehen, durchirrte einige Hallenser Nachtlokale und fuhr mit dem ersten Zug nach Berlin, wo es mir, da ich alles verschlossen fand, erst nach Stunden gelang, in die Wohnung der Diva zu gelangen. Ein mir in Figur und sonst auch etwas ähnelnder ganz guter Bekannter trat mir entgegen, ließ sich mein Ehrenwort geben, daß ich keinen Revolver bei mir habe, und führte mich in ihr Zimmer. Sie erklärte mir nun, sie liebe mich nicht mehr, sie liebe Kurt – so hieß der Bekannte –, und auf meine Frage, warum denn die Reise, warum all die Liebesbriefe, warum noch gestern die liebestolle Depesche nach Heidelberg?, antwortete sie in aller Ruhe: »Du warst noch gestern mein Gott; ich war überglücklich, Dich abends wiederzusehen, ging aber noch ins Hotel Bristol, um vor der Abreise eine Tasse Tee zu trinken, traf dort Kurt, und weil er Dir so ähnlich in allem war und mich in allem so sehr an Dich erinnerte, konnte ich mich nicht mehr halten, erlag ihm und jetzt liebe ich ihn.« Ich fand diese Antwort mehr »naiv« als »sentimental«, wandelte tieftraurig nach Hause, machte ihr ein Gedicht, das sie sich sicher nicht hinter den Spiegel gesteckt hat, entdeckte mich weinend meinem Bruder Fritz, der es dem Vater sagte, der es mir in seinem so gütigen Verständnis nicht übelnahm, daß ich mitten im Semester deshalb nach Berlin gekommen sei. Er schickte mich zu einem Nervenarzt, der Nervenüberanstrengung feststellte und mir ein Sanatorium empfahl, wo ich nach sechs Wochen von meinem Liebesweh geheilt war. Als ich den mich dort behandelnden Arzt, Dr. Bödecker, späteren Schwager Franz von Mendelssohns, nach Jahren wieder aufsuchte, als ich eine Dame liebte, von der ich innerlich loskommen wollte, sagte er, das ließe sich nicht machen. Damals sei ich verliebt gewesen, jetzt läge eine ernste Liebe vor; dagegen gäbe es bis jetzt noch keine Badekuren. –

Wäre meine Heilung seinerzeit nicht gelungen, so hätte die Angelegenheit, da ich bald in den Besitz eines großen Vermögens kommen sollte, für mein Leben sehr gefährlich werden können. So aber wurde die junge Schauspielerin eine bedeutende, an ersten Theatern auftretende Künstlerin, wurde Baronin und wohnte auf einem Schloß. Ich weiß nicht, ob sie noch lebt, aber sollte sie diese Zeilen einmal in die Hand bekommen – es sind auch bei ihr 45 Jahre seitdem vergangen – und diese kleine Indiskretion, die keine ist, weil nur sie, mein Bruder und ich dieses entzückende Erlebnis noch kennen können, so wird sie sicher selbst über ihre maßlose Frechheit lachen und mir verzeihen. –

Ich ging nicht wieder nach Freiburg, sondern kam nach Berlin zurück, wo ich mich wieder bei Professor Robert Koch meldete und den Grund zu einer späteren Erfindung auf dem Gebiet der damals sehr beachteten Eiweißpräparate legte. Inzwischen fand aber mein Vater eine vergrößerungsfähige chemisch-pharmazeutische Fabrik, in der ich erst arbeiten und später mit größerem Kapital eintreten sollte, falls ich sie günstig beurteilte und mich dort wohlfühlte. Ich arbeitete nun dort. Die Fabrik war sehr interessant, versprach viel und ist auch ein großes Unternehmen geworden, und ich hoffte dort meinem guten Vater noch manche Freude zu machen. Aber das Schicksal wollte es anders.

Mein Vater hatte 1892 noch eine große Freude durch die Verlobung meines Bruders Fritz mit einer reizenden graziösen, auch schon längst dahingeschiedenen Dame, Frl. Melanie Oppenheim, die ihre Eltern früh verloren hatte und im Hause ihres schon öfters erwähnten Onkels Hermann Herz gleichsam großgeworden war. Nun fanden viele Feste statt, an denen mein Vater, der seit meiner Mutter Tode kaum je eine Gesellschaft außerhalb unseres Hauses besucht hatte, sich beteiligte, und die Hochzeit wurde in der schönen Charlottenburger Patriziervilla, die die Familie im Sommer bewohnte, gefeiert. Wir hofften, unser Vater würde sich durch das junge Heim meines Bruders verleiten lassen, auch wieder mehr unter Menschen zu gehen, als ihn plötzlich eine Lungenentzündung infolge einer Grippe, die der Arzt nicht rechtzeitig erkannt hatte, niederwarf und den stattlichen, rüstigen Mann mit erst 63 Jahren hinwegraffte. Als die Ärzte am 29. Januar 1893 keine Rettung mehr sahen, war es mir gewiß, daß unser Vater noch bis zum nächsten Tage, dem Sterbetage meiner Mutter leben würde; und so kam es. Er starb in denselben Morgenstunden wie unsere selige Mutter und wurde am selben 1. Februar genau 13 Jahre später zur ewigen Ruhe bestattet. –

Unser Vater war ein stolzer, vornehmer, unendlich gütiger, mildherziger Mann und ein guter Jude gewesen, dessen große Sorge, aber auch ganze Freude seine drei Jungen waren. Was wir Brüder verloren hatten, ahnten wir damals kaum. Aber mir ist, als gäbe es kaum ein größeres Menschenglück als das, gute Eltern besessen zu haben. Sein Bild – meine Mutter habe ich zu wenig gekannt – schwebte mir stets an den vielen Freuden, aber auch an den noch viel häufigeren Leidenstagen meines so erlebnisreichen Lebens vor, zustimmend oder tröstend; und wie ich sicher bin, daß er mir die vielen Dummheiten meines Lebens – wirkliches Unrecht habe ich keinem Menschen jemals getan – in seiner ewigen Güte verziehen hätte, so habe ich im Geiste ihm immer bis heute über alles, wovon ich annehmen konnte, es sei nicht in seinem Sinn geschehen, Rechenschaft abgelegt.

Intermezzi

Während des Niederschreibens dieser Erinnerungen steigert sich in mir immer mehr das Bewußtsein, daß ich um manche Diskussionen unpersönlicher Natur, zum Beispiel sowohl über politische und diplomatische Einzelheiten, wie besonders über das schwierige Judenproblem, von dem der Antisemitismus doch nur ein Symbol ist, nicht herumkomme. Das sind aber Dinge, über die gerade mir, weil ich Wissenschaftler bin und weil mir gediegenes Fachwissen darin fehlt, zu sprechen eigentlich widerstrebt. Zudem haben mir eingehende Unterhaltungen mannigfacher Natur mit Diplomaten, wie zum Beispiel mit dem Botschafter Grafen Monts und dem Unterstaatssekretär Baron Wilhelm Stumm gezeigt, daß diese, namentlich wenn sie weltumspannende Länder vertreten, Gesichtspunkte berücksichtigen müssen, die uns Laien vollkommen fernliegen. Und genauso geht es mit der komplizierten Judenfrage. Ich muß bei der Besprechung solcher Themen daher schon um Nachsicht bitten.

Dagegen glaube ich, da, wo es sich um den *deutschen* Antisemitismus handelt, insbesondere da, wo es die Behandlung der oberen Schichten der Juden in Deutschland betrifft, durchaus kompetent zu sein. Diese Frage zieht sich dann auch wie ein roter Faden durch mein ganzes Leben; sie zu beachten war, nachdem mich meine Lebensschicksale wie von ungefähr darauf gestoßen hatten, eine meiner vitalsten Geistesinteressen, und für diese glaube ich zuständig zu sein, weil ich *keinen* anderen Juden kenne, der wie ich im dauernden Verkehr mit den höchsten, aber auch mit den allereinfachsten jüdischen und christlichen Kreisen Deutschlands gestanden hat, weil ich auch als Corpsstudent der Jude geblieben und schließlich auch so viel im Ausland gewesen bin, daß mir eine gewisse Kenntnis der Seele anderer Völker, vorzüglich der des englischen, eigen ist; und zwar sowohl der englischen Mentalität an sich selbst, als auch in ihrem Hinüberschweben und -weben zu den anderen Völkern und zum Judentum, welchem sie durch die gesunde Mischung des konservativen und des demokratischen Elements verbunden ist. –

Geschichte ist die Grundlage aller Politik, und »flair« ist die Basis der Erkennung von manchen Geistes-Beziehungen und Instinkten, wie sie nötig waren, um den altpreußischen und auch den neudeutschen Antisemitismus zu schaffen. Und wo dieses flair mich zu Erkenntnissen geführt hat, da hoffe ich, daß diese dem Erforscher speziell jüdisch-deutscher Dinge von Nutzen sein werden. –

An dieser Stelle möchte ich gleichzeitig erwähnen, daß mir die eigentlich zeitliche Anführung der Erlebnisse, die ich darum vielleicht mehr zusammenzufassen gezwungen sein werde, durch ihre größere Fülle und auch darum schwerer zu fallen beginnt, weil mein Gedächtnis die Rolle meiner Muse spielen und sie alle wieder zusammensuchen muß. Im Jahre 1918 wurde mir nämlich kurz vor dem Friedensschluß mein ganzer, zum größten Teil in England gebliebener Besitz durch einen, übrigens selbstverständlicherweise nicht englischen Spediteur von A bis Z zu Schundpreisen versteigert, so daß mir neben wertvollen Sammlungen an Miniaturen, Brüsseler Spitzen, Silber, Porzellan etc. auch jede kleinste, für andere wertlose und nur für mich interessante Aufzeichnung, Photographie und Erinnerung an meine Eltern und jedes Büchlein aus der Kinderzeit geraubt und verschleudert wurde; ich habe nächst den Todesfällen keinen größeren Schmerz als diesen gehabt. Solche Sachen sind natürlich unersetzlich, abgesehen davon, daß der deutsche Staat nur in ganz geringem Maßstab den Schaden am Hausrat und den an Kunstwerken überhaupt nicht ersetzen durfte. Einiges, Bilder und Büsten meiner Eltern, wurden mir nachher zu so unsinnigen Preisen von Händlern angeboten, daß ein Wiederkauf ausgeschlossen war; und all die lieben kleinen Andenken waren sinnlos in die Welt verstreut.

Noch ein allgemeines Wort: Nach der ersten Niederschrift sagte mir ein Meraner Freund, früher Vorstand der Berliner Jüdischen Gemeinde, dem ich das Manuskript zu lesen gab, ich hätte so wenig mit Juden verkehrt und es stecke soviel Snobismus in diesem Buche.

Nun, das erstere ist nicht richtig, wie die Beispiele zeigen; von Snobismus aber ist in diesem Buche keine Rede, wenigstens nicht von meinem eigenen. Denn ich war kein Snob, schon weil ich Hochmut für ein ebenso »plebejisches« Laster wie »Kriecherei« halte.

Freilich meine ich, jeder Mensch hat eine gewisse Sehnsucht nach Höherem, und darum sollen die Juden einesteils zwar dem schlimmsten Fehler ausweichen, einen Staat im Staate zu bilden, andererseits aber eine ihnen sympathische Gesellschaft nicht scheuen, sofern dieselbe sie als völlig Gleichwertige aufnimmt, ohne daß ein Unterschied, was sehr selten ist, überhaupt zutage tritt.

Meine lieben Glaubensgenossen sind, wie ich weiß, sehr gestrenge Kritiker; der eine will mehr von Juden hören, der andere mehr von Aristokraten, und da ich es nicht jedem recht machen kann, so habe ich eine Fülle von Menschen, die ich nur flüchtig traf, nicht erwähnt, sondern nur von solchen gesprochen, die zu mir in irgendwelche Beziehung traten.

Ich hoffe, mich damit über den sogenannten Snobismus genügend auseinandergesetzt zu haben, denn ich muß mich in dieser wichtigen Frage mit meinem Leser richtig verstehen.

Nach meines Vaters Tode

»Ich bin nur durch die Welt gerannt.«
(Goethes »Faust«.)

Ich komme nun zu 1893 zurück: Wir drei Brüder haben den Tod unseres Vaters unendlich betrauert und fühlten uns einander zutiefst verbunden. Tradition und Religion hielten uns zusammen, bis nach ein bis zwei Jahren die Natur ihre Rechte forderte und die Interessen nicht mehr in allem dieselben blieben, bis auf eines: die Hochhaltung unseres Namens und der durch ihn bedingten Pflichten. Obgleich schon an die 30 Jahre, waren wir doch rechte Kinder geblieben, die wir bis auf meinen Bruder Fritz, der zwar seine medizinischen Staatsexamen gemacht hatte, aber zweifellos einen kaufmännischen Verstand in sich fühlte, mit unserem großen Vermögen jedenfalls nicht den richtigen Gebrauch zu machen wußten; und dies um so mehr, als unsere Erbschaft in der Hauptsache aus ungeheurem illiquiden Grundbesitz bestand. Sicher hätte unser Vater uns im Lauf der Zeit in die Bewirtschaftung des Besitzes eingeführt; er hatte sich aber mit Recht noch für rüstig genug gehalten und es für richtig erachtet, uns etwas leichtsinnige junge Menschen über die unserem Besitz zugrunde liegenden Werte ebensowenig aufzuklären, als uns zum Beispiel in das Leben des Clubs und die Gefahren des Spieles einzuweihen.

Das war zweifellos von seinem Standpunkt aus ein leicht erklärlicher und verzeihlicher Irrtum, denn ich glaube, es gibt für junge große Erben, auf deren Ausbeutung wohl oft gewisse Persönlichkeiten zu lauern pflegen, keinen besseren Schutz als den, ihnen die Gefahren des Lebens so kraß als möglich zu zeigen. Mein Vater aber, der so gut für uns gesorgt hatte, dachte

103

wohl kaum an die uns bedrohenden Gefahren. Er hatte immer für Grundbesitz, namentlich an den besten Plätzen Berlins, geschwärmt und hinterließ uns zum Beispiel ein Terrain, das bei seiner Exploitierung drei bis vier Millionen Mark, die Häuser Tiergarten- und Bellevue-Hotel am Potsdamer Platz, die später sechs Millionen Mark erbrachten, dann eine Anzahl anderer wertvoller Häuser und neben Papieren eine zweite Kunstsammlung, die wir teilungshalber versteigerten, und die eine Million brachte.

Als mein Bruder Paul, der als Richter nichts von Geschäften verstand, uns, von einem Lehrer der Buchführung begleitet, fragte: »Ich werde unser Vermögen verwalten, Ihr werdet mir doch vertrauen, daß ich es in unseres Vaters Sinne tun werde?«, waren wir sofort einverstanden, statt zu verlangen, daß ein Büro mit einem richtigen Kaufmann als Verwalter genommen würde. Sicher hat mein Bruder Paul, von den besten Absichten erfüllt, alles so gut gemacht, wie er und sein theoretischer Lehrer es für richtig hielten, aber seine Tätigkeit mußte sich doch zum Unglück für uns zum Gegensatz auswirken, daß er, der solide, immer immobilisieren, während wir im Lauf der Zeit liquidieren wollten. Wir kauften übrigens sofort *noch* ein überaus wertvolles Grundstück, das Haus des Romanischen Cafés gegenüber der Kaiser-Wilhelm-Gedächtniskirche, das Paul uns später abkaufte und das eines der wertvollsten Häuser Berlins geworden ist. Aber was für den sehr sparsamen Paul gut war, war es nicht auch für mich. Ich hätte seinerzeit trotz aller brüderlicher Liebe sofort gemeinschaftliche und richtige kaufmännische Verwaltung verlangen sollen, aber ich bin offen genug zu sagen, daß ich hiervon damals selbst auch nichts verstand.

Der Kardinal Mazarin soll einmal, als ihm für einen Posten ein unerhört tüchtiger junger Mann empfohlen wurde, gefragt haben: »Was wichtiger ist als Tüchtigkeit; hat er Glück?« Nun, ich hatte Glück, oft, sehr oft, aber mir fehlte das Handwerkszeug, es zu nutzen, nämlich praktischer Verstand und kaufmännische Erziehung. – Ich habe leider den Kardinal ad absurdum geführt: Das Leben und die Praxis bilden eben die Menschen und nicht die weltfremden Begriffe von Ehre, in denen ich aufgezogen war; Geld erschien uns Brüdern damals überhaupt als *nichts.* So kam ein Vermittler nach dem anderen schon zu Lebzeiten unseres Vaters vergeblich, um uns Brüder zu reichvergoldeten jüdischen Prinzessinnen, zwar nicht aus dem Morgenlande, aber doch aus dem Ausland zu bringen.

Zweimal bin ich übrigens solchen jungen Damen, ohne daß sie die Hintergründe kannten, in Badeorten begegnet, denn im Prinzip hatte ich nichts dagegen, weil die jungen Mädchen aus jenen Kreisen meist vorzüglich erzogen sind, und weil natürlich Gemeinsamkeit geistiger Interessen und nicht Verliebtheit das stärkste Band der Ehe sind. Beide waren auch Damen von bester Erziehung und feinster Gemütsbildung. Aber das eine Mal hatte die ungerechte Göttin Venus dem übrigens unverheiratet verstorbenen jungen Mädchen allzu wenig äußere Reize als Gegengewicht in die Wiege gelegt; das andere Mal, wo die Duenna wirklich alle Güter der Welt, auch Schönheit und Güte mitbekommen hatte, hintertrieb aber, obwohl wir uns gefielen, der böse Papa die Sache, weil er aus Unterhaltungen mit mir entnommen hatte, daß selbst sein gewaltiges Vermögen meinem Mangel an praktischem Wesen kaum standhalten würde.

Erwähnte Dame spielt heute noch in der internationalen Gesellschaft eine große Rolle, glücklich als Großmutter wie ihrerzeit als Mutter und junge Frau. Aber ihr größtes Glück ist doch wohl das gewesen, mir entgangen zu sein, weil ich, offen gesagt, nicht glaube, daß ich einer so reichen Frau, von der ich mich hätte abhängig fühlen müssen, ein guter Mann gewesen wäre. Denn wie alles auf der Welt, hat auch das Glück mit einer so überreichen Frau seine zwei und vielleicht sogar seine drei Seiten.

Nun, ich war damals nicht traurig darüber, denn was bedeuteten uns seinerzeit schon Millionen? Und doch hatte sich damals in punkto Geld schon einiges, sogar recht vieles in Deutschland geändert: Schon hatte der noch vor zehn Jahren in Preußen ziemlich geringgeachtete Begriff »Geld« sich in den Hirnen der deutschen Köpfe festgesetzt; der Antimammonismus der 70er Jahre war einem starken Materialismus gewichen, Offiziere, die früher beleidigt gewesen wären und einen fast gefordert hätten, wenn man ihnen gesagt hätte: »Wenn Sie durchsetzen, daß Ihre Verwandten das Gut verkaufen, so können Sie daran verdienen«, fragten jetzt schon: »Wenn ich Ihnen das Gut vermittle, was für eine Provision bekomme ich?«; und während die vornehmen Juden ängstlich bedacht waren, den Wert des Geldes äußerlich als quantité négligeable zu betrachten, fragten einen Offiziere auf den Jagden und im Club nach jüdischen Familien fünfzigsten und hundertsten Grades aus, die auf irgendeine dunkle Weise einen Haufen Geld gemacht hatten, aber hübsche Töchter besaßen; entsetzt antwortete man: »Wie kommen Sie denn an *die* Leute? Von den Leuten habe ich noch nicht einmal den Namen gehört!« Ja, Offiziere und überhaupt auch sonst christliche Kreise, die äußerlich den Juden, wenn er nicht sehr stark prononciert war, nur an der Nase erkannten – während wir Juden doch dafür in den meisten Fällen ein gewisses flair haben –, wußten unglücklicherweise fast nie einen Unterschied zu machen zwischen jenen großen jüdischen Familien, die einzig und allein mit der christlichen Hocharistokratie an Vornehmheit, Würde, Hochhaltung von seit Jahrhunderten übernommenen Pflichten verglichen werden konnten – denn solche Leute gibt es natürlich selbst in unserem degenerierten Zeitalter noch eine ganze Anzahl – und solchen dunklen Persönlichkeiten niedrigsten Kalibers, die ohne Rücksicht auf jüdische Ehre, jüdische Ehrlichkeit und auf ihre leidenden Glaubensgenossen nur dem raschen Geldgewinn um jeden Preis nachjagen.

Dieser Mangel an Unterscheidungsfähigkeit seitens der Christen ist denn auch ein Hauptgrund des Antisemitismus, und ich darf hier vorgreifend sagen, daß der Urgrund von Hitlers Antisemitismus auch mit hierauf zu beruhen scheint. Wie er ja nach seinem eigenen Buch früher niemals anständige Juden gekannt hat, und jetzt hoffentlich, selbst wenn er es gegen alles Erwarten wünschte, jeder Jude zu stolz sein dürfte, sich ihm zu nähern, so ist es das Unglück der heutigen Juden, daß ein von einer Idee besessener Mann über Menschen zu urteilen die Macht hat, die er *überhaupt nie in seinem Leben gesehen oder gesprochen hat.* Und nicht viel anders war es mit seinen Vorgängern, den Alldeutschen, nur daß diese, wenigstens sooft ich einen von ihnen sprach, was ich nicht immer umgehen konnte, fast stets sagten: »Ja, ich kenne *einen* Juden, das ist ein hochanständiger Mann; wenn sie alle so wären etc.« Über diese Worte bin ich Hunderte von Malen gestolpert; es war mir immer ein Beweis, daß diese Leute ihr Unrecht, im Bausch und Bogen zu verurteilen, einsahen, aber doch nicht die Kraft hatten, sich von ihren üblen Instinkten des Hasses, des Neides und den anderen antisemitischen Ingredienzen deutscher Muttermilch zu befreien.

Das allergrößte Unglück war es, daß diesen geistig Armen der staatliche und gesellschaftliche Antisemitismus der Epoche Wilhelms II., aber auch schon Wilhelms I., zur Hilfe kam, der, abgesehen vom wirtschaftlichen Elend des Hitlerschen Judenhasses, sich in seinen ethischen Folgen für das Judentum an sich *noch* verhängnisvoller als die jetzige Judenhetze erwiesen hat. Denn der Wilhelminische Antisemitismus zerstörte durch das Prinzip der Taufe und dadurch, daß jeder Jude am Tage nach seinem Übertritt, kraß gesprochen, all das erreichen konnte, was ihm am Tage vorher noch verschlossen war, die Grundlage der jüdischen Moral, des jüdischen Stolzes, seines Selbstbewußtseins und die Elemente der jüdischen Ethik, der Lehre des jüdischen Wertes. –

Wer sich selbst aufgibt, wird aufgegeben; wer sich selbst beschimpft, wird beschimpft. Und diesen moralischen Selbstmord bewirkte das Taufprinzip, das damals rapide um sich griff. Die allermeisten meiner Freunde ließen sich oder ihre Kinder taufen; Leute, die man auf einen Kilometer als Juden erkennen konnte, die sich gestern noch als Juden bekannten, waren heute schon Christen; die Großen machten es vor, die Kleinen folgten, und schließlich gaben sich diese Leute, statt sich zu schämen, so lange für etwas Besseres aus, bis sie es – unglaublich aber wahr – *selber glaubten!!*

Ich bin gewiß kein Pharisäer und kenne nichts Höheres als persönliche Freiheit für mich und jeden anderen. Gewiß gebe ich zu, daß es Menschen gibt, die sich aus Überzeugung taufen lassen; die haben recht. Auch solche, die es für eine geliebte Frau, die Christin ist, glauben tun zu müssen, auch die haben recht, und es mag noch andere ähnliche Fälle geben, so die Überzeugung, daß Assimilation ein Haupterfordernis zur Lösung des deutschen Judenproblems sei. Der verzeihlichste

Grund ist schließlich der, aus dem es auch meine Brüder taten, daß sie ihre Kinder gegen andere Getaufte in ihren Lebenschancen und ihrer Seelenruhe nicht zurücksetzen wollten, und darum vergab ich es ihnen innerlich auch um so mehr, als sie wenigstens ihre Abkunft niemals verleugneten oder ihre Leute herabsetzen ließen; aber diese Tauferei aus Selbstsucht, dieses Aufgeben des inneren Stolzes für äußere Ehren, diese Preisgabe elterlicher Tradition und Religion aus niedrigem Schachergeist, und vor allem dieses verächtliche »Sich-selbst-etwas-Besseres-dünken«, weil man feige und treulos gewesen war, das alles war mir vielleicht noch mehr zuwider als der Antisemitismus selber. Und leider spazierten auf dem Wege zur Kirche die prominentesten Juden voran, was die Tauferei ja erst recht steigerte. Wie ein Schneeball wuchs das Unheil weiter; Hand in Hand ging damit ein Wechseln jüdischer Namen; geborene Cohns erschienen in 10 bis 15 Namensvarianten und in mehr. – *Das* ist der Fluch des Wilhelminischen Antisemitismus, der aber nicht auf das Schuldkonto des Kaisers selbst, sondern des damaligen Systems zu buchen ist; denn ich weiß Fälle, in denen Wilhelm II., wenn auch nicht mit genügender Kraft, vergebens dagegen angekämpft hat. So konnte er, soviel ich weiß, den Baron Albert Goldschmidt, wenn er ihn auch zum Attaché in London machte, noch immer nicht zum Leutnant avancieren lassen.

Ich, der Phantast, kämpfte immer offen dagegen, nahm nie ein Blatt vor den Mund und wetterte genug gegen diese Tauferei, verschaffte mir aber sicher keine Freunde dadurch, was mich aber in meinem seelischen Gleichmut nicht störte, denn hatte ich etwas in dieser Beziehung für richtig erkannt, so blieb ich der Ansicht der Menschen gegenüber gleichgültig. Und das war das Beste an mir, denn sonst war ich leider kaum klüger geworden. – Nachdem ich jetzt ein Bild dieser Zustände Anfang der 90er Jahre gegeben, kehre ich zu meinen Erlebnissen zurück:

Kurz nach dem Tode meines Vaters hatte ein Bekannter, ein, ich muß ausdrücklich bemerken christlicher, heute würde man sagen »arischer«, Bankier mir unter dem Vorwand, wie gefährlich es sei, sich Bankiers anzuvertrauen, geraten, meine Anlagen bei ihm verwalten zu lassen. Ich brauche nicht zu sagen, daß er mein Vertrauen, da ich auch nicht die geringste Ahnung von Vermögensverwaltung hatte, dermaßen mißbrauchte, daß andere, anständige Börsenleute zu mir kamen und erzählten, an der Börse pfiffen es die Spatzen von den Dächern, in welcher Weise ich gebrandschatzt würde. Wenn ich daraufhin auch meine Mittel verteilte, so konnte ich den Heißhunger all dieser Wölfe nicht stillen. Das Fortfließen meines Geldes machte mir natürlich Kopfschmerzen und nahm mir meine Ruhe, so daß ich auf Reisen nach Italien, Österreich und England, wo ich gerne ruhigere Plätze aufsuchte, oder beim Aufenthalt im Walde auf der Pirsch auf Rehe und Hirsche (meist im Landsberger Forst, wo mein Vetter Hugo begütert war) doch nicht den gesuchten Seelenfrieden genoß.

Nach dem Trauerjahr begann ich dann wieder Rennen zu besuchen, die fortan meine größte Freude waren; und als auf einer Harzburger Jährlingsauktion ein besonders schöner, hoffnungsvoller Jährling versteigert wurde und Prinz Hugo Hohenlohe, der jüngste der Söhne des damaligen Fürsten Hohenlohe und Herzogs von Ujest, mir vorschlug, mit ihm zusammen den schönen Hengst zu erwerben, kaufte ich ihn für uns beide unter der Bedingung, daß er unter meinem Namen liefe.

Ich habe die Verbindung mit dem Prinzen, mit dem ich nachher, um ihm zu nützen, den ganzen Rennstall des verschuldeten Grafen Hahn-Basedow inclusive des Derbysiegers »Wasa« kaufte, nie zu bereuen gehabt; der kluge Prinz, der später, um eine bürgerliche Dame zu heiraten, den Namen eines Grafen Hermersberg annahm, war mir ein verständiger, sehr liebenswürdiger Partner, der mir auch durch Corpsbeziehungen nahestand und mit dem ich sehr viele interessante Stunden meines Lebens verbracht habe. Er war auch, wie ich, leichten Herzens und für alles zu haben; wollte er jemandem helfen, kam er oft zu mir. Aber ebenso war er immer da, wenn ich rief. Als ich einmal für einen verarmten, früher sehr reich gewesenen ungarischen Rennmann, Richard Wahrmann, einst Besitzer des »Wunderpferdes Tokio«, eine ziemlich große Summe von ihm erbat, wovon ich die Hälfte geben wollte, sprang er auch sofort ein.

Wahrmann hatte in London einen Selbstmordversuch unternommen, war aber nach Gebrauch von Veronal nach zwölf Tagen Bewußtlosigkeit im Hospital wieder aufgewacht; nun halfen wir ihm, ohne freilich nützen zu können, denn nach einiger Zeit nahm er sich in Paris das Leben.

Die Rennen sind nun einmal ein gefährliches Pflaster und noch viel mehr das Wetten. Ich wettete ungeheuer gern, meist nicht allzu hoch, aber leider konstant, und auf meine eigenen Pferde nie, da ich mir die Freude an der rein sportlichen Spannung nicht vergällen wollte. Klügere Rennleute wetten selten; ganz kluge, wie mir der Altmeister des deutschen Hindernisrennens, Sieger in Hunderten von Rennen, der berühmte Kurt von Tepper-Laski oft versicherte, nie! Die »glorious uncertainty« des Turfs ist eben allzu »uncertain«. – Die wunderbarste Wette meines Lebens war 30 000 Mark zu 10 000 »auf«, das heißt, ich riskierte 30 000 um 10 000 zu gewinnen, und zwar in einer Hamburger 6000 Meter Steeplechase. Es war das letzte Rennen des Derbymeetings; ich hatte viel verloren und da nur »Tommy« unter dem Championreiter Rittmeister von Heyden-Linden gegen ein einziges anderes Pferd lief, dem »Tommy« gewaltig überlegen war, so riskierte ich die hohe »auf« Wette. Das Rennen war das Verrückteste, das ich je gesehen habe. Beide Pferde kamen an eines der ersten Hindernisse, mein »Tommy« refusierte, der Gegner sprang und lief vor dem allmählich herübergebrachten »Tommy« mehrere hundert Meter davon. Also meine Wette war so gut wie aussichtslos! Da refusierte der Gegner an einem anderen Hindernis; mein Tommychen kam heran, und meine Chancen stiegen wieder gewaltig, als »Tommy« plötzlich ebenfalls refusierte. Endlich sprangen wieder beide Pferde und liefen weiter bis zu einem dritten Hindernis, wo »Tommy« abermals versagte, aber der Gegner hinterher ebenfalls. Zum Schluß wurden wieder beide hinübergebracht und auf der Flachen gewann »Tommy« dann leicht. – Was solch aufregendes Rennen von mindestens 15 Minuten an Nervenkraft kostet, läßt sich nur schwer sagen; noch schwerer aber, wie unendlich klug ich mir nachher vorkam; das tut man nämlich beim Wetten immer, und zwar desto mehr, je törichter man dabei gewesen ist; denn schließlich ist es doch nur ein Zufall, ob ein Pferd stürzt oder nicht. – Stolz fuhr ich nun zur Stadt, bestellte ein herrliches Essen für verschiedene Freunde bei »Pfordte« mit meinen Lieblingsgerichten; aber kaum waren wir bei den Austern, als ein Bekannter vom Rennkomitee, der von meiner Wette erfahren hatte, an unseren Tisch kam und erzählte, »Tommy« sei nachträglich wegen eines Fehlers doch noch disqualifiziert worden. Entsetzt sprang ich auf, lief zum Rennbüro und erfuhr, daß es nicht wahr sei. Es war ein sogenannter guter Witz des Betreffenden gewesen. Desto besser schmeckten mir aber Austern und Trüffel nach dem Schreck.

Oben genannten, von mir gekauften Jährling von »Kisber« aus der »Hats off« hatte ich nach einem schönen Bild Herkomers, des bayrischen, aber in England ansässigen Malers, das ich neben einigen anderen Bildern gekauft hatte, »Herkomer« genannt. Er versprach ein glänzender Crack zu werden, und mir wurden für das Pferd, das als Jährling 25 000 Mark gekostet hatte, zweijährig von einem großen Stall 60 000 Mark geboten, aber ich glaubte, es nicht geben zu dürfen; irgendein verrückter Ehrbegriff, daß deutsche Aufzucht kein Geschäft sei, wird wohl da in meinem unklugen Köpfchen mitgespukt haben. Jedenfalls gewann »Herkomer« zwar einige bessere Rennen, hielt aber, da ich wohl zu hoch hinaus wollte und ihn nur für klassische Rennen nannte, nicht, was er versprochen hatte.

Mit anderen, weniger guten Pferden gewann ich öfters Rennen, aber Vergnügen machten mir für eigene Pferde nur erste Events. Meine Farben waren stroh-gelb mit weißen Litzen; sie waren nicht sehr glücklich, aber immer »echt«. Ich ließ nur mit dem besten oder zweitbesten Jockey laufen, und die besten Herrenreiter ritten für mich. Mit anderen Pferden, an denen ich mit anderen Besitzern unter deren Namen beteiligt war, gewann ich öfter kleinere Rennen; da wettete ich auch, hatte aber kein sportliches Interesse.

Ich selbst, für den Rennsport viel zu schwer, ritt damals jeden Morgen zwei Pferde, fuhr auch meist ein oder zwei wunderschöne Pferde und sogar eine zeitlang einen Viererzug; einige Sommer nahm ich sogar Wagen und Pferde, aber jedenfalls immer ein Reitpferd nach Baden-Baden, wo ich mich auf

dem Pferderücken in dem schönen Schwarzwald am allerglück-
lichsten fühlte. Denn, wenn ich auch alles hatte, was ein Menschenherz begehrt und sicher von so vielen Menschen beneidet
wurde, was ich aber gar nicht wußte, weil ich dem Geld nicht
den gebührenden Wert beilegte, ihn ihm im Gegenteil in meiner Weltfremdheit und meiner zeitweisen Schwermut sogar ab-
sprach –, so recht glücklich war ich trotz alledem wahrhaftig
doch nicht. Ich stand eben mit meinen Füßen nicht in der Welt,
sondern war und blieb trotz allem Phantast.

War ich damals in Berlin, so ging ich fast allabendlich in die
Oper. Wir Brüder hatten das, schon seinerzeit von unserem
Vater stammende, überaus seltene Privileg, daß uns im königlichen Opernhaus stets eine erste Rangloge bis elf Uhr früh re-
serviert werden mußte, so daß man immer zu allen Vorstellungen seine Plätze haben konnte, ohne sie wie beim Abonnement
fest nehmen zu müssen. Aber diese Loge genügte mir nicht; ich
nahm meistens eine ganz kleine, vom Zuschauerraum unsichtbare, mit rotem Damast verhängte Orchesterloge, die einem
preußischen Prinzen gehört hatte und in der nur ein Sofa stand.
Dort saß ich ungesehen, selbst sehend und lauschte der Musik
ungestört wie den Bühnenvorgängen, wobei man diese und
ihre Feinheiten natürlich um ein vielfaches genießt. Da konnte
ich träumen. Und nachher ging es noch oft auf Bälle, wie ich
natürlich sehr viele Gesellschaften mitmachte. –
   In jenen Jahren um 1896 herum wurden in Berlin zwei gute
Clubs eröffnet, an deren Gründung ich teilnahm. Bis dahin
hatte ich in Berlin keinem Club angehört.

In Baden-Baden

Vom Prinzen Hermann zu Sachsen Weimar, einem alten sehr vornehmen Herrn und Schwager des Königs von Württemberg eingeführt, war ich in Baden-Baden in dem damals sehr exclusiven »Internationalen Club« Mitglied geworden, wo man immer die beste deutsche Gesellschaft, aber während der Rennzeit auch viele bedeutende, meist aristokratische Rennstallbesitzer aus Österreich, Frankreich und England traf. Präsident des Clubs war Fürst Carl Egon Fürstenberg, ein kaum 40 Jahre alter, unglaublich reicher Magnat, der als Erbprinz der Ersten Garde-Dragoner den kaiserlichen Hof unter Protest verlassen hatte, weil der Kaiser befohlen hatte, daß Erbprinzen nur nach ihrer militärischen Charge rangierten; nun hielt er, inzwischen selbst Fürst und Besitzer von über der Hälfte des Schwarzwaldes geworden, hier eine Art Hof und hatte sich in den Kopf gesetzt, das noch vorher ziemlich verschlafene Baden-Baden zum Mittelpunkt internationalen Lebens zu machen, wozu er unter enormen Kosten Gäste aus aller Welt lud, denen er in der Rennzeit herrliche Gesellschaften und Bälle gab. Leider befiel den Fürsten eine unerklärliche, teilweise wohl auf psychischer Grundlage beruhende Krankheit, die ihn auffallend soupçonnös machte und die den noch jungen, außerordentlich liebenswürdigen, eleganten, aber auch eitlen Mann rasch dahinraffte.

Und Protektor dieses Clubs, in dem er sich als jüngerer Mann sehr viel vergnügt haben soll, war der damalige Prince of Wales, nachmaliger König Edward VII. Er kam 1895 oder 1896 von Homburg v.d.H. für ein bis zwei Tage zur Rennwoche hinüber. Die damalige Erbprinzessin Pless, die als weitaus schönste Frau des preußischen Hofes die Honneurs machte, ihre auch sehr schöne Schwester, die spätere Duchess of Westminster, und viele vornehme Engländer waren natürlich auch nach Baden-Baden gekommen. Ich saß allein im ziemlich kleinen Lesezimmer des Clubs, als plötzlich obige drei Prinzen eintraten. Fürst Fürstenberg stellte mich dem Prince of Wales mit den Worten vor: »Herr v. L., der auch einen kleinen, aber guten Rennstall unterhält«; einige liebenswürdige Worte und die Herren setzten sich, um etwas zu sprechen, während ich weiterlas. Da die Herren nicht rauchten, hatte ich meine Zigarre fortgelegt, die ziemlich stark qualmte, worauf der Prince of Wales plötzlich zu mir sagte: »Oh, wie qualmt Ihre Zigarre; rauchen Sie denn nicht?« Ich antwortete etwa, daß ich nicht rauchte, da die Hoheiten es nicht täten, was der Prinz mit den Worten beantwortete: »Aber lassen Sie sich doch ja nicht stören, im Club tut jeder, was er Lust hat.«

Das mag sein; ich bin nie snob und nie überdevot gewesen, trotzdem ist es mir lieber gewesen, eher mehr als weniger artig zu sein; sieht man doch, wie rücksichtsvoll höher stehende Personen auf Kleinigkeiten achten; denn sicher hatte mir der Prinz nur den Genuß der Zigarre gönnen wollen. Pünktlichkeit ist bekanntlich die Höflichkeit der Könige, aber ebenso ist Höflichkeit das Vorrecht selbstbewußter Naturen, weshalb es mir stets im Leben eine besondere Freude machte, sie *jedermann* gegenüber zu erweisen. In England hat mir das auch immer genützt, während man es in Deutschland leider nicht immer verstanden, vielleicht sogar als Schwäche ausgelegt hat.

Am Abend spielte der Prince of Wales mit am großen Baccarat, aber wohl nur aus Pflichtgefühl gegenüber dem Club. Ich saß ihm vis-à-vis und sah, wie er wohl 3000 Mark vor sich liegen hatte, von denen er ziemlich gleichmäßig und uninteressiert je 300 Mark setzte, bis sie fort waren. Dann stand er auf. Mir waren seine großen, sehr wasserblauen Augen aufgefallen, mit denen er ziemlich unverwandt vor sich hinblickte, offenbar interessierte ihn diese Pflichtarbeit nicht. Nach ein bis zwei Stunden, während deren er wohl unten im Ballsaal gewesen war, kam er mit dem Fürsten Fürstenberg wieder nach oben, wobei ich ihn zufällig traf. Er fragte mich: »Nun, wie steht es denn, hat der alte Sulzbach noch immer die Bank? Was der alte Mann doch für Glück hat!« Sulzbach war ein alter reicher Frankfurter Bankier von 70 Jahren, der die Bank hielt, als der Prinz spielte; er soll mit ihm in jungen Jahren oft in Baden sehr hoch gespielt haben.

Die freilich nur flüchtige Bekanntschaft mit dem Prinzen ist mir in England insofern einmal von Nutzen gewesen, als ich Ende der 90er Jahre zugleich mit ihm in Newmarket war, wo es für den Fremden nicht immer leicht ist, sich zurechtzufinden, wenn man nicht gerade sehr viel Geld für Logen ausgeben will, was in England ja recht teuer ist. Der Prinz hatte mich bei der Besichtigung der Pferde im Ring erkannt und mich auf meinen Gruß gefragt, ob ich schon lange in England sei und wie es mir in Newmarket gefiele; auf meine Antwort, die Bahn sei in ihrer Länge, Breite und Korrektheit für mich fast eine Offenbarung, aber man fände sich als Fremder schwer zurecht und ich könnte von meinem Platz nicht alles übersehen, sagte er einem seiner Herren, er möge dafür sorgen, daß ich zu dem oder dem Stand eingelassen würde, was auch geschah. Auch diesem Mann, dem »ersten Gentleman« Englands und damit der Welt, der nachher ein so bedeutender König wurde, wenn auch nur bei solchen Kleinigkeiten gegenüber gestanden zu haben, ist mir, sooft ich am Buckingham Palace vorüberkomme, eine schöne, erinnerungswerte Genugtuung; und wie gerne denke ich dann daran, wie der einfachste Mann aus dem englischen Volk, wie er auch zu seinem Könige stand, immer die charakteristischen Worte gebrauchte: »He is full of tact«; Worte, deren volle Bedeutung ich damals zunächst nicht so ganz verstand, deren Wert ich aber im Lauf der Jahre um so mehr schätzen lernte, als gerade leider manchen Regierenden bei uns in Deutschland diese große Charaktereigenschaft gelegentlich abgeht; und ich muß sagen, daß mich stets eine gewisse Erinnerung erwärmt, wenn mir Engländer erzählen, wie schön sich diese Eigenschaft von Edward VII. auf Sohn und Enkel vererbte. –

Was die Badener Woche mit ihrem internationalen Verkehr an Interessantem bot, kann man sich unschwer vorstellen; aber läßt es sich vom Standpunkt des Sportsmannes ermessen, was für mich Kiekindiewelt in Turfsachen eine Einladung zum lunchen, wohl durch den Prinzen Hugo Hohenlohe, mit dem größten ungarischen Züchter und Rennmann Fürsten Tassilo Festetics, mit Aristide Baltazzi und dem Fürsten Carl Kinsky bedeutete? Baltazzi hatte das englische Derby des Jahres –* mit »Kisber«, dessen letztes Produkt »Herkomer« ich besaß, gewonnen und Kinsky (wohl als Botschaftsattaché) im englischen Hindernisderby, der Liverpool Grand Steeplechase, seine –* selbst im Sattel im Jahre –* zum Siege geritten.

Die Zusammenstellung dieser zwei Riesen des Turfs, wohl die einzigen Sieger aus deutsch-sprechenden Ländern in diesen beiden berühmtesten Rennen der ganzen Welt – das war ein stolzes Wort, und man kann sich denken, wie ich mich nach so mancher interessanten Einzelheit erkundigte. –

Und außer den Männern, was gab es da auf den Fürstenbergschen Bällen für elegante, teilweise bezaubernde Damen der Aristokratie, denen den Hof zu machen mir so gar nicht schwerfiel. Eines Tages erhielt ich die Erklärung dafür, als mir ein Bekannter erzählte, in welch unglaublicher Weise mein Vermögen, wie das bei jüdischem Adel nur allzu leicht verständlich ist, überschätzt wurde, was von gewissen Ballmüttern nicht ungern gehört wurde. Ich habe mich daraufhin etwas zurückgezogen, weil ich es wohl kaum je fertigbekommen hätte, in eine christliche Aristokratenfamilie zu heiraten, da es mir im Gegensatz zu so vielen anderen, deren höchster Wunsch es gewesen wäre, nicht gegeben war, mich in Gesellschaften zu lancieren, in die ich durch Geburt nicht gehörte. Davor hatte ich seit jeher eine heilige Scheu, wohl aus dem richtigen Gefühl heraus, nur das erreichen zu wollen, was mir als Gentleman in meiner Erziehung und meinem Wesen zustand, ohne jedwede Rücksicht darauf, ob ich Protestant, Katholik oder Jude wäre.

Wenn nur alle Juden nie mehr als *diese berechtigte* Gleichstellung erstrebt hätten, anstatt sich in Sphären zu drängen, die dem gleicherzogenen, christlichen, bürgerlichen Kreise versperrt waren! Unterschiede gibt es nun einmal und *muß* es geben. Ich hasse Devotion, aber ebenso bolschewistische Gleichmachung! Was man darf und nicht darf, das müssen einem Gefühl und richtiger Takt sagen. Darauf kommt es an! Ich hatte

---

* Diese Stellen sind im Original freigelassen (Anm. d. Hrsg.).

das Recht, durch einfache Meldung zu preußischen Hofbällen eingeladen zu werden, habe davon aber, ich glaube wie meine Brüder, nie Gebrauch gemacht. –

Hier in Baden erinnere ich mich auch eines eigenartigen, weniger erfreulichen Erlebnisses gelegentlich des Badener Blumenkorsos: Da ich einen schönen Wagen mit zwei Apfelschimmeln fuhr und keine Dame hatte, war dieser leere Platz neben mir natürlich sehr begehrt, und man hatte mich gebeten, eine berühmte Malerin, die auch den Kaiser gemalt hatte, eine schöne Frau, mitzunehmen. Sie ist schon lange tot und hinterließ keine Familie, aber ich will den Namen verschweigen und sie Serenji nennen. Der Korso verlief sehr schön, aber am nächsten Morgen erhielt ich einen Brief ihrer Kammerjungfer, sie sei untröstlich, daß das Kleid ihrer Herrin durch nasse, beim Korso geworfene Blumen gänzlich ruiniert worden sei. Wenn ich ihr 300 Mark gäbe, so könnte sie es ersetzen lassen, ohne daß ihre Herrin etwas merkte. Degoutiert gab ich 300 Mark, erzählte aber die Geschichte einem Freunde, wodurch sie unglücklicherweise publik wurde. Eine Prinzessin äußerte sich darauf im Club: »Kein Wunder, die Serenji ist ja keine Serenji, sondern nur eine geborene Rosenberg aus Serenji«, wovon ich ebensowenig eine Ahnung gehabt hatte, als davon, daß sie Jüdin war. Die Äußerung war mir recht unangenehm, aber ich sagte nach kurzer Überlegung etwa: »Meine gnädigste Prinzessin, Ihre Bemerkung schmerzt mich außerordentlich; denn wie Sie auf dem Standpunkt des ›noblesse oblige‹ stehen, so stehe ich ebenso auf dem des ›judaisme oblige‹«. Sie war eine vornehme und kluge Frau und versicherte mir, daß ihr jede Kränkung ferngelegen hätte.

Die Folge des Erlebnisses war, daß die Malerin die betreffende Summe daraufhin den Badener Armen sandte, denen ich es jedenfalls mehr gönnte als ihr. – Man wundert sich oft, wenn reiche Leute kleinlich werden. Aber versteht man nicht, wieso das kommt? Teils weil reiche Leute über derartige häßliche Vorkommnisse in irgendeiner Form auf Schritt und Tritt stolpern, teils weil der Durchschnittsmensch dem reichen Mann Sparsamkeit zwar als Laster, aber niemals Großzügigkeit als Tugend anrechnet. –

In Baden habe ich außer an einem Abend, wo ich stärker verlor als mir zustand, zwar viel gespielt, weil ich ein »Kleber« war, der des Nachts niemals den Weg nach Hause fand, aber nie sehr hoch; mich interessierte mehr das Spiel der anderen. Wer spielte da nicht alles! Im Laufe der Jahre sah ich Sportsmen aller Länder, Fürsten, an ihrer Spitze die ungemein spielerisch veranlagten Brüder Hohenlohe; Finanzaristokraten, wie die Rothschilds und Ephrussis; dann einige afrikanische und australische Goldgrubenbesitzer und so viele andere reiche Leute.

Eines Tages, das Jahr vergesse ich nicht, es war 1895, erschien ein Afrikaner, Carl Hanau, von dem ich noch viel zu erzählen habe und verlor als Bankhalter in zwei Tagen zwei Millionen. Ein anderes Mal saß ein Frankfurter Herr da und verlor an zwei Abenden ebenfalls als Bankhalter in steinerner Ruhe 1,5 Millionen. Jeder fragte, wer das sei; »woher er käm' der Fahrt und wie sein Nam' und Art«; man hatte ihn nie gesehen; es hieß, es sei ein Herr, der ein sehr großes Vermögen in Indien erworben und sich nach seiner Vaterstadt Frankfurt zurückgezogen hatte. Ich traf den Herrn, der in aller Grazie zwei Tage als Bankbeherrscher seine 1,5 Millionen unter das Volk verteilt, das heißt verloren hatte, und sofort wie ein Meteor aus Baden wieder entschwunden war, später einmal im Frankfurter Club wieder. Im Laufe des Gesprächs erzählte er mir, er lebe ganz ruhig, hätte nie vorher gespielt, noch würde er es wieder tun, aber er sei damals eingeführt worden und hätte aus dem falschen Gefühl einer gewissen Eitelkeit heraus, »was Ihr könnt, kann ich erst recht« sich als Bankhalter hingesetzt, sofort verloren, wieder eingelegt und entgegen dem Grundsatz, daß Neulinge meistens zuerst Glück haben, immer weiter gesetzt, bis er schließlich den Überblick verloren habe. »Der Menschheit ganzes Grauen« muß den im ruhigsten, solidesten Stil dahinlebenden Mann beim Erwachen angefaßt haben, als er sah, daß er ganz von ungefähr ein Viertel seines Vermögens freilich mit kaum nachahmlicher Grandezza verloren hatte!

Ich selbst bin, wie gesagt, keine richtige Spielernatur, verstehe aber den Spieler, der, wenn er mehr Geld braucht als er hat, sich das auf einfache Weise zu verschaffen hofft; wo aber für den wirklich reichen Mann, wie ich es oft in Baden, Monte

Carlo, Ostende so deutlich gesehen habe, der große Reiz des Spieles steckt, habe ich nie ergründen können.

Wenn mich das Spiel heute ganz kaltläßt, so ist der Grund der, daß ich allzu viele Menschen, die daran wirtschaftlich und moralisch zugrunde gegangen sind, gesehen habe. Auch in der sogenannten guten Gesellschaft gibt es *viel* mehr Menschen, die das Glück verbessern oder es tun möchten, als man glaubt. Laßt die Toten ruhen! Hier will ich die Schleusen meines ziemlich reichen Wissens lieber nicht öffnen und mich dem »Stoizismus des Schweigens« überantworten, vielmehr nur einen ganz eigenartigen Fall erwähnen. Ich hatte einen guten Freund, Regierungsreferendar, Corpsstudent, Offizier, ganz hervorragend begabt, in den ersten Gesellschaftskreisen beliebt, der, natürlich ohne daß ich oder einer unserer Gesellschaft das wußte, einmal falschgespielt hatte. Ich hatte ihn im Badener Club eingeführt, und eines Tages stand er frühmorgens um sieben Uhr leichenblaß nach durchjeuter Nacht an meinem Bett. Auf meine Frage, was mit ihm los sei, erzählte er, er habe bis jetzt gespielt und habe einen sehr hochstehenden Herrn, einen Major in einem Gardecavallerieregiment, falschspielen sehen; er habe es ihm auf den Kopf zugesagt und der Major habe ihm eine große Summe, ich glaube, 20000 Mark zurückgezahlt.

Ich war entsetzt! In welchen Pfuhl sah ich? Konnte man doch in dieser Gesellschaft, wo viele Leute aus des Kaisers nächster Umgebung waren, so etwas nicht ahnen! Ich konnte nicht mehr einschlafen, stand auf und ging nach dem Frühstück noch einmal bei meinem Freund vorbei. Der lag im Bett und las »Die vielfache Wurzel des Satzes von zureichendem Grunde«, eine der tiefsinnigsten, für den Durchschnittsmenschen unverständlichen Schriften Schopenhauers, bei dessen Titel allein einem schon schlecht werden kann. – *Das* las ein Mann nach einem Erlebnis, das ihm selbst die furchtbarsten Tiefen seines eigenen Lebens wieder ins Gedächtnis rufen mußte!

In der Tat kam seine alte Sache dadurch auch wieder ans Tageslicht und ins Publikum, der arme Mensch wurde boykottiert, sank von Stufe zu Stufe und ist elend zugrunde gegangen. –

Und da ich gerade bei den Ärmsten der Armen bin, so kann ich zwei Fälle mehr als unglücklicher Frauen nicht umgehen, zumal der eine auch in Baden-Baden spielte. Hier hatte ich auf einer Gesellschaft meiner Tante eine reizende junge Dame, Fräulein Molitor, deren Mutter eine Villa in der Nähe derjenigen meiner Tante besaß, kennengelernt und ihr den Hof gemacht. Einige Jahre später durchlief die Mitteilung alle Zeitungen der Welt, daß der Mann dieser jungen Dame, Dr. Hau, seine Schwiegermutter Frau Molitor ermordet habe. Soviel ich weiß, hatte die junge Frau auch nicht das Geringste mit diesem Unglück zu tun, aber ihr Mann kam lebenslänglich ins Zuchthaus, beschwor stets seine Unschuld, wurde nach 20 Jahren 1925 begnadigt, nahm aber durch seinen Freitod kurz darauf das Geheimnis des Falles Molitor als einzig Wissender mit ins Grab. Sein Fall wurde die Grundlage des berühmten Romanes von Jakob Wassermann: »Der Fall Mauritius«. –

Und auch ungefähr zu derselben Zeit tanzte ich viel mit einer wunderschönen blonden Frau auf den Hochzeitsfeierlichkeiten des bildhübschen Fräuleins Melanie Herz in Berlin, Tochter des schon mehrfach erwähnten Patrizierhauses Hermann Herz, die einen Rittmeister von Schönebeck heiratete. Der Bruder dieses Herrn, ebenfalls Rittmeister, war aus seiner Garnison Allenstein mit seiner Frau nach Berlin gekommen. Ich sehe die in ihrer Blüte strahlende Frau und ihren Mann noch deutlich vor mir. Kurze Zeit darauf erschoß ihr Liebhaber, ein Leutnant von Göben, diesen ihren Mann vor ihren Augen aus blinder Eifersucht. Die ganze Welt, namentlich in Deutschland, war entsetzt. Göben, dem man einen Revolver ins Gefängnis gelegt, erschoß sich dann auch; die wohl gehirnkranke Frau heiratete dann nach entsetzlichen Prozessen noch einmal, ist aber dann wohl untergegangen. Man hörte noch manchmal von ihren Schicksalen, während über Frau Hau nie wieder etwas an meine Ohren gedrungen ist. – Ich habe mich oft gefragt, warum gerade mir das Schicksal so eigenartige und trübe Fälle nahegebracht hat.

Ich sprach vorhin von Carl Hanau, der später noch eine Rolle in meinem Leben spielen sollte. – 1895, also im Jahre des großen südafrikanischen Booms und seines durch den »Jameson raid« hervorgerufenen Zusammenbruchs, erschien in Baden ein unbekannter Mann, von dem die Sage ging, er sei als ganz einfacher Händler in Afrika groß geworden und habe in kurzer Zeit so etwas wie 20 Millionen Mark durch Goldminen erworben. Viel anders war es auch nicht. Hanau war ein ganz ordentlicher, nach 20 Jahren Lebens auf dem afrikanischen »Veld« mit vollen Zügen den internationalen Lebensgenuß schlürfender und nicht mit gewöhnlichem Maßstab zu messender Mann, bei dem im Jahre 1895 tatsächlich Mitglieder der ältesten Fürstengeschlechter wie große Financiers in Baden antichambrierten, nur um in jenen Tagen des afrikanischen Goldfiebers Goldminentips zu bekommen. Er wird sie ihnen auch sicher großherzig gegeben, und zwar vor allem die Papiere empfohlen haben, von denen er am meisten besaß und die er lossein wollte; genauso wie der damals auch in Baden befindliche, wesentlich klügere und sehr interessante Dr. Magin, der auch ein großes Vermögen als Goldminenexperte draußen erworben hatte, mich mit den seinen beglückt hat. Diese Goldminen haben mich sehr viel Geld gekostet, zumal ich mich 1894 mit meinem Bruder Fritz an einer übrigens sehr guten und soliden chemischen Fabrik, »Balzer und Co.« in Grünau bei Berlin, beteiligt hatte, die außer anderen Präparaten auch das für die Goldminenindustrie überaus wichtige, als furchtbares Gift bekannte Zyankali herstellte, wodurch schon an und für sich unser Interesse für Transvaal und Goldminen geweckt worden war. Wir waren wohl die größten Zyankalifabrikanten und sollten für einen Ring deutscher chemischer Fabriken, für den der damals in Berlin anwesende Burenminister und Vertraute Ohm Krügers, Dr. Leyds, arbeitete, die Fabrik in Johannesburg bauen. Leider zerschlug sich dies Projekt, weil die Buren nach dem »Jameson raid« nicht englische Interessen durch die Vergebung des Zyankalimonopols an deutsche Firmen vergrämen durften, und so wurde der »raid« des Dr. Jameson, an dessen Tisch in Groote-Schur bei Kapstadt ich in späteren Jahren dinieren sollte, für mich in mehr als einer Beziehung verhängnisvoll.

121

Carl Hanau ließ sich damals, 1895, in Deutschland nieder, begründete einen Rennstall, in dem er große Wettcoups vorbereitete und spielte an allen Ecken und Enden wie ein richtiges Kind, das sich bis zu seinem vierzigsten Jahre in der Wildnis herumgetrieben hatte und wenig in zivilisierte Gegenden gedrungen war. Man merkte ihm zwar das »Veld« noch gelegentlich etwas an, aber im großen und ganzen war er ein durchaus gutartiges Kind. In all den vielen Clubs, in denen er spielte und in denen es immer aristokratische und bürgerliche Gewohnheitsspieler mit langer Erfahrung und starkem Gefühl für das Reifwerden des Opfers gibt – ich nannte diese Leute immer die »Wölfe«, die in der Überzahl in aller Korrektheit das eine Schaf überfielen, während in der Spielersprache diese Schäfchen »Hühner« oder »Poularden« heißen –, wurde die Poularde Hanau dauernd und tüchtig »ausgemistet«. Er spielte auch in einem meiner Clubs, von denen ich 1896 zwei mitgründete, den sogenannten »Neuen Club« und den »Turfclub«. Der »Neue Club« wurde von jungen Leuten bester jüdischer Familien begründet, die gern ein Heim haben und außer geistigen Genüssen für sich Skat und Piquet – Bridge kannte man in Berlin noch nicht – spielen wollten, und enthielt nur wenige christliche Mitglieder. – Der Club war sehr gesiebt. Aber wie es oft geht, die Leute spielten alle etwas über ihre Verhältnisse, und der Club ging nach einigen Jahren ein. Zuletzt nannten die Mitglieder, von denen der eine oft etwas vom anderen »kriegte«, das heißt zu fordern hatte, ihn scherzhaft den »Kriegerverein«. Der Turfclub dagegen hat viele Zeiten unter Schwankungen überdauert und besteht heute als kleiner, aber guter »Sport-Club« noch immer. Er hatte zuerst sehr viele Aristokraten, Hofleute, elegante Offiziere zu Mitgliedern, nur die besten jüdischen Namen, Künstler etc., und dort gab es außer Turfinteressen, die der Club pflegte, auch recht hohes Hazardspiel. Nach einiger Zeit wurde der Club vom Sozialisten Bebel im Reichstage wegen des hohen Spiels der Hofleute angegriffen, worauf der Kaiser den Austritt all dieser Herren sowie der Offiziere verlangte, die aber nach einiger Zeit, als es wieder ruhiger geworden war, wieder eintraten. Hier wie im Baden-Badener Club war der Verkehr zwischen Juden und Christen absolut würdig, wie zwischen Gleichgestellten. Dagegen gab es auch Clubs, in denen sich Parvenus aus wirklich mehr als mäßigen jüdischen Kreisen und Aristokraten mit den besten Namen trafen und zusammen spielten. In diesen richtigen Jeuclubs habe ich nie verkehrt, weil ich mir weder die servile Untertänigkeit der einen, noch die süffisante Behandlung seitens der Jeuaristokraten ansehen wollte; aber höllische Anekdoten habe ich darüber gehört, über die man sich totlachen kann.

Wie ein Kaleidoskop

Nun wechseln Ereignisse und Bilder in einer Zeit des Hoch-
genusses, der Zerstreuungen und auch der Arbeit, so daß das
Zusammenholen der Erinnerungen nicht ganz leicht ist.

Trotz der Fabriktätigkeit, die mich wie die meisten kaufmännischen Dinge nicht sehr interessierte – das beschäftigte mehr
meinen Bruder Fritz –, hatte ich Zeit gefunden, mir ein beson-
deres Laboratorium einzurichten und an chemischen Erfindungen zu arbeiten, von denen zwei, über die ich noch berichten
werde, reüssierten. Daneben spielte ich noch oft Geige im
häuslichen Quartett und sang sogar.

Gibt es einen reichen jungen Mann, der keine ausbildungs-
fähige Stimme besitzt, oder dem es nicht vom Gesangslehrer
eingeredet wird? Ich glaube nicht. Ich jedenfalls fand einen
bedeutenden Gesangsprofessor, der mich unterrichtete, und
neben ihm einen jungen Gesangsbeflissenen, der mich für den
Unterricht vorbereitete. Doppelt hält besser, kostet aber auch
mehr. So war uns dreien geholfen. Das Unglück war aber, daß
ich schon um acht Uhr früh zur Fabrik fahren mußte und keine
andere Zeit für den Gesangsprofessor als sieben Uhr früh
hatte, auch an solchen Tagen, wo ich die Nacht noch bis zwei
Uhr früh getanzt hatte. Außerdem hatte ich im Gegensatz zu
meinen Lehrern – denn auch die Kunst geht nach Brot – die
Überzeugung, daß, wenn ich die Liebe einer Frau nur dadurch
hätte erringen können, daß ich mich in ihr Herz hätte singen
müssen, ich liebeleer durchs Leben hätte wandern müssen.
Darum war es mir schon ganz recht, als der Professor mir eines
Morgens, nachdem ich um vier Uhr ins Bett gekommen war,
gegen acht Uhr früh beim Singen eines Mendelssohn'schen Liedes, das von einem Zwiegespräch zwischen einer Spinne und

einer Rose handelte, bemerkte, ich sänge ohne alles Gefühl. – Das sollte ich Sentimentalissimus mir sagen lassen? Ich war um so schlechterer Laune, als ich gerade auf der Fahrt zum Unterricht rasch in die Zeitung geguckt und festgestellt hatte, daß meine Goldshares wieder scharf gefallen waren, und so antwortete ich: »Herr Professor, ich möchte die Sorgen von Ihnen, der Spinne und der Rose zusammen haben.« Damit fand der Gesangunterricht ein jähes Ende. –

Mit interessanten Leuten kam ich damals sehr viel zusammen und Unterhaltung mit solchen ist wohl eine der Hauptwürzen der Lebensgenüsse überhaupt. Was habe ich mich damals viel mit großen Künstlern, wie mit Reinhold Begas, der mir telefonierte, wenn er ein besonders schönes Modell hatte, wobei er mich als Maler einführte, unterhalten; der Deutschlands größter Bildhauer war, eine herrliche Gestalt besaß, aber auch ein Zyniker par excellence war, und der mir einmal als hoher Siebziger sagte, für ihn gäbe es nur noch drei Bücher, die er dauernd abwechselnd lese, die Bibel, Faust, und einiges von Schopenhauer. – Wie manches Mal plauderte ich mit dem bedeutenden Dirigenten Arthur Nikisch und mit dem Dresdner Kapellmeister Schuch, die alle beide gern spielten. – Und andererseits mein Vetter Emil Rathenau, der Vater Walthers, was konnte der alles aus seinem Leben erzählen! Er war kein schöner Mann, aber enorm klar, klug und ungeziert, und er war ein Charmeur, der sich ins Herz mancher schönen Frau hineinzureden wußte. Leider war er ein *allzu* korrekter Kaufmann; als ich ihn später im Kriege bat, für eine Riesenfirma, die »A.E.G.«, elektrische Bestellungen bei anderen Firmen zu machen, wie diese Gesellschaft es wegen Überbeschäftigung tun mußte und tat, und wobei ich als Vermittler hätte Millionen verdienen können, da verschanzte er sich hinter seine Mitdirektoren und lehnte ab. So geradezu herzlos korrekt handelten jüdisch-deutsche Kaufleute, über die die heutigen Machthaber verachtungsvoll als über undeutsche Schädlinge hinwegsehen! –

Mit seinem Sohne Walther Rathenau zu plaudern war immer eine große Freude, und er hat, wenn ich ihn über technische Dinge befragte, meine Anliegen immer gern erfüllt. Er war zwar allzu geziert und eitel; aber jeder Gedanke war Kultur und jedes Wort eine Perle. Walther hat mir einmal von seinen schlechten Erfahrungen beim Militär gesprochen und hat sicherlich als feinfühlender Mensch unter dem Antisemitismus innerlich schwer gelitten, hat es auch meiner Ansicht nach nie verwinden können, daß er nicht beim Militär avancieren konnte. Er konnte alles; er war Techniker und Elektriker, Fabrikleiter, Bankdirektor, Schriftsteller, Dichter, theoretisierender Politiker und schließlich Diplomat und Staatsmann. Ich kann mir schon denken, daß er im Verkehr mit fremden Politikern unter Umständen mehr und risikoloser hätte durchsetzen können als ein Mann der gepanzerten Faust; aber ob er ein bedeutender Staatsmann geworden wäre, kann nach den Erfolgen auf anderen Gebieten, die sicher vorhanden waren, aber gerade durch die Vielheit seiner Interessen nicht die äußerste Spitze erreichen konnten, füglich bezweifelt werden. Dazu war er meines Ermessens nicht nur eine allzu vielseitige, sondern auch eine zu gespaltene Natur und hatte, im Grunde unbefriedigter Idealist und ein nicht glücklicher Mensch, zu sehr mit den Widersprüchen des eigenen Ich zu kämpfen. Wie er mit Stolz Jude war und das Nordische und den nordischen Menschen liebte; wie er fast kommunistisch klingende Essays schrieb und dabei den Luxus so liebte, daß er sich – kraß gesprochen – vielleicht eine Viertelstunde lang eine Krawatte aussuchen konnte, so war er Arbeiterfreund und wußte daneben doch die Rechte der Kapitalisten sehr zu schätzen. Carl Fürstenberg, sein geistvoller Kollege im Vorsitz der Berliner Handelsgesellschaft hat ihn einmal zynisch, aber treffend den »Christus im Frack« genannt.

Schon in der Kaiserzeit hatte sich Rathenau durch die Organisierung der Rohstoffversorgung im Kriege um Deutschland entscheidende Verdienste erworben. Als antisemitischer Wahn diese zu leugnen versuchte, schrieb ihm der Reichskanzler von Bethmann-Hollweg am 15. Juli 1916:

»In letzter Zeit habe ich mehrfach bei Erörterungen über unsere wirtschaftliche Lage Gelegenheit gehabt, wieder der ganz außerordentlichen Verdienste zu gedenken, die Sie sich durch die rechtzeitige und weitblickende Organisation der Rohstoffversorgung um das Vaterland erworben haben. Wir ständen nicht, wo wir stehen, ohne Ihren Weitblick. Ich habe Ihnen das schon einmal ausgesprochen; da mir aber gemeldet wird, daß Ihre freiwillige Tätigkeit Angriffen und Mißdeutungen ausgesetzt war, stehe ich nicht an, Ihnen auch schriftlich noch zu sagen, wie hoch ich Ihre Tätigkeit bewerte.«

Freilich eiferten noch andere Männer jüdischen Stammes mit Rathenau um die Palme der höchsten Bewährung für das Vaterland und jeder Chemiker weiß, daß ohne die Arbeiten Franks und Habers zur Bindung des Luftstickstoffs das deutsche Heer schon nach einjähriger Kriegsführung ohne Munition dagestanden wäre.

Nur eines habe ich bei Walther Rathenau, wenn es wahr und kein Irrtum ist, nicht verstanden: Bülow erzählt in seinen Memoiren, daß Walther R., ihn besuchend und zum ersten Male sprechend, bald nach dem ersten Händedruck gesagt habe: »Durchlaucht, ich bin Jude.« Diese Mentalität, wenn der alte Bülow sich da in seinem Gedächtnis nicht verhaspelt hat, geht mir nicht in den Kopf. Ich meine, daß der Jude im Verkehr mit groß oder klein sich seiner besonderen Eigenart stets bewußt sein und bei dem leisesten Angriff, oder wo es zur Erklärung nötig ist, mitteilen muß, daß er Jude ist. Es aber sofort ungezwungen zu bekennen, erscheint mir als eine gewisse Schwäche. Ich persönlich habe, wie gesagt, stets und immer nur darauf Wert gelegt, als Gentleman zu erscheinen und keinen Gedanken eines Unterschieds oder einer Inferiorität zwischen Jude und Christ aufkommen zu lassen. Erscheinung, Manieren und Takt im Verkehr unterscheiden den Menschen, nicht alberne Rassen- oder Religionsunterschiede; *angegriffen* freilich hat der angeborene Stolz *sofort* die Situation zu klären.

Mit dieser Maxime bin *ich wenigstens* nicht schlecht gefahren, freilich muß man dazu aber, wie ich es war, überzeugt sein, daß man einer – ich will mal sagen – zum mindesten in nichts unterlegenen Rasse angehört. –

Ich reiste damals viel; es war mein größtes Vergnügen; sie nannten mich »Ahasver, den ewigen Juden«, und ich machte diesem Namen Ehre. Man kam beim Reisen auf so schöne neue Gedanken. So war's zum Beispiel im Schloß Grüneck bei Bad Kreuth, in dessen Nähe mein Bruder Fritz, der an den Gemsenjagden des Herzogs Karl Theodor in Bayern, dem Vater der Königin Albert von Belgien, teilnahm, ein Sommerhaus gemietet hatte. Grüneck gehörte dem uns befreundeten Baron Dreyfus, der ein Associé des Wiener Barons Erlanger gewesen war; er war Schwiegervater des berühmten Pferdemalers von Blaas, und wurde der des Dirigenten Weingartner. In seinem Hause lernte ich eine Fürstin Lichtenstein kennen, die Stein und Bein auf Spiritismus schwor, meinen Bruder Fritz und mich gelegentlich mit einem »Professor« dieser sogenannten Wissenschaft bekannt machte und auch Séancen veranstaltete. Während all solcher Veranstaltungen, an denen auch eine wunderbar liebenswürdige und kluge, etwas zigeunerhaft aussehende Dame, Baronin Grünhof, die Mutter der Botschafterin Alexandra von Keudell und ihre Schwester, eine Gräfin Einsiedel, teilnahmen, hatte ich, ob es nun Tischrücken oder wer weiß was, nie etwas anderes zu tun, als an mich zu halten, um nicht vor Lachen über den Blödsinn der geradezu kindlichen Manifestationen loszuplatzen. Und eine Anzahl sonst gebildeter, kluger, hochstehender Menschen konnte sich dabei vor Begeisterung nicht lassen! Die Gewalt des Mystizismus ist doch größer, als sich der Menschheitsdurchschnitt träumen läßt. Daß man, wenn man eine Stunde in angespannter Erwartung, was da wohl kommen wird, im Dunkeln sitzt, etwas zu sehen glaubt, ist doch nicht verwunderlich. Aber diese guten, gläubigen Leute ließen sich meiner Ansicht nach von Schwindlern geradezu lächerlich zum Besten halten. Eines Tages in Berlin war ein berühmter Mann, ein musikalisches Medium angesagt. Hunderte von Personen saßen dichtgedrängt flüsternd in einem Saal, um den Mann mit Zeichen höchster Ehrfurcht zu empfangen. Als das Zimmer verdunkelt und zehn Minuten vergangen waren, während derer alles in atemloser Spannung wartete, begann ein erst leise, dann immer stärker werdendes furchtbares Konzert, als ob sechs Menschen wahllos ohne Spur irgendeiner Kunst auf mehrere Klaviere losschlugen; ich bin sicher und muß noch in der Erinnerung daran lachen, daß dieser Kerl nichts anderes tat, als sinnlos auf den Tasten herumzuhauen; das sollten angeblich die musikalischen Geister sein! Ich platzte darauf vor Lachen los, mein Bruder konnte ebensowenig an sich halten, und da wir, wie das ja manchmal vorkommt, uns rein mechanisch nicht beruhigen konnten und laut weiterwieherten, wurde Licht angemacht und wir unter Zeichen der Entrüstung aus der meist aristokratischen Gesellschaft herauskomplimentiert mit dem Ersuchen, nie wieder zu erscheinen. Als ich dies später einmal dem berühmten Professor des Occultismus, von Schrenk-Notzing in Gastein, erzählte, behauptete er, er glaube an solche Medien. Nun, *ich* tue es nicht und habe die Überzeugung, daß ich für irdische und himmlische Geister, die ja auch ihren Kopf für sich haben sollen, wenig Reiz besitze; und ich habe mir wenigstens für alle Fälle vorgenommen, daß, wenn ich einmal als Geist wieder auf dieser herrlichen Welt in Hitlerdeutschland zu erscheinen habe, ich dies auf einer nächtlichen Massenkundgebung mit Lautsprechern als musikalischer Geist tun werde, nicht nur, weil die Massen dann doch auch einmal etwas zu lachen hätten, sondern auch, weil mein Astralleib im Dunkeln nicht so leicht als der eines »Juden, Negers oder Zigeuners« erkenntlich wäre und ich folglich mehr Chancen hätte, das Klavier zu verprügeln, als selbst verprügelt zu werden. –

Die Schweiz sah mich fast alljährlich in Luzern, Interlaken und St. Moritz, wo ich gesellschaftlich viel mitmachte. Von Unterhaltungen mit hervorragenden Persönlichkeiten sind mir solche mit der Herzogin von Aosta, dem liebenswürdigen Mr. Leopold de Rothschild, dem großen Pariser Rodolphe Kann, dem berühmten Bergsteiger Professor Süßfeldt, Spezialisten der Bernina-Gruppe, und dem Großfürsten Andreas von Rußland im Gedächtnis.

Aber auch Hochtouren wurden gemacht und auf größere Besteigungen hin vorbereitet und trainiert. So machte ich zu jener Zeit eine Tour auf die Strahlegg, einen Gletscherpaß der Finsterahorngruppe in den Berner Alpen, eine unter gewöhnlichen Umständen nicht gerade gefährliche, aber immerhin beträchtliche Besteigung.

Meine beiden Begleiter waren meine lieben Freunde Richard und Alfons Jaffé und drei Führer. Wir hatten genügend Proviant und alles war vernünftig vorbereitet. Wie aber selbst leichte Bergtouren unter Umständen durch die Ungunst des Wetters sehr schwierig werden können, so wurde die unsere durch die uns von gewohnten Wegen abbringenden Steinlawinen mehr als gefährlich. Wir waren weit gekommen, mußten eine Nacht länger als gedacht draußen bleiben, und der Proviant reichte nicht für den durch die Nervenerregung an und für sich mitgenommenen Körper aus. Alle Einzelheiten sind mir nicht mehr gegenwärtig, ich weiß nur, daß ich auf einem ca. einen halben Meter im Geviert messenden Felsblock, der mitten im abschüssigen Eise Hunderte von Metern über dem Gletscher sich befand, abwarten mußte, bis meine weniger gewichtigen Freunde am Seil hinuntergelassen waren, und daß die Führer mich dann wegen meiner Schwere anzuseilen sich weigerten, zumal die Verhältnisse durch sofort gefrierenden Sprühregen ganz unzugänglich geworden waren. Hätten sie es schließlich auf mein Zureden nicht doch getan, so wäre es wohl um mich geschehen gewesen, aber endlich seilten sie mich doch an, und ich werde nie den Augenblick vergessen, als ich über furchtbarem Abgrund frei in der Luft schwebend, hoch über mir die beiden Söhne der Berge, das Seil in den Händen, erblickte, deren bewundernswerte Körper- und Nervenkraft nur der beurteilen kann, der einmal in ähnlicher Lage gewesen.

Ich erinnere mich weiter an eine Leiter, über die man ebenfalls Hunderte von Metern noch unangeseilt klettern mußte und an schmale Stege auf senkrechten Abschüssen, auf denen man nur seitwärts Schritt vor Schritt setzen konnte und ähnliches. Als wir dann am Schluß dieser Strapazen und Seiltänzerkunststücke in der Nähe Grindelwalds auf einen Weg kamen, auf dem fünf Damen bequem nebeneinander gehen konnten, mußte ich geführt werden, und bin von dieser Tour so schwindlig zurückgekommen, daß mich seitdem ohne Übertreibung ein Zittern in den Beinen befällt, wenn ich jemanden nahe an ein Balkongeländer treten sehe. Selbst die Erinnerung an jenes Erlebnis ruft in mir dieses eigenartige Zittern hervor. Die Geschichte von diesem Schwindel ist aber wirklich kein Schwindel! –

Während mich kleinere Reisen meist nach Karlsbad oder Marienbad führten und ich jeden Sommer einige Tage in Heiligendamm und längere Zeit in Ostende zu verbringen pflegte, besuchte ich – eigentlich ein herrliches Leben, wenn man jung ist – jedes Jahr London und Paris.

In England hatte ich mich natürlich zuerst mit den weiten Rennplätzen bekannt gemacht: Ich fuhr zum »Lincolnshire« nach Lincoln, zum »Grand National«, eine überaus anstrengende Tour in einem Tage nach Liverpool hin und zurück, und sah »Wild Man from Borneo« das große Rennen gewinnen; ich ging einmal nach Doncaster zum »St. Leger« und selbstverständlich nach Newmarket, wo ich zweimal vierzehn Tage verbrachte, und besuchte alle Rennplätze um London herum, Epsom, Ascot, Kempton Park, etc. In Newmarket besaß ich sogar einmal (ich glaube, es war 1898) eine Stute »Maisie« und gewann ein Rennen mit ihr, die Erinnerung daran ist mir aber bedauerlicher Nebenumstände halber keine reine Freude, obgleich nur recht wenige deutsche Rennmänner sich schmeicheln können, auf diesem korrektesten, aber schwersten aller Rennplätze der Welt ein Rennen gewonnen zu haben. Ich war dort mit einem guten alten Bekannten, Lewison, der lange in England gelebt und dort Pferde gemanaged, trainiert und gehandelt hatte, zusammen und verließ mich ganz auf seine Erfahrung. Lewison war ein lieber, witziger, umgänglicher Mensch, aber es ging ihm finanziell nicht gut, und darum war er vielleicht etwas zu wenig auf den Vorteil der anderen bedacht. Also riet er mir nach einem Verkaufsrennen die Siegerin »Maisie« für etwa 600 £ zu kaufen. Ich selbst, der infolge einer früheren Ohrenkrankheit leider nicht allzu gut hören konnte, verstand den Slang der Rennleute noch schwerer als die auch sonst für mich nicht leicht verständliche englische Aussprache – denn die Hauptsache beim Verstehen und Lernen einer Sprache ist bekanntlich das gute Hören – und ließ darum Lewison walten.

Das Pferd wurde also unter seinem Namen gekauft, da ich meinen eigenen nicht gerade mit einem Verkaufspferde einführen wollte.

L. sagte mir, die Stute würde in vielleicht vierzehn Tagen wieder laufen; und allmählich wurde es mir klar, daß sie eine gute Chance haben müsse. Ich schrieb Berliner Freunden, die mich gebeten hatten, einmal bei einer Wette an sie zu denken, daß ich jetzt scheinbar eine gute Chance hätte, und dieselben sandten mir 200 £ zum Anlegen für sie. – Am Tage vor dem Rennen waren Lewison und ich bei dem damals als hervorragend smart und erfolgreich bekannten Rennmann Captain Machell zum Diner geladen.

Machell war einer der Riesen des englischen Turfs, ein Sieger in tausend Schlachten, von dem ich noch neulich in –* gelesen habe, wie er »Hermit«, den Sieger des englischen Derby im Jahre –*, trainiert und gegen den Duke of Hamilton eine freilich nachher wieder eröffnete Wette von 180 000 £ (!) auf »Hermit« abgeschlossen hatte.

Es entwickelte sich teils während, teils nach dem Diner eine Unterhaltung in so gedämpftem Tone, daß ich so gut wie nichts verstehen konnte. Nach Tisch waren noch andere Rennleute, außerdem der Trainer »Maisies« und ihr Reiter, Mornington Cannon, wohl der damalige englische Championjockey, anwesend. Zu Hause fragte ich dann Lewison nach dem Sinn der Unterhaltungen, erfuhr aber nur, daß »Maisie« recht gute Chancen habe. Am nächsten Morgen schlug mir L. vor, er wolle mir die Hälfte des Pferdes abkaufen, worauf ich natürlich aus Gutmütigkeit einging, obgleich ich mir selbst sagte, daß »Maisie« jetzt einen höheren Wert als jemals haben müsse; aus dem begreiflichen Aberglauben der Wetter heraus verschwieg mir Lewison aber, daß die Chance »Maisies« für eine ganz *enorme* gehalten würde; ich beschloß also, für mich nicht mehr als 100 bis 200 £ anzulegen. Dann erschien von London her Carl Hanau und der Manager seiner Pferde, der mir befreundete Hauptmann Bauer, ein gewaltiger deutscher Rennmann vor dem Herrn, und wir gingen nun zum Rennplatz, wo mich die

---

* Diese Stellen sind im Original freigelassen (Anm. d. Hrsg.).

Herren baten, ich solle doch erst noch etwas warten, bis man mich holen würde, ehe ich in den Buchmacherring ginge, denn die »bookies« kannten mich, und ich würde als Besitzer des Pferdes den Kurs natürlich drücken.

Ich wartete also. Die Zeit verging, niemand kam, und schließlich ging ich in den Ring und erkundigte mich nach dem Kurs von »Maisie«; ich hörte, ca. »2½ auf«. Ich sagte, das sei nicht möglich, welches der erste Kurs gewesen sei? Die Antwort war, glaube ich, »7/4 gegen«; man sagte mir, mehrere Herren hätten das Pferd kolossal heruntergewettet. Da ich die Herren nicht sah, so suchte ich sie, damit sie mir wenigstens meiner Freunde und meine Wetten zum anständigen Kurse abgäben, aber während ich noch überlegte – denn zu diesem miserablen Kurse von »2½ auf« durfte ich für meine Freunde nicht wetten –, ging »Maisie« bereits als Siegerin durchs Ziel.

Man fragte mich nun, warum ich denn nicht früher in den Ring gegangen sei, und erzählte mir, Machell, der die Stute gemanaged hatte, habe 3000 £ und Hanau 13 000 £ über das Rennen gewonnen! – Nun verstand ich auch das Flüstern vom Tage vorher. Die Herren sagten mir, sie hätten mich vergeblich gesucht; in Wirklichkeit aber hatten sie wahrscheinlich in der eigenen Aufregung vergessen, an mich zu denken; sie boten mir aber nichts an, und ich bekam es nicht fertig, ein Wort zu sagen. – Den Überpreis für die sofort verkaufte »Maisie« erhielt ich zur Hälfte, die andere Hälfte Lewison; ich hatte die ganze Zeit das Risiko für das Pferd allein gehabt und hatte nicht nur ein Rennen, sondern auch einen großen Wettcoup gewonnen, ohne einen *einzigen* »farthing« selbst darauf gehabt zu haben!! – Was meine Berliner Freunde sich dabei gedacht haben, als sie ihr Geld ohne Gewinn zurückerhielten, weiß ich nicht, aber sie kannten wohl meine geschäftliche Schlauheit. »Poor old Lewison, Du bist zwar schon lange im Himmel der Rennstallbesitzer; ich habe Dir die Sache auch schließlich nicht nachgetragen, aber wenn es da oben im Paradies Rennen gibt und wir uns da wieder treffen, dann kaufe ich mit Dir doch keine Rennpferde mehr zusammen!« –

Auf einem anderen Rennplatz »Hurst Park« beteiligte ich mich einmal mit Hauptmann Bauer und einem anderen Herrn

Scherzes halber an einem Rennpferd »Town Moor«, das wir zu dritt für 15 £ kauften. Er wurde in Deutschland ein glänzender, ja der beste Springer, Spezialist für die allerschwersten Steeplechases, und gewann noch viele Jahre lang wohl an 20 Rennen!

In Newmarket hatte ich viele der dortigen herrlichen Rennställe gesehen, aber ich lernte auch sonst viele Gestüte kennen, zumal ich eine Reise mit der deutschen Gestütskommission zum Ankauf erster Pferde machte. Graf Georg Lehndorff, das unumschränkte Haupt des deutschen Rennsports, der theoretisch und praktisch gediegenste Kenner der deutschen Vollblutzucht und Mitglied des englischen Jockeyclubs, und Herr Ulrich von Oertzen waren die Käufer für die Regierung, Lewison führte sie bei den Züchtern ein, und ich wurde mitgenommen. Außer einer sehr merkwürdigen Episode, daß ich Herrn von Oertzen im Hotel in Dublin wegen einer hingeworfenen antisemitischen Äußerung koramierte* (ausgerechnet in Dublin!), hatte diese seltene, auf mehrere Gestüte Englands und Irlands ausgedehnte Reise gewaltiges Interesse für mich. Von Einzelheiten erinnere ich mich besonders des Gestütes eines Mr. Gubbins, der einen der damals berühmtesten Hengste und Beschäler »Galtee More« gezogen hatte. Wir wurden, da Graf Lehndorff nicht nur berühmte Autorität war, sondern auch große Preise anlegen durfte, natürlich überall vorzüglich aufgenommen, und ich habe die grüne Insel mit ihren herrlichen Wällen, den natürlichsten Hindernissen der Welt, auf der ich auch den Rennplatz »The Curragh« besuchte, in gutem Gedächtnis. Wenn man jene fabelhaften Hindernisse sieht, über die die jungen Tiere auf Schritt und Tritt springen müssen, versteht man erst, wieso Irland über diese kapitalen Springer verfügt, in denen man bei Parforce-Jagden bei den schwersten Sprüngen meist wie in einer Wiege sitzt. –

Kennt man erst englische Bahnen und Pferde, so verlieren unsere deutschen wesentlich an Interesse. Ich gewann in Deutschland ab und zu wohl kleinere Rennen, aber in klassischen Events waren meine Pferde nicht allzu erfolgreich. Ich

---

* koramieren: zur Rede stellen (Anm. d. Hrsg.).

gewann auch einige Ehrenpreise, am meisten Freude machte mir ein silbernes Besteck für 30 Personen, das mir der König Albert von Sachsen in Dresden überreichte. Auch in deutschen Gestüten habe ich mich viel umgesehen, und das Züchten ist doch wohl wesentlich interessanter als die Rennen mit ihrer allzu großen »uncertainty«. Trotzdem aber gibt es wohl nur wenige schönere Augenblicke als das Gewinnen eines großen klassischen Rennens!

In Berlin wohnte ich damals (1896 bis 1900) am Pariser Platz im Hause meines Vetters, des Malers Max Liebermann, der oben sein Atelier hatte, und an den ich zahlreiche angenehme Erinnerungen habe. Sein durch die Berliner Mundart potenzierter Humor ist mir unvergeßlich. Manche der berühmten »Liebermann-Witze« wurden zuerst in meiner Gegenwart produziert.

Von einem kleinen, sehr angefeindeten Künstler hat es Max zu Deutschlands größtem Maler gebracht. Für mich war es immer unendlich reizvoll zu sehen, wie sich in diesem Manne die Gaben plastischen Sehens und der dialektischen Erfassung der Welt in einzigartiger Weise vereinten.

Max' Haus schließt sich sofort ans Brandenburger Tor an; seine Riesensäulen stehen noch vor den Fenstern; meine Vorderzimmer gingen auf den Pariser Platz, die hinteren auf die Charlottenburger Chaussee. Saß ich im Bade, konnte ich den Kaiser vorbeireiten sehen. In meiner Wohnung ging es munter und gastfreundlich zu; da war offenes Haus. Ich hatte viele Vergnügungen, ging viel ins Theater und namentlich auch in Konzerte; Leoncavallo, mit dem ich mich in Marienbad angefreundet und der mir seine Photograhie mit den Anfangstakten meiner Lieblingsarie aus dem Bajazzo verehrt hatte, besuchte mich öfters; ebenso Nikisch, der zu den Philharmonischen Konzerten immer nach Berlin kam.

Eines Tages erlebte ich im Nikisch-Konzert, daß der berühmte Geiger Petschnikoff während des letzten, eines Allegro-Satzes eines Konzertes, seinen Bogen plötzlich zur Erde fallen ließ. Es war ein außerordentlich peinlicher Augenblick, man spürte keinen Atemzug. Nikisch und Petschnikoff verständigten sich rasch über die Stelle, wo sie wieder einsetzen sollten; Nikisch nimmt den Stab hoch, und Orchester und Geiger fallen an – verkehrten Stellen ein! Eine schreckliche Pause, ich glaube, noch unangenehmer für Zuhörer als für Beteiligte. Nun wieder kurze Verständigung, und der ganze Satz wurde, wie es auch richtig ist, noch einmal gespielt.

Auch die Oper wurde weiter viel besucht und der Pferdesport betrieben, sie blieben für mich immer das reellste Vergnügen; aber das allerschönste waren doch die alljährlich im Herbst bei Fritz von Friedländer-Fuld in Lanke bei Bernau stattfindenden Parforcejagden; sie mögen vielleicht sportlich nicht auf so hohem Niveau wie einige englischen Jagden gestanden haben, die ich geritten habe, wo man aber manchmal das Wild recht lange suchen mußte und wo es eventuell auch mal nicht zu einem richtigen »run« kam, aber die ganze Art und Weise, in der die Lanker Jagden aufgezogen waren, war köstlich.

Huntsman war der bekannte Habberfield, der früher, soviel ich weiß, die Jagden der Kaiserin Elisabeth in Goedoelloe geleitet hatte; er verstand sein Handwerk aus dem F.F. (daher der Name Friedländer-Fuld! – Das soll ein Witz sein!) und wußte immer eine brillante Schleppe zu legen, so daß man stets eines schönen Rittes sicher sein konnte, und oft wurde hiernach noch ein Schwein losgelassen; doch konnte ich mich, namentlich, wenn es lange dauerte, bis es möglich war, das Wild abzufangen, an diesem Schauspiel trotz meiner Jagdlust niemals erfreuen. Manchmal verging doch recht lange Zeit, bis das von der Meute gedeckte Schwein von seiner Angst erlöst wurde. – Aber das Gelände war vorzüglich, die Hindernisse gut, das Pferdematerial meist ebenso. Habberfield hatte mir aus England ein älteres irisches Jagdpferd mit einer Riesenkruppe, das schon in einen Omnibus gegangen sein soll, und so sah es auch aus, für ganz billiges Geld mitgebracht, und immer war dieses Tier mit unfehlbarer Sicherheit springend, bei den allerteuersten und besten Pferden mit vorn, während ein wertvolles deutsches Halbblut, das ich vorher geritten hatte, nicht zu bändigen und eine dauernde Quelle der Unruhe und des Sichabmühens war. Ich dachte, so gut ich zu Pferde war, es läge vielleicht an meinem Reiten und veranlaßte den Mann, der für die weichste Reiterhand bekannt war, den damaligen Steeplechase-Champion Rittmeister von Eynard, einen famosen Mann aus dem alten Genfer Geschlecht, der aber nicht das beste Ende nahm, das Pferd einmal zu reiten, aber Eynard sagte mir nach der Jagd, auf den Gaul setze er sich in seinem Leben nie wieder, da sei man ja in dauernder Lebensgefahr. Und so war ich vor mir selbst gerechtfertigt.

Das Feld bei den Lanker Jagden, meist nur 20 bis 25 Reiter, war klein, aber sehr gewählt, beste jüdische und christliche Gesellschaft, Diplomatie und Gardecavallerie; man konnte nicht, wie oft in England, ohne Einladung teilnehmen; und nach der Jagd vereinte stets ein glänzendes Diner die Teilnehmer in rotem oder schwarzem Frack. Unter Umständen konnte man auch in dem hübschen Schloß übernachten und vielleicht auch noch morgens im nahen Forst pirschen.

Ein anderes Bild

Es war wohl im Jahre des Jahrhundertwechsels, als eine große Weltausstellung in Paris stattfand. Zu dieser hatte ich neben meinem lieben, heute noch lebenden Freunde, dem bedeutenden Bildhauer Professor Walter Schott eine Einladung vom verstorbenen Geheimrat Ludwig Max Goldberger erhalten, der sich mit seiner schönen und distinguierten Gattin an der Spitze des von ihm gegründeten »Vereins Berliner Kaufleute und Industrieller«, mehrere hundert Mann hoch in Paris angesagt hatte. Goldberger galt mit Recht als ein hervorragend kluger, kommerziell hochbedeutender Bankier, der sich vielleicht – wer hätte keine Fehler? – allzu gern im Vordergrund der Ereignisse sah; er war sehr reich, hatte kein Geschäft mehr, hatte unter anderem seinerzeit die Berliner Gewerbeausstellung begründet, beriet jetzt in besonderen kommerziellen Fällen den Reichskanzler Bülow und lebte nur theoretischen kaufmännischen Problemen. Natürlich hatte er als Vorsitzender jenes maßgebenden Vereins jedes Entree in Paris, und Schott und ich nahmen die Einladung, obwohl wir mit dem Verein beide nichts zu tun hatten, dankbar an. Der Beherrscher des »kaufmännischen und industriellen« Vereins unterhielt sich auch gern mal unkaufmännisch und unindustriell, und wir erschienen ihm als elegante Adjutanten seiner, des Generalissimus selbst, die passende Folie für eine friedliche französische Invasion dieses deutschen Vereins zu sein, den Hitler heute nur zum geringsten Teil noch kaum als »Mischlingsverein« zugelassen hätte. Natürlich sahen wir alles, was es in Paris zu sehen gab, in bequemster Weise: So erinnere ich mich eines großen Balles im Marineministerium auf der Place de la Concorde, mehrerer Empfänge, auf deren einem ich flüchtig dem Präsidenten Loubet und dem sehr interessanten und berühmten Marquis de Gallifet, mit dem ich längere Zeit plaudern durfte, vorgestellt wurde; ferner eines brillanten Diners mit Max Nordau, dem glanzvollen Schriftsteller und Schöpfer des modernen Zionismus, im Café de Paris, einer Unzahl offizieller Persönlichkeiten und anderer bekannter Männer, die natürlich an Goldberger dasselbe Interesse wie er an ihnen hatten; und endlich eines Empfangs im »Deutschen Hause« auf der Weltausstellung durch den deutschen Botschafter, Fürsten Münster-Derneburg, der in Aussehen und Allüren den Grandseigneur aus der besten vormärzlichen Zeit verkörperte.

Nach längerer Begrüßung und Redenaustausch des Fürsten und Goldbergers und nach verschiedenen Maßnahmen wurde Schott als der Schöpfer der im »Deutschen Hause« ausgestellten Kaiserbüste vorgestellt; und da man es offenbar nur noch mit ganz bedeutenden Leuten zu tun hatte, wie das bei solchen offiziellen Festen ja der Fall zu sein pflegt, stellte G., der an tausenderlei Dinge zu denken hatte, mich dem Fürsten mit den Worten vor: »Durchlaucht, darf ich Ihnen Herrn Dr. v. L., einen der bedeutendsten Chemiker Deutschlands, vorstellen.« Natürlich paßte dieses Epitheton nun denn doch allzu wenig auf mich; und daß ich nicht losplatzte, lag an der Situation und der würdevollen Persönlichkeit des Fürsten; aber ich mußte an die Anekdote von jenem Sachsen denken, der von Napoleon I. sagte: »Wissen Se, Napoleon, e guter Kerl war er ja, e braver Mensch, aber e dummes Luder.« Denn so dumm wie Napoleon I., so bedeutend war ich ungefähr als Chemiker, aber ich hatte ja einen berühmten Vetter, der Chemiker war, und für den mag mich der Fürst wohl gehalten haben. Und so sprachen wir einige Minuten zusammen über die natürlich hervorragenden deutschen chemischen Erzeugnisse der Ausstellung.

So folgte in Paris Fest auf Fest. Aber wenn wir irgend konnten, brachen Schott und ich doch aus und besuchten die nicht jedermann zugänglichen Genüsse von Paris. So waren wir natürlich in vielen Vergnügungsstätten (ich war sogar einmal durch den mir befreundeten Sänger de Padilla auf der Bühne der großen Oper, und Padilla gab nachher ein kleines Fest mit Damen des Balletts, an das sich noch allerhand schöne Dinge

anschlossen), und nachmittags besuchten wir noch Künstlerateliers, namentlich die Schott am meisten interessierenden
Bildhauer, unter denen der urgewaltige Rodin natürlich einen
ganz unauslöschlichen Eindruck hinterließ; und auch sonst sahen wir vieles auf dem Gebiete der Kunst, was dem armen
Durchschnittssterblichen versagt bleibt.

Nach Berlin zurückgekehrt, hatte ich mein viertes und letztes
Pistolenduell, nachdem das dritte einige Jahre vorher in Rostock stattgefunden hatte. Auch in diesem dritten handelte es
sich wieder, als ginge es gar nicht anders und mußte so sein, um
eine antisemitische Angelegenheit: Bei einem Diner in Heiligendamm hatte ein pommerscher Gutsbesitzer einen heftigen
Ausfall auf Juden gemacht. Wir hatten alle schon etwas getrunken und ich, der ich den Mann sonst als ganz gemütlichen, wirklich nicht bösartigen Menschen schon längere Zeit kannte,
sprang trotz meiner sonst üblichen äußeren Ruhe auf, ging mit
erhobener Hand auf ihn los, mit den Worten »Hören Sie auf,
oder...«, und auf diese tätliche Androhung mußte er mich fordern. Das Duell fand zwei Tage später bei Rostock statt und
nach zwei Kugeln wurde gestoppt. Der Gegner hatte mich
schon den Tag vorher durch einen gemeinsamen Freund wissen
lassen, daß er die Angelegenheit beizulegen suchen würde,
wenn ich das erste Wort gäbe, was ich aber nicht wollte. Um so
mehr muß ich zur Ehre dieses Gegners bekennen, daß ich sehr
gerührt war, als er nach dem Duell sofort auf mich zutrat, mir
die Hand reichte und mich bat, die Sache zu vergessen; er habe
sich gehenlassen, sei im Unrecht und kenne mich viel zu gut,
um mich innerlich kränken zu wollen. Ich traf den Herrn noch
öfters und habe immer freundschaftliche Gefühle für ihn wegen
seiner anständigen, ritterlichen Reue gehabt, bis er im Kriege
gefallen ist.
Woraus das vierte Duell mit einem jüdischen Herrn ent-
stand, mit dem ich früher sogar einmal befreundet war, ist mir
beim besten Willen nicht mehr erinnerlich. Etwas sehr Schlim-
mes kann es nicht gewesen sein, sonst wüßte ich's noch. Er war
ein eitler Mann und mißgönnte mir wohl die bessere Stellung;
er soll nach Ansicht vieler Freunde ein sehr anständiger

Mensch gewesen sein; ich konnte mich freilich nicht mit ihm verstehen. Auch er ist schon längere Zeit tot. Aber dieses Duell fand unter so eigenartigen Begleitumständen statt, daß ich es nicht verschweigen kann:

Das Ehrengericht hatte morgens um elf Uhr im »Sportclub« getagt und das Duell genehmigt, und die Sekundanten, auf meiner Seite mein Bruder Fritz, hatten verabredet, daß das Duell noch denselben Nachmittag um drei Uhr in Hoppegarten (dem deutschen Newmarket) auf einer älteren Bahn stattfinden sollte. Wagen, Arzt, Waffen wurden rasch besorgt, um ein Uhr frühstückten wir kurz und fuhren sofort im Landauer hinaus. Bei gutem Wetter war das ein Weg von ca. 1¼ Stunden, aber an diesem Januartag tobte ein so furchtbarer, immer schlimmer werdender Sturm, daß die Sturm- und Hexenszenen in »Macbeth« dagegen als »Kaiserwetter« (heute sagt man wohl »Hitlerwetter«?) erschienen. Es wurde schließlich so arg, daß man nur mühsam draußen auf dem Regen vorwärts kroch, und als wir zur angesagten Zeit auf dem Rendez-vous-Platz ankamen, war weit und breit kein anderer Wagen zu sehen.

In einem Trainingsetablissement sagte man uns, es sei wohl ein anderer Wagen dagewesen, der sei dann aber dort und dorthin gefahren. So fuhren wir vier Mann dann auch in der genannten Richtung weiter, aber die Stimmung in dem Sturm und Regen war mehr als düster und weit unter Null. Mir kamen die Worte des Trompeters »zum Abschiednehmen just das rechte Wetter« in den Sinn. Das Schlimmste war, daß es immer dunkler und dunkler wurde, bis es um vier Uhr endlich klar wurde, daß man, selbst wenn man sich jetzt noch fände, sich doch wegen des mangelnden Lichts kaum mehr schießen könnte –, und dann fuhren wir nach Berlin zurück. Ich war zum Diner geladen und mußte mich sofort anziehen, während mein Bruder den Gegensekundanten suchte; die andere Partei war natürlich auf einer anderen Bahn gewesen und dann, ebenso wie wir, im Kreise herumgefahren.

Auf dem Diner fragte meine Tischdame, was eigentlich mit mir los sei, ich sei so ernst und ganz anders als sonst; worauf ich antwortete, mir sei etwas so Verrücktes passiert, was meines Wissens noch nie ein Mensch seit der Erschaffung der Welt erlebt habe. Ich dürfte es ihr heute nicht sagen, aber hoffte, es ihr in den nächsten Tagen mitteilen zu können. Was ich auch mit einigen Bonbons tat, nachdem am nächsten Morgen das Duell wie erwartet im Westend unblutig abgelaufen war. In der Tat glaube ich, daß so etwas noch nie vorgekommen ist.

Das war meine letztes Duell, dagegen hatte ich noch eine Unzahl von Ehrenangelegenheiten und Forderungen. Aber wenn einer mal den Ruf eines Schießers besitzt, nehmen sich die anderen schon in acht. Ich habe mich auch niemals entschuldigen müssen, sondern immer nur der Gegner; denn so wenig schlagfertig ich auch im allgemeinen mit der Zunge war und so tiefernst ich bei der geringsten Beleidigung infolge dieses unnatürlich hochgeschraubten Ehrgefühls sofort einschnappte: Vergessen habe ich mich *nie* im Leben! Diese seltene Contenance hatte ich im Corps prächtig gelernt und dafür danke ich ihm sehr. War ich aber vielleicht durch einen Scherz einmal – wie es im Leben ja vorkommt – hier oder da einem anderen zu nahe getreten, so war es mir jedesmal eine herzliche Freude, ihm von selbst die Hand zu reichen und um Entschuldigung zu bitten und mein Unrecht wieder gutzumachen. Das *muß* man auch können, wenn man ein anständiger Mensch sein will, und das kann man auch, und zwar gerade um so leichter, je stärker man sich fühlt.

Heirat

Heirate oder heirate nicht; was Du auch tust,
Du wirst es bereuen.

(Sokrates)

Im Jahre 1901 waren zwei Ereignisse eingetreten, die mein Leben stark beeinflussen sollten: Zunächst hatte ich eine junge Dame, Else Lenning, aus vorzüglicher jüdischer Familie, die eigentlich Levy hießen und die Besitzer des bedeutenden Steinsatzwerkes in Hohensalza waren, gelegentlich der Verlobung ihrer Cousine Spinola mit dem berühmten Bakteriologen, Erfinder des Tuberkuloseserums und Nobelpreisträgers Behring, kennengelernt und dachte, mich zu verheiraten; und dann war meine Nahrungsmittelerfindung so weit gediehen, daß ich an ihre Verwertung herangehen konnte. Es handelte sich um ein recht billig herzustellendes Eiweißpräparat, das ein wesentliches Ernährungshilfsmittel für die Armee und Marine zu werden versprach, nachdem die Erfindung durch ein Gremium bedeutender Berliner Ärzteautoritäten, an ihrer Spitze Exzellenz von Leyden, August von Wassermann und die ersten Kliniker, die ich zwecks Propagierung des Mittels zu einem vorzüglichen Diner bei mir geladen hatte – eine seltene Reklame, die mir aber gelang –, eine gute Beurteilung gefunden hatte.

Da sich Nahrungsmittel für die zwei chemischen Fabriken, an denen ich beteiligt war (Balzer und Co. in Grünau und Chemische Fabrik Köpenick) nicht eigneten, so verkaufte ich die Erfindung an einen Bremer Fabrikbesitzer ohne bare Abfindung nur für hohe Beteiligung und unter der Bedingung der Errichtung eines Laboratoriums in meiner Bremer Wohnung, wohin ich nach der Verheiratung zu ziehen beschloß. Ich selbst behielt mir die Oberaufsicht in der seitens des Käufers zu errichtenden Fabrik vor und stipulierte, daß mein bisheriger Assistent, der mir dadurch seine Karriere verdankte, als Direktor angestellt würde.

Die Verkaufsverhandlungen fanden in Berlin statt; meine Hauptbedingung war, daß ich unter keinen Umständen darunter zu leiden hätte, falls sich bei der Großfabrikation, wie das bei im Laboratorium hergestellten Mitteln fast immer der Fall ist, nicht vorherzusehende Fabrikationsschwierigkeiten, sogenannte »Kinderkrankheiten«, einstellten; auch sollte ich niemals leer ausgehen, sondern jedenfalls immer eine Minimalsumme als Kaufpreis erhalten. All meine Vorsicht war auf diesen Punkt abgestellt. Nach Formulierung des Kontrakts sollte ein Diner stattfinden, während dessen der Vertrag abgeschrieben werden sollte, dann sollte er vorgelesen und unterzeichnet werden, und nachts wollte der Käufer noch nach Bremen zurückreisen.

Das Diner war glänzend, die Weine desgleichen, aber offenbar nicht schwer genug, denn während des Vorlesens des Vertrages sahen mein Assistent und ich uns plötzlich groß an, und ich bat die Stenotypistin, noch einmal den Passus vorzulesen, in dem stehen müßte, meine Beteiligung müßte *jedenfalls* das und das Minimum erreichen, »*auch* wenn« sich Kinderkrankheiten einstellten; sie las vor und es stand da »*außer* wenn«, also *genau* das Gegenteil des Vereinbarten, und die Veränderung *zweier* Buchstaben hatte das bewirkt! Natürlich wurde es sofort umgeändert, und ich sagte als Gentleman nicht, was ich dachte, aber der Hauptreiz des Geschäfts, das Vertrauen in meinen Käufer, war geschwunden.

Wie oft habe ich mir später gesagt, daß die deutschen Kaufmannsusancen, über die ich leider nur allzu häufig zu klagen hatte, damals schon nicht mehr auf der Höhe waren, und ich habe die feste Überzeugung, daß mir dies in England, das heißt bei einem wirklich englischen Kaufmann, nicht hätte passieren können. Merkwürdigerweise war dieser Bremer Herr ein angesehener Kaufmann und glücklicherweise Urchrist. Gerissener sind die heute so geschmähten jüdischen Kaufleute auch nicht gewesen! –

Ich heiratete nun bald, zog nach Bremen, bekam ein wunderschönes Laboratorium in meiner Wohnung – mein Ideal, denn manche chemischen Prozesse muß man persönlich noch am späten Abend und schon am frühesten Morgen manchmal kurz beobachten – und begann an einem neuen Mittel zu arbeiten, der Herstellung eines Fleischextraktes ohne die gewöhnlichen Verbrennungsprodukte, die sie alle auch heute noch aufweisen. Die Laboratoriumsarbeit gelang, mein Extrakt ergab beim Kochen mit Wasser die beste und schönste Bouillon, da seine Herstellung auf Vermeidung der bei dem Eindampfen stets entstehenden, dunklen und nicht wohlschmeckenden, jedermann bekannten Verbrennungsprodukte beruhte.

Übrigens kann ich vorausgreifend hier schon sagen, daß die größte englische Bouillonextraktfabrik, der ich später, ich glaube im Jahre 1902, einige 100 Gramm meines Laboratoriumsextraktes zeigte, mir sagte: »Wenn Sie uns das im Großen herstellen, machen wir nicht mehr eine Unze unseres Präparates, sondern nur noch das Ihrige.« Man forderte mich auf, nach Argentinien zu gehen, dort eine Fabrik zu bauen etc., aber ich schreckte vor den ungeheuren Schwierigkeiten zurück.

In Bremen also arbeitete ich damals in der Weise, daß ich, der sogenannte elegante Mann, mir erst auf dem Viehhof einige Kilo Fleisch holte, diese selbst in einer Maschine verkleinerte, chemisch behandelte, mit Wasser mengte, kochte, und, da wegen der Messungen nicht ein Milligramm verlorengehen durfte, mit meinen bloßen Armen bis tief in die Nacht bis an die Achseln diese Mischung von erkaltendem Fett und Fleisch herumrührte. Eine ekelhaftere Arbeit, da das kalte Fett sich an die Arme setzte, kann man sich kaum vorstellen. Dabei kam zum Schluß aus einem riesigen, tonnengroßen Kessel Fleisch kaum mehr als eine Messerspitze Extrakt heraus, woraus die ungeheuren Schwierigkeiten dieser Kleinfabrikation ersichtlich werden. – Meine Frau saß bei mir, meist spielten wir, da man dabei nur anzusagen brauchte, währenddem Schach. Ein Honeymoon im Schlächterdress!

Inzwischen hatten sich aber in der Fabrik die »Kinderkrankheiten« auch schon eingestellt, und die Fabrikation des Nährmittels im Großen machte angeblich Schwierigkeiten. Mein

Assistent kam zu mir, jagte mich in Schrecken, sagte mir, die weitere Anschaffung von Apparaten sei eingestellt worden, übertrieb wahrscheinlich und riet mir, meine Beteiligung aufzugeben und die Minimalsumme à tout prix zu nehmen. So nahm ich sie, ich glaube 30000 Mark; der Fabrikbesitzer aber soll Millionen mit meinem Mittel gemacht haben, indem er es nicht im Großen, wo täglich Tausende von Kilo hergestellt werden sollten, sondern im Kleinen als pharmazeutisches, ungeheuer teures Arzneimittel herstellte, und durch seine darauf eingerichtete, sehr wirksame Reklameorganisation vertrieb. Ob die Fabrikationsschwierigkeiten echt waren, oder ob er mich nur heraushaben wollte, weil er jetzt statt mit 10 Prozent mit 300 Prozent arbeitete, wie das bei Pharmazeuticis möglich ist, will ich nicht entscheiden. – Das war *meine* Erfindung und *meine* Arbeit. »Wie man's macht«, sagt ein Sprichwort, »macht man's falsch.« –

Als ich über meinen Extrakt in England verhandelte (wohl 1902), hatte mich Graf Bubna, ein ca. 60 Jahre alter, früherer österreichischer Offizier, der die Baron Springer-Interessen in London vertrat und sich als Broker etabliert und zeitweise viel Geld verdient hatte, bei der betreffenden Fleischextraktfirma eingeführt und mir bei der Bewunderung meines Präparates gesagt: »Liebermann, wie kann ein eleganter Mann wie Sie mit Ihren Beziehungen daran denken, Schlächter zu spielen und vielleicht in Südamerika Fabriken zu bauen? Ein Mann wie Sie geht an die Londoner Börse. Kommen Sie zu mir.«

Vor diesem Rat Bubnas hätte mich eigentlich ein gewisser Aberglaube schützen sollen, da mir durch ihn einmal, freilich ohne böse Absicht von ihm, ein unerhört unglücklicher Zufall zugestoßen war; auch einer der Fälle, die wohl nur selten vorgekommen sind.

Ich hatte nämlich (im Jahre 1901) bei Bubna eine Spekulation auf 1000 Northern Pacific Shares laufen, die damals ca. 40 Prozent standen, und gewann, da jedes Prozent 4000 Mark ausmachte und die Shares von 40 auf 50 Prozent gingen, 40000 Mark, worauf Bubna nach der ansehnlichen Steigerung zum

Verkauf derselben riet. Mir war Verkaufen niemals gegeben, sondern dummerweise immer nur kaufen; und so sträubte ich mich zunächst, folgte aber schließlich doch seinem Rat.

Wer beschreibt nun meinen Ärger, als die Shares weiterstiegen, auf 60, 70 Prozent; ich ärgerte mich »blau«, daß ich mir 80 000 Mark Gewinn hatte entgehen lassen und »fixte« nun, teils aus Wut, teils aus Berechnung, 200 Shares, denn *einmal* mußten dieselben ja zurückkommen. Eine Bahn ist ja keine Goldmine oder Erfindung mit unberechenbaren Gewinnchancen, sondern eine klare, berechenbare Anlage. – Dieser Ansicht war die ganze vernünftige Welt, und als die Shares wieder auf 80, 90, ja 100 gingen, »fixte« die ganze Welt und die klügsten Bankiers.

Dies störte aber die reizenden Shares nicht, sie gingen auf 200, 300; alle anderen amerikanischen Werte stürzten wie rasend, nur diese Shares stiegen weiter. Sie stiegen auf 500, 1000, ja, ich glaube auf 1150 Prozent. Also ein völlig sinnloser Fall, denn worauf hin sollte eine Bahn ihren Wert auf ca. das 30fache erhöhen, wenn nicht gerade Gold oder Diamanten auf ihrem Terrain lagen?

Zum Glück setzte die Londoner Börse, da viele Häuser bankrott gewesen wären, die übliche 14tägige Bezahlung aus. Niemand wußte, was los war. Nicht ein einziger dieser Shares war mehr zu kaufen. Ich, der ich, wenn ich meine Shares nach oben behalten hätte, etwa vier Millionen Mark gewonnen hätte, hatte durch die an sich viel kleinere Spekulation, etwa 800 000 Mark verloren! Aber glücklicherweise war die Zahlung ausgesetzt, und eines Tages vernahm die verblüffte Welt (denn die meisten Banken wären kaputt gewesen), daß die beiden amerikanischen Eisenbahnkönige, Pierpont Morgan und Harriman, der Beherrscher der Union Pacific, jeder unabhängig vom anderen die Kontrolle dieser Bahn besitzen wollten, jeden einzigen Share der »Northern« aufkauften und so den Kurs in diese lächerliche Höhe getrieben hatten. Sie einigten sich dann und setzten den Kurs auf ca. 150 Prozent, und ich verlor endgültig ca. 80 000 Mark statt eines Gewinns von vier Millionen und mußte zahlen. – Das einzige Glück war, daß die meisten Großen dieselbe Dummheit gemacht hatten, und das alte

Sprichwort hatte wieder recht: »Quidquid delirant reges, plect-
untur Achivi«*: Man kann sich auch weniger gebildet ausdrük-
ken: »Und die Moral von der Geschicht: Auf Deinen Broker
höre nicht.«

Einen Trost in diesem großen Pech fand ich freilich in meinem jungen Eheglück; junge Liebe bringt über vieles hinweg.

Ich komme nun zu meiner Unterhaltung mit Bubna zurück.
Bubna und seine Frau waren liebe, feine Menschen (leider
verlor er später sein Vermögen und starb im Elend, und seine
Frau, die Tochter des seinerzeit berühmten ungarischen Revo-
lutionshelden General von Goergei, wohl auch?), und ich ließ
mir seine Anregung betreffs der Börse durch den Kopf gehen.

Wir sprachen natürlich auch über Südafrika, wo der Buren-
krieg 1902 gerade sein Ende gefunden hatte und man an die
Wiederaufnahme großer Geschäfte glaubte, und ich schrieb
dem schon erwähnten Carl Hanau nach Johannesburg, dessen
neuer »Goldminenrand« in dem Munde aller Welt war, ob er
mir gegebenenfalls Informationen und so weiter zukommen
lassen könnte. Da erhielt ich eines Tages in Bremen einen Brief
von ihm, daß er in den nächsten Tagen mit dem Dampfer in
Southampton ankommen würde, ich möchte ihn doch dort abholen. – Ich fuhr also nach Southampton, und kaum war Hanau, von dessen großen Chancen die in Betracht kommende
Geschäftswelt damals voll war, gelandet, als er mir sagte: »Sie
sind mein Mann, kommen Sie in einigen Wochen mit mir nach
Afrika, gründen Sie ein Syndikat erster deutscher Bankfirmen,
das sich an meinen Sachen beteiligen soll.« Und als ich ihm
beschämt verriet, daß ich nicht einmal wüßte, was ein »Syndikat« sei, sagte er: »Gehen Sie nach Berlin zu großen Banken,
die noch keine Beteiligungen in Afrika haben, trommeln Sie sie
zu einer Sitzung zusammen, und wenn ich dann meine Pläne
auseinandersetzen werde, werden Sie Ihr Syndikat zusammen-
haben.« Ich ging also nach Berlin, trommelte, und alle horch-
ten; Hanaus Name zog; große Bankfirmen wie Jacquier und
Securius, A. E. Wassermann, Ladenburg stellten sich an die

---

* »Wenn Könige sich streiten, haben die Kärrner zu leiden.« (Horaz)

Spitze, eine Anzahl anderer Firmen und die Elite der Berliner Großspekulanten, die für eine Beteiligung in Afrika großzügig genug waren, folgten, und es wurde mit mir als Manager und Hanau als Protektor eine Gesellschaft mit sehr großem Emissionskredit gegründet. Da man mich mit Recht nicht für einen großen Kaufmann hielt, so galt das Vertrauen einzig meiner Korrektheit und meiner Fähigkeit, mich mit allen eventuell wichtigen Persönlichkeiten in richtigen Konnex zu setzen. Meine Chancen wurden fabelhaft beurteilt, bedeutende Exportfirmen wandten sich an mich mit der Bitte, ihre Vertretung zu übernehmen, was ich nicht einmal annahm, und ich hatte allen Grund, mich meines Erfolges zu freuen. Und doch hätte ich wie der Hirtenknabe, der in dem bekannten Volkslied singt: »Ach, wär' ich geblieben auf meiner Heide« singen sollen: »Ach, wär' ich geblieben bei meinem Fleischextrakt«; denn Afrika, dem meine nächste Zeitperiode gilt, war damals noch ein recht gefährliches Pflaster.

Transvaal

Die große Bedeutung Hanaus für meine Gesellschaft bestand darin, daß er und die daran interessierte ganze Welt des Glaubens waren, er habe einen zweiten »Rand« entdeckt. Der Witwatersrand nämlich, eine lange, die größte Goldquarzader der Welt enthaltende Strecke, an der Johannesburg gebaut ist, galt stets nur für die nördliche Seite eines Riesenkraters, und man nahm an, diese Linie müsse sich nach Osten und Westen fortziehen; in der Tat sind auch im Osten Goldminen vorhanden, welche Hanau mit dem dazugehörigen Landkomplex zum Teil erworben hatte, er vermutete dort die Fortsetzung des goldhaltigen Kraterrandes und galt also für den Besitzer dieser Goldaderfortsetzung. Diese seine östlichen Goldminen hatte er in eine Gesellschaft, die »Coronation« eingebracht, und diese Aktien, die ein Pfund wert waren und ihn nur einen winzigen Teil davon gekostet hatten, hatte er bis über 3000 £ pro Stück!, einige durch mich in Berlin, verkauft. Es ist klar, daß die Ausbeutung der Tochtergesellschaften dieser Dachgesellschaft, an der mein Syndikat das deutsche Interesse übernommen hatte, ein Geschäft von Hunderten von Millionen werden mußte, *wenn* die Ader auf Hanaus Terrains tatsächlich vorhanden war, zu deren Feststellung natürlich viel Zeit und Geld gehörte. Wie ernst Hanaus Bedeutung und Chancen genommen wurden, erhellt sich daraus, daß die Firma Barnato Bros., die zweitgrößte Goldminenfirma Englands, ihn daraufhin als Partner aufnahm und ihn als solchen nach Afrika hinübersandte. Hanaus Ruf zu dieser Zeit war natürlich, vom kaufmännischen oder spekulativen Standpunkt aus gesehen, ein ungeheurer.

Im April 1903 fuhren Hanau, meine Frau und ich nach Kapstadt. Sally Joel, Inhaber von Barnato Bros., begleitete uns in einem Salonwagen von London nach Southampton und hatte dazu einen Korb Sekt bei sich, weil er behauptete, keinen anderen Sekt trinken zu können. Die Reise ging gut, und nach drei Tagen waren wir in Madeira, wo ein dreistündiger Aufenthalt stets zum Besuch eines Berges mit einer Toboggan-Rückfahrt auf runden kleinen Schlitten benutzt wird; während der Fahrt zeigte mir Hanau eine in Madeira erhaltene Depesche meines alten Freundes, des Staatsanwalts Laser, der ihn in Verzweiflung um eine große Summe Geldes bat. Laser, ein famoser, aber elend leichtsinniger Freund aus der Corpszeit, der das Glück gehabt hatte, vom Staatsanwalt zum Leiter der ersten Mercedesfabrik in Marienfelde bei Berlin zu avancieren, hatte durch Spiel und Großmannssucht alles durchgebracht, und verschiedene Freunde hatten ihn nach Afrika expediert; ich selbst hatte ihm dazu 500 £ gegeben; er war dort gleich in eine Hausse hineingekommen und hatte durch Spekulationen sofort schönes Geld verdient. Natürlich freute ich mich riesig, ihn bald wiederzusehen, und er hatte mir oft genug in gleichem Sinne geschrieben. Nun, da das Geld wieder fort zu sein schien, riet ich Hanau, ihm zu helfen, der aber meinte, er könne ruhig warten, bis wir in Johannesburg seien.

Die bevorzugten Fahrgäste des Dampfers am Tisch des Kapitäns waren Lady Sarah Wilson und ihr Mann Major Wilson, Hanau und wir. Meiner Frau und mir ging ein großer Ruf voraus, woran ich, der ich zwar elegant, aber nicht unbescheiden aufzutreten liebte, ganz unschuldig war; aber Hanau, offenbar ein Anhänger des Wortes »Klappern gehört zum Handwerk«, hatte zu seinem eigenen höheren Ruhme in allen südafrikanischen und damit verbundenen englischen Blättern, wie ich erst später merkte, verkünden lassen, daß »The Baron and the Baroness L.« dann und dann im Interesse der Ausbeutung des neuen »Randes« nach Afrika kämen, und ich muß den durch die inzwischen eingetretene Baisse ausgehungerten afrikanischen Financiers wie ein Wundertier, eine Mischung von Montmorency und Rothschild beschrieben worden sein. Lady Sarah Wilson, eine früher gefeierte Schönheit des englischen Hofes, Schwester des Duke of Marlborough und, wenn ich nicht irre, Tante des bedeutenden Parlamentariers Winston

Churchill, und ihr sehr liebenswürdiger Gatte waren eine Reisegesellschaft, wie sie nicht besser gedacht werden kann; Lady Sarah hatte mich großes Kind sehr gern, Fest folgte auf Fest; und so landeten wir nach schöner, teilweise aber oft recht heißer Reise eines Morgens in Kapstadt, dessen Wahrzeichen, der berühmte abgeplattete Tafelberg, mir aber gar nicht gefallen wollte. Wilsons waren Gäste des Dr. Jameson, des Premierministers, der seinerzeit den berühmten »raid«, den Überfall Johannesburgs ausgeführt hatte; und wir fuhren ins Mount-Nelson Hotel. Die erste Nachricht, die mich aus meinen Hoffnungen aufschreckte und mir meine ganze Stimmung nahm, war die des vor einigen Tagen erfolgten Selbstmordes des armen Laser. Ich ging in Johannesburg sofort an sein Grab und bedauerte, in Madeira nicht Hanau quasi zur Hilfe gezwungen zu haben; doch zu retten wäre dieser gute, aber leichtsinnige Mensch doch kaum gewesen.

Am Ankunftsabend waren wir auf Veranlassung Lady Sarahs sofort bei Dr. Jameson in seinem von Rhodes erbauten Landsitz Groote-Schur bei Kapstadt, in dessen Garten einige Löwen gefangengehalten wurden, geladen. Von meiner trüben Stimmung abgesehen, war der Abend ungemein anregend; wir waren eine kleine ausgewählte Gesellschaft von zehn Personen am runden Tisch, auf dem eine Unzahl von Kerzen standen, und sonst war in dem recht großen Saal weit und breit auch nicht ein einziges Licht vorhanden. Ich habe eine solche Beleuchtung, die offenbar alten holländischen Sitten entsprach, nie vorher und nie wieder nachher gesehen. Grell fiel der Lichterglanz auf uns Tischgäste, von Dienern war keine Spur zu sehen; und unsere Gesichter hoben sich eigenartig von der uns umgebenden Dunkelheit ab; zum ersten Mal sah ich das »clair obscur« Rembrandts in Natur. – Alles verlief so hübsch es für mich verlaufen konnte, ab und zu hörte man aus dem Garten einen Löwen brüllen; auch der nächste Tag sah uns alle wieder zusammen, und dann ging es nach dem 1800 Meter hoch gelegenen Johannesburg, wohin man damals zwei Tage fuhr.

Wie Johannesburg heute aussehen mag, weiß ich nicht. Es sind seitdem 34 Jahre vergangen, und es soll jetzt eine ganz moderne Großstadt mit Wolkenkratzern sein. Jedenfalls ist es wohl heute eine richtige Industriestadt, während es damals, es bestand kaum 18 Jahre, noch ein ziemlich zusammengewürfeltes Mischmasch aus bis zu drei Stockwerk hohen Häusern, aber auch aus einer Menge ebenerdiger Wellblechbuden war. Nicht das einfachste Möbelstück, nicht ein einziger Stuhl wurde dort fabriziert, alles mußte von unten 1800 Meter heraufgebracht werden und wurde dann auf der Straße verauktioniert. Die natürliche Folge war eine allgemeine unbeschreibliche Teuerung; so kostete die billigste Zeitung zum Beispiel einen Sixpence; zur Bewirtschaftung meines kleinen, aber hübschen Hauses brauchte ich fünf Dienstboten; ein Schwarzer, der nur Hintergemächer zu reinigen hatte, erhielt allein vier £, eine Köchin zwölf £ pro Monat, und in diesem Stil ging es weiter. Zwei Dogcarts waren nötig, weil die Stadt sehr ausgedehnt gebaut ist – kurz, wenn Hausmiete und Dienstboten bezahlt waren, war mein monatliches Gehalt von ca. 150 £ ziemlich aufgezehrt, denn ich hatte zwar eine enorm hohe Gewinnbeteiligung, aber kein großes Fixum von meinem Syndikat erhalten. Es läßt sich denken, was ich hierbei aus Eigenem habe zusetzen müssen. –

Unter der Bevölkerung fielen sehr viele polnische und litauische Juden, dort »Peruvier« genannt, auf. Sie waren, was mir durchaus neu war, in sämtlichen Gewerben tätig; sie waren Droschkenkutscher, Schuster, Kellner, Gemüsehändler und so weiter. Sobald aber, was immer von Zeit zu Zeit mal passierte, eine kleine Börsenhausse eintrat, waren sie sämtlich an der Börse, das heißt vor derselben als fliegende Makler und handelten Shares. Eines Abends begrüßte mich auf einer Gesellschaft ein Angehöriger einer mir bekannten, anständigen Berliner Familie; er spielte dort als Geiger zum Tanze auf; einige Tage später aber sah ich ihn auf dem Markt Kartoffeln verkaufen, und plötzlich war er großer Aktienmakler. – Ein Lord fuhr beispielsweise eine Droschke. Kein Mensch grüßte, der Barbier nickte einem auf der Straße zu. Ich war mit meinen »etepetete«-Ansichten natürlich entrüstet, aber man sagte mir, das sei nun dort einmal nicht anders; oft käme ein Herr mit einem Diener hin und nach einem Jahr sei der Herr der Diener und umgekehrt.

So scheint es wohl in allen Goldzentren zu sein, weil der Zufall, ein einziger Goldfund, einem dort über Nacht Millionen schaffen kann. Damals freilich war von Millionen auch nicht das mindeste zu spüren. Die Güter der dortigen Welt waren längst von dem Gott, der Goldadern wachsen läßt, an die großen Minenhäuser weggegeben; das waren gute solide Gold-Industrien geworden, aber neue, wirklich wertvolle mineralische Vorkommen waren außer der »Premier«-Diamantenmine nicht mehr gefunden worden. Man kann sich denken, mit welcher Begeisterung solch ein Prinz aus dem Märchenlande mit den von Hanau vorgegaukelten Millionen wie ich von den ausgehungerten Wölfen begrüßt wurde. Ich hatte mir ein schönes Büro mit zwei Angestellten genommen, Geschäfte wurden von der ersten bis zur letzten Bürominute angeboten; aber Hanau riet mir, nichts zu tun und nur auf den Erfolg seiner eigenen Sachen zu warten. Aber ich hätte warten können, bis ich schwarz geworden wäre und dann noch alle Farben der Scala der Spectralanalyse durchlaufen hätte. –

Teilweise waren die Verhältnisse recht schlimm. Ein weit über dem Durchschnitt stehender Minenbesitzer, den wir mit seiner Frau kennengelernt hatten, früher ein Mann von vielen Millionen, lud uns zum Diner, doch als wir in großer Toilette hinkamen, hatte er das Diner vergessen! Er machte einen tieftraurigen Eindruck. Zwei Tage darauf lud er uns wieder ein, ich war zu rücksichtsvoll, ihm ein refus zu geben, und nach Tisch suchte er mich zu überreden, seinen ganzen Minenbesitz für meine Gesellschaft en bloc zu kaufen. Da ich von Hanau Ordre hatte, meine Verhältnisse nur ja nicht zu klein zu schildern, weil es nötig sei, daß die Menschen meine Gesellschaft für omnipotent hielten, fiel es mir sehr schwer aufs Herz, mich hinter meine Gesellschaft zu verkriechen. Den nächsten Tag hatte sich der arme Mann die Gurgel durchgeschnitten. Solche Ereignisse waren an sich überaus schmerzhaft; und auch sonst war wenig Erfreuliches im Geschäft zu erblicken. –

Außerhalb des Büros freilich, das ich nur am Vormittag besuchte, war das Leben, wie stets unter Engländern, ungemein angenehm, weil es sich immer in liebenswürdigen, niemals in zudringlichen Formen abspielte, wenn auch die Unterhaltung sich in engeren, rücksichtsvolleren, aber darum oft weniger interessanten Grenzen als bei uns in Deutschland hielt. In der oberen Gesellschaft der Regierung waren natürlich sehr tüchtige Männer und viele Angehörige der alten englischen Adelsfamilien vertreten. So erinnere ich mich einer langen Unterhaltung, die ich mit dem Oberkommissar Lord Milner hatte, bei dem ich öfters zum Diner eingeladen war, wobei Milner sich über Deutschland, das er, wenn ich nicht irre, von seinem Studium in Bonn aus kannte, sehr interessant ausließ. Ein anderes Mal unterhielt er uns über Ägypten in größerem Kreise in überaus wirkungsvoller Weise.

Auch offizielle Gesellschaften bei Lord Selborne und in Pretoria sind mir erinnerlich, auf deren einer ich die Ehre hatte, der Prinzeß von Schleswig-Holstein, Schwester Edwards VII. und Mutter des Potsdamer Leibgardehusaren Prinz Schleswig-Holstein, den ich kannte und mit dem ich einmal zusammen von Berlin nach London gefahren war, und ein anderes Mal dem Prinzen Arthur of Connaught, vorgestellt zu werden. Da meine Frau sehr beliebt war, so fehlte es an Einladungen nicht. Auch unter den sogenannten Minenmagnaten gab es bedeutende und interessante Männer. Da war zum Beispiel Sir Julius Wernher längere Zeit draußen, der Chef des Milliardenhauses Wernher, Beit und Co., ein ungemein liebenswürdiger, einfacher, sehr an den vornehmsten deutschen Typ erinnernder Mann, der uns öfter besuchte; da war sein Johannesburger Repräsentant, der kluge Louis Reyersbach mit seiner liebenswürdigen Gemahlin; da war vor allem der erst vor kurzem verstorbene Sir George Albu, Chef der auch in Berlin vertretenen General Mining and Finance Corporation, einer der ganz wenigen großen afrikanischen Pioniere, die trotz ihres Reichtums nicht nach Europa gezogen, sondern bis zu ihrem Tode dort geblieben sind. Sir George, aus einer guten Berliner jüdischen Familie stammend, und seine liebe Frau, die ich noch beide vor ca. zwei Jahren bei seinem Bruder in London zu treffen die Freude hatte, waren, und seine Frau ist es noch, meiner Ansicht nach *die* Zierde Transvaals. Beide unendlich wohlwollend und wohltätig, gastfreundlich, natürlich und einfach, so sah ich sie vor über 30 Jahren, und genau so sah ich sie auch jetzt hier wieder. Ihre älteste Tochter heiratete den Bischof von Pretoria, einen Neffen des Erzbischofs von Canterbury, doch sie selbst blieben Juden. Und wären diese Leute in Deutschland geblieben, wo wären sie dann? Ehre einem Volke, das wie die Engländer die Menschen nach ihrem inneren Werte schätzt und schützt!

George Albus Bruder, der in London als Chef des dortigen Hauses lebende Leopold, verbrachte einmal sechs Monate draußen mit seiner wunderschönen und sportlustigen Frau, mit der ich viele Reitpartien in die Umgebung Johannesburgs machte, die zwar nur künstliche, rasch wachsende Gummibaumwaldungen hatte, aber doch oft eine pittoreske Aussicht bot, so ungefähr wie man sie auf manchem Löwenbilde sieht. Man konnte sich vorstellen, daß dort auf den kahlen, felsigen Strecken vor noch nicht zu langer Zeit Löwen gehaust haben. Jetzt gab es natürlich nichts derartiges mehr dort, das einzige Wild in der weiteren Umgebung waren die sogenannten Springböcke. – Mrs. Albu war eine unerschrockene horselady, einmal brachte sie ihr Reitpferd in den Speisesaal. Leo Albu selbst war und ist ein schwerer als sein Bruder zugänglicher Mann, hochgebildet, als Kaufmann so klug wie Sir George als Minenmann, und etwas soupçonnös. Kommt man aber in der Unterhaltung erst einmal durch eine gewisse Zone der Zurückhaltung hindurch, so erfreut man sich an seiner Gemütstiefe, seinem Wissen und seinem prächtigen Herzen; und ich habe die Freude oft gehabt. –

Von anderen Minengrößen erinnere ich mich dunkel Sir George Farrars, Sir Lionel Phillips, ferner, zwar nur von einer kurzen Vorstellung, des Rennmanns Sir Abe Bailey, der damals dort Pferde laufen ließ, heute aber in England ein hochangesehener Rennmann und Mitglied des Jockeyclubs ist; des auch heute noch in Afrika ansässigen Mr. Dale Lace und anderer.

Während die eben genannten meist schöne, zum Teil herrliche, von Kultur zeugende Häuser bewohnten, erinnere ich mich anderer sehr reich gewordener Minenbesitzer und Spekulanten, deren Wände von den unmöglichsten Kunstsachen, wie schlechtestem Thüringer Porzellan auf rotem Plüsch, strotzten, die man in Berlin für drei Mark kauft; und ich kann mir schon vorstellen, daß einem derselben jene bekannte Geschichte passiert ist: Er hatte in London für schweres Geld eine Kopie der Venus von Milo bestellt, und als er beim Auspacken den abgeschlagenen Arm bemerkte, beschwerte er sich sehr ärgerlich bei der Post, die Statue sei zerbrochen angekommen, ja, der Arm sei nicht einmal zu finden, und er verlange Schadenersatz; worauf der Postbeamte antwortete, er werde sofort in London den Arm reklamieren. Se non é vero, é ben trovato; aber es charakterisiert den in jenem Milieu wie in allen Goldzentren üblichen Kulturstand.

Unter anderen wertvollen dortigen Bekanntschaften nimmt in meiner Erinnerung mit die erste Stellung ein Baron von Wrede, ein braver treuer Mensch, ein, der eigentlich den ganzen Tag bei mir saß und mich als Bergwerksbeflissener beriet, ohne als biederer Westfale von all dem, was sonst auf der Welt vorging, etwas zu ahnen, und der uns beiden befreundete Graf Blücher, späterer Fürst Blücher von Wahlstadt. Blücher stand mir außerordentlich nahe, er war ein Mann von großem sittlichen Ernst, prächtigem Gemüt und einer tiefinneren, imponierenden Religiosität. In welch kluger Weise konnte er zum Beispiel mit mir die Judenfrage besprechen! – Wir sprachen übrigens immer, damit man uns nicht verstehe, von »Kelten« – nie habe ich von diesem frommen Katholiken ein anderes als tolerantes Wort in dieser Beziehung gehört. Er erzählte gern und wußte viel zu erzählen, da er ja soviel gesehen und so viele Menschen kennengelernt hatte, aber er war selten heiter und litt unter seinem Verhältnis zu seinem Vater, der ein pathologischer Kranker gewesen sein muß. Dieser Fürst besaß nämlich ein auf mehr als 20 Millionen Goldmark geschätztes Riesenvermögen, zwei Güter und das Blücherpalais auf dem Pariser Platz in Berlin, jedem Berliner mit seiner Riesenfront zur Budapester Straße bekannt; er war aber, um keine Steuern zu zahlen, nach England ausgewandert und hatte eine kleine Insel im Ärmelkanal gekauft, weil dort keine Steuern zu zahlen waren; dort hatte er ein Schloß erbaut und sich niedergelassen, woraufhin das preußische Herrenhaus ihn ausschloß. Er hatte dreimal geheiratet und hatte aus jeder Ehe mehrere Kinder; er bevorzugte die der letzten Ehe mit einer Prinzessin Radziwill und benachteiligte in unerhörter Weise die Kinder seiner ersten Frau, einer Prinzessin Lobkowitz. Sein zweiter Sohn, der jetzige Fürst, auch ein Mann ohne Furcht und Tadel, soll seinem Vater einmal aus Tort wegen einer nicht eingelösten Verpflichtung den Wagen haben beschlagnahmen lassen, in dem Napoleon von Waterloo geflohen war, den der Marschall Blücher dann vom König zum Geschenk erhalten hatte, und der auf einem Blücherschen Gut stand. Als in dem darauf folgenden Prozeß der Fürst seinem Sohne vorwarf, daß dieser, entgegen seinem Wunsch in England zu leben, preußischer Offizier geworden sei, sagte der Richter, das sei kein Grund, den Sohn zu verfolgen, weil derselbe als Urgroßneffe des »Marschalls Vorwärts« preußischer Offizier werden wollte.

Auf ähnlichem Niveau bewegte sich die Gedankentätigkeit des alten Fürsten. Der Sohn saß einmal mit meiner Frau und mir im Londoner Carlton Hotel nach dem Diner auf der Estrade und machte mich auf eine Gesellschaft unten aufmerksam, in deren Mitte ein hochgewachsener alter Herr mit gefärbtem Bart stand, und fragte mich, ob ich den Herrn kenne. Als ich es verneinte, antwortete er: »Der Fürst Blücher«, nicht etwa »mein Vater«. So schlecht war das Verhältnis von Vater und Sohn.

Das »hobby« meines Freundes, des Grafen, war Beschäftigung mit kaufmännischen Problemen. Er war in England großgeworden, sein Blick galt allem, und er hatte Interesse für alles auf der Welt. Ob es ein Baugrundstück in Johannesburg oder eine Obstplantage bei Pretoria oder Goldminen in Sibirien oder ein Radiumvorkommen in Böhmen war, alles interessierte ihn, und wir haben unzählige Projekte besprochen, an die er, obwohl immerhin noch praktischer als ich veranlagt, trotzdem wie ein Phantast heranging. Später heiratete er Miß Stapleton-Brethertons, eine sehr distinguierte und reizende Dame aus der Familie des zweiten katholischen Lords von England, des Lord Peter, und führte eine sehr glückliche Ehe. Im Jahre 1916 Fürst und Erbe des Riesenfideikommiß geworden, hatte er aber infolge des gehässigen Testaments seines Vaters unzählige Prozesse mit Familienmitgliedern zu führen und hatte außerdem das Pech, daß er die riesige, für den Verkauf des Berliner Palais erzielte Summe nicht anders als in Kriegsanleihe anlegen durfte, die restlos entwertet wurde, was ihm gewaltige Sorgen machte. Er ist dann vor einigen Jahren, noch nicht 60 Jahre alt, in England gestorben. Mir stets gefällig, immer echt freundschaftlich gesonnen, mit Empfehlungen an Personen und Stellen, die ihm natürlich wie Wenigen erreichbar waren, stets wohlwollend zur Seite stehend, nimmt er unter den Menschen, denen ich ein ehrendes und dankbares Andenken bewahre, einen ersten Platz ein. –

Unter den anderen Johannesburger Freunden denke ich auch gern des schon erwähnten Dr. Krause, Schwiegersohn von Goltz-Pascha, eines sehr witzigen und lustigen, auch recht phantastisch veranlagten Mannes, in dessen Hause wir manches Fest feierten.

Echt afrikanische Vergnügungen, die man in unserem Erdteil nicht so leicht genießen könnte, unterschieden sich von den europäischen manchmal doch wesentlich, wie man aus einer ersieht, der ich einige Male in einem kleinen, recht primitiven Erholungsorte in Natal huldigte. Man ging nämlich etwas weiter hinaus aufs Feld und zündete das ganz vertrocknete Gras an. Oft wehte dort wie auch in Johannesburg – das war eigentlich das Allerunangenehmste – ein ziemlich starker, viel braunen Staub mit sich führender Wind, so daß weiße Wäsche eigentlich sofort braun wurde; und wenn solch ein Windstoß kam, blies er eine haushohe Flamme im Nu über einige Kilometer. Dieses für unsereinen seltene Vergnügen war streng verboten, aber es ermangelte doch nicht des originellen und prickelnden Reizes. Und so wäre unter all dem Neuen und Ungewohnten mein Johannesburger Aufenthalt ganz angenehm verlaufen, wenn es einem nicht doch allmählich gedämmert hätte, daß man eigentlich sein teures Geld nutzlos verplemperte; denn das heutzutage durch die Höherbewertung des Goldes wieder hochinteressant gewordene Minengeschäft war und blieb damals absolut tot. Hanaus Hoffnungen – das merkte man langsam aber sicher – verflüchtigten sich, das gleißende Metall wollte sich, so wenig er es wahrhaben wollte, in seinen Gruben nicht zeigen, langsam flossen all die schönen Coronation-shares zu ihm zurück, und er revanchierte sich dafür, daß er die ältesten Ladenhüter aus seinem Portefeuille durch mich unter den geheimnisvollsten Gründen, über die ich beileibe nicht einmal fragen durfte, an meine Freunde in Berlin empfehlen und verkaufen ließ. Zwei- bis dreimal verfing dieser Trick, bis meine Freunde skeptisch wurden. Ich selbst konnte natürlich da nicht hineingucken, schon wesentlich Klügere als ich haben in Minen ihr Waterloo gefunden, und in meiner braven, treuen, aber unpraktischen Weise berichtete ich alle acht Tage über alles, was in Südafrika passierte, ausführlich nach Berlin, aber nicht wie ein zupackender Kaufmann, sondern wie ein Geschichtsprofessor: Bei einer Berliner Aufsichtsratssitzung fragte mich im nächsten Jahre ein Aufsichtsrat, mein Freund, der spätere bedeutende Bankdirektor Oscar Wassermann, warum ich das und das Vorkommen nicht berichtet hätte und sagte auf meine Antwort, daß ich das doch wohl sicher mitgeteilt hätte, unter dem Hohngelächter der Hölle: »Aber ja, ich erinnere mich, Willy, auf Seite *647* Ihres Wochenberichts von dann und dann habe ich darüber gelesen.«

»Und es kam, wie es kommen mußte«, sagt Georg Hermann. Endlich merkte ich, daß ich mich von den Hoffnungen und Phantasien Hanaus losmachen müßte, der trotz aller Schlauheit ja doch sicher und zweifellos gutgläubig gewesen war – denn das Goldgeschäft verleitet nun einmal allzusehr zum Phantasieren –; und da sich eine Gelegenheit bot, sie zu ergreifen, so griff ich zu: In Südafrika findet man alles Gold nur in Quarz, nicht aber als Alluvialgold, das heißt durch Flüsse geschwemmtes Gold. Wie froh war ich also, als eines Tages Goldgräber bei mir eingeführt wurden, die Alluvialgold gefunden haben wollten. Zunächst sandte ich zur Prüfung den billigen Wrede, dann einen mittleren Ingenieur und schließlich für 500 £ einen bedeutenden Experten hinaus, die sämtlich Gold feststellten, worauf ich mir unter großer Vorsicht alle Claims und den Flußlauf sicherte, die die Experten für notwendig erachtet hatten. Eine furchtbar kostspielige, aber notwendige monatliche Zahlungsverpflichtung! Nun wurde losgearbeitet; wir, Wrede und ich, besuchsweise auch Blücher, wohnten sechs Mann hoch 20 Stunden von Johannesburg entfernt in Zelten, nur von Konserven lebend, auf dem weiten, weiten »Veld«; Mäuschen krochen nachts über uns her; kleine Schlangen hatten offenbar auch Appetit auf unsere Leckerbissen; eines Nachts züngelte mir sogar eine sich einen Meter hoch aufbäumende Schlange entgegen; nackte Zulukaffern, Männer und Frauen, arbeiteten um uns herum. Johannesburg und ein Teil Afrikas wurden allmählich auf die großen Alluvialfunde aufmerksam, ich wurde für den kommenden Magnaten gehalten, und ich hätte nur *ein* Wort zu sagen brauchen, hätte auf die notorischen Expertisen bedeutender engineers und auf meinen unbemakelten Namen hin eine Gesellschaft gründen und mir und meinem Syndikat ein großes Vermögen schaffen können, aber ich – ich hätte beinahe gesagt, »ich Kaffer« – war zu vorsichtig, zu ehrlich, zu deutsch gründlich dazu. Ich wußte so wenig etwa wie irgendwer: das Gold schafften wir tatsächlich durch Schlämmen aus dem Wasser; wer konnte aber bei Tausenden von Metern ahnen, wie es hineingekommen sei? Aber ich traute den Goldgräbern nicht, und richtig, sie hatten das Gold, wie es nachher klar wurde und wie es oft vorkommt, »hineingeschossen«. Ich glaube, ein Jahr später haben die ersten Minenhäuser eine Expedition nach Madagaskar ausgerüstet, wo die Sache ähnlich lag; da hineingefallen zu sein, war also keine Schande. Glück und Pech liegen nun einmal in Goldländern so nahe beieinander!

Ob es eine Dummheit war, und ob es mir heute leid tut, daß ich damals nicht sofort zugriff und eine Gesellschaft gründete? Ich weiß es nicht; aber ich bereue es auch nicht; ich hatte das Gefühl, es sei nicht alles allright, und schließlich muß man sich selbst treu bleiben.

Aber mit Afrika war es nun zu Ende. Mit den Goldgräbern hatte ich noch gefährliche Auftritte, und dann sagte ich »Ade« und »Afrika den Afrikanern«. Mein Syndikat hatte viel verloren, ich selbst aus meinem Eigenen eine viel zu große Summe zugesetzt, und so verließ ich denn, so gerne ich wieder einmal hingekommen wäre, das Land mit der klaren, durchsichtigen Luft und der weiten Fernsicht, wo einem Sprichwort gemäß »die Flüsse ohne Wasser, die Vögel ohne Gesang und die Frauen ohne Treue« sind, und fuhr nach London.

England

Ist man einmal in englischen Ländern gewesen, so verläßt man sie ohne triftigen Grund nicht gern, und so blieb ich auf Rat eines Freundes dort, um mich in der City zu betätigen, wo ich 1905 nach einigen Versuchen eine eminent große und vornehme Brokerfirma, Coates Son and Co., fand, die noch niemals auf dem Kontinent Vertretungen gehabt hatte und der ich in Verbindung mit dem Inhaber der »Financial Times«, einem Mr. Schmidt, einem österreichischen Grafen Fries und mehreren Unterbeamten das foreign management mit Vertretern in Berlin, Paris, Wien einrichtete. Ich habe mit der Firma, der ich später eine erhebliche Summe als Sicherheit einzahlte, höchst angenehm gearbeitet und auch oft viel verdient, wenn auch diese Art des Geschäfts für mich insofern recht gefährlich war, als es mir, meinem spekulativen Wesen gemäß, schwerfiel, Ratschläge zu geben, an denen ich nicht selbst genascht hatte, und dieses falsche Naschprinzip kostet Broker bekanntlich stets Geld. Immerhin war die Arbeit lohnend und befriedigend, und ich lernte englisches kaufmännisches Wesen von der besten und vornehmsten Seite kennen. Hier sind mir ein paar besonders interessante Äußerungen des Seniorchefs der Firma, des Sir Edward Coates Bart., erinnerlich, der mir im Jahre 1906 bei dem Vorschlag irgendeiner russischen Stadt, Kiew oder Odessa, eine Anleihe zu geben, diese mit den Worten ablehnte, mit Rußland würde er keine Geschäfte machen, »because there is no honesty in that people«. Im nächsten Jahre machte King Edward seine Reise in die finnischen Schären zum russischen Kaiser, und von diesem Augenblick an konnte die City nicht Anleihen genug an russische Städte vergeben; woraus man ersieht, wie rasch die Engländer die Winke von oben verstehen, wenn dieselben als vorteilhaft für ihr Land betrachtet werden. – Die andere Äußerung machte er, von einer Sitzung der »Bank of England« kommend, indem er mir unter nachdenklichem Bedauern anvertraute, man habe kaum je in England ein Sondergesetz gemacht, nunmehr sei man aber doch vielleicht gezwungen, ein solches gegen die deutschen Banken zu erlassen, die in allzu rücksichtsloser Weise den Engländern das Geschäft fortnähmen und zu wenig Dank und Verständnis für das ihnen gezeigte Entgegenkommen bewiesen; und hierbei hatte er die größten deutschen Institute wie Deutsche, Dresdner Bank etc. mit im Auge. Offenbar hat man offiziell von solchem Gesetz noch abgesehen, aber diese Äußerung des Sir Edward zwingt mich zu einem kleinen Abstecher vergleichender Betrachtung von deutschem und englischem kaufmännischen Wesen.

Wie oft konnte man in Deutschland die Ansicht hören, das kaufmännische Wesen sei erst durch den Krieg so sehr verschlechtert worden! Zum Teil ist das natürlich richtig; und doch müssen wir uns darüber klar sein, daß der deutsche Kaufmann, der durch seinen phänomenalen Fleiß, seine Tüchtigkeit, sein Einfühlen in die Wünsche der Kunden die Welt erobert hatte, gleichzeitig eine derartige Ellbogenfreiheit und Rücksichtslosigkeit an den Tag legte, daß diese Deutschland die Abneigung der Welt eintrugen. In London allein waren Tausende von deutschen Kaufleuten tätig, ich glaube, in Börsenfirmen waren allein 5000; und man ließ ihnen jede erdenkliche Freiheit. Was hätte man wohl in Berlin getan, wenn sich dort nur 1000 oder auch nur 500 Engländer in gleicher Weise angesiedelt hätten? Und wenn dann die angesehenen deutschen Firmen solch, sagen wir, wenig rücksichtsvolle Politik trieben, ist dann jene Äußerung zu verwundern? Sicher nicht, und einen Beweis erhielt ich dafür, als mir ein anderer ganz großer Londoner Bankier im Jahre 1911 sagte, er lege kein Geld mehr, außer in barem Golde, an, da seiner Ansicht nach die deutsche Rücksichtslosigkeit, wobei er auch über Kaufleute sprach, unbedingt bald zum Kriege führen müsse. – Sooft ich derlei in Berlin erzählte, beschimpfte man mich; mein eigener lieber Bruder Fritz, der, glaube ich, heute noch an seinem deutschen Vaterlande wie an irgend etwas hängt und trotz aller bitteren Erfahrungen immer noch an ihm festhält, nachdem dasselbe ihm quasi zurief, es läge ihm nichts mehr an seinesgleichen, sagte mir böse, man beschmutze nicht sein eigenes Nest, wenn ich darüber sprach, daß man in Deutschland keine Geschäfte machen könne. Im Jahre 1931, nach den Bankbrüchen aber schrieb er mir, er fange an, mich für einen sehr klugen Mann zu halten, jetzt sähe er erst ein, wie recht ich oft gehabt hätte. –

Ein Recht des Vermittlers zum Beispiel gab es in Deutschland praktisch so gut wie gar nicht; man gab seine Beziehungen, deren Berücksichtigung in England als *heilig* gilt und deren Ausbeutung dort streng geahndet wird, stets entschädigungslos fort, wovon ein Mann wie ich, dessen Haupttrümpfe in meinen wertvollen Beziehungen, dessen Hauptkunst in Kombinationen bezüglich der richtigen Verwertung derselben bestand, der sie aber doch schließlich einmal nennen und preisgeben mußte, ein Liedchen singen kann. – Und ein Recht des Käufers oder Verkäufers an der Börse gab es gegenüber Bankiers, die sich nicht wie in England als »Händler im Auftrage des Kunden«, sondern als »Zwischenhändler« bezeichneten, ebensowenig. In dem jeder Transaktion des englischen Brokers vorgedruckten Worte: »Ich kaufte für Sie« lag die Sicherheit, und in dem des deutschen »Ich überlasse Ihnen« lag die Unsicherheit des Kunden. Wie oft war ich drauf und dran, hierüber eine kleine Broschüre zu schreiben, doch wollte ich mir immerhin nahestehende Kreise lieber nicht angreifen; heute aber, nachdem das alles zusammengebrochen *ist* und ich niemanden mehr durch diese Mitteilungen schädigen kann, möchte ich doch dem deutschen Kaufmann den Spiegel vorhalten und ihm zurufen: »Achtung vor Verträgen, Achtung vor dem, selbst ungeschriebenen, Recht des anderen, und vor allem Achtung vor dem Gerechtigkeitsgefühl, daß der Gegenkontrahent in jedem Fall, selbst wenn er ein Dummkopf ist, *auch* ein Recht besitzt«: *das* habe ich im englischen kaufmännischen Leben gelernt.

Möglich war das Fehlen dieses kaufmännischen Ehrgefühls in Deutschland nur dadurch, daß die deutschen Richter meist zwar durchaus ehrenhafte, makellose, aber kleine weltfremde Geister waren, die sich im Gegensatz zu den englischen, in viel geringerer Anzahl vorhandenen, aber hochbezahlten, völlig unabhängigen, welterfahrenen, vom ganzen Lande gekannten und als unparteiisch erkannten Kollegen viel, viel mehr nach dem engen Buchstaben des Gesetzes zu richten hatten als die Engländer; und ferner dadurch, daß natürlich nicht der anständige Mann, sondern stets der Gauner die Fußfallen im Vertrage zu legen gewohnt ist.

Wenn ich bei den Herren Nationalsozialisten eines verstehe, so ist es das, daß diese ein bestimmtes Gefühl dafür hatten, daß im Punkte Rechtsprechung nicht alles ganz richtig »im Staate Dänemark« (ich meine Deutschland) war, aber in ihrem blinden Haß schoben sie diese Fehler den Juden in die Schuhe, während ich am eigenen Leibe unendlich oft verspürt habe, daß Christen, wenn sie sich mit Geschäften abgaben und nicht ganz, wie manche Juden (vide auch ich), auf den Kopf gefallen waren, die Juden noch sehr oft sogar übertrumpften.

Muß ich hier noch ausdrücklich bemerken, welche Unbeliebtheit diese kaufmännischen Eigenschaften, neben anderen deutschen Gewohnheiten, in England erzeugten? Sicher nicht; aber man braucht sich nicht zu verhehlen, daß solche Imponderabilien im Leben der Völker doch schwerwiegende und nicht abzuleugnende Folgen haben. Der gute Engländer ist trotz seiner sonst sehr egozentrischen Politik immerhin ein Mann der Rücksicht gegen den anderen, der Fairneß, des Zuvorkommens und der Unauffälligkeit; und er haßt im Deutschen nichts mehr als Rücksichtslosigkeit, Intoleranz, lautes Wesen und vor allem unseren Schneid, diesen scheußlichen, jedem Deutschen angeborenen Blick und die leidige Sucht, dadurch den ihm tatsächlich und selbstverständlich innewohnenden Mut zeigen zu wollen. Der Engländer setzt diesem »Schneid« mit würdiger Selbstverständlichkeit seinen ruhigen, unauffälligen Mut entgegen, den übrigens meiner Ansicht nach alle Kulturvölker im gleichen Maße besitzen.

Wenn mir auch nichts an der Sympathie des englischen Volkes gegenüber den augenblicklichen Machthabern Deutschlands liegen kann, so wünsche ich doch lebhaft, daß die Deutschen manchen Mangel an Verständnis drüben durch Annäherung an den englischen Standpunkt im Lauf der Zeit überbrücken mögen.

Um nach diesem Abstecher auf meine englische Zeit von 1909–1912, die durch manche, nunmehr oft geschäftliche Reisen unterbrochen wurde, zurückzukommen, so waren wir sehr viel zu allen möglichen Festen und weekends von beispiellos gastfreien Familien in London und aufs Land eingeladen; meine Frau, die überaus hübsch, elegant und klug war und noch dazu vorzüglich sang, liebte die große Gesellschaft sehr – ich besitze noch ein Programm von einem von der Princess of Wales patronisierten Feste, auf dem ihr Name unter lauter Herzoginnen und anderen hohen Aristokratinnen steht – und war ebenso beliebt und geschickt; so erinnere ich mich zum Beispiel, daß sie mit dem sie verehrenden Caruso, den ich übrigens als besonders gemütlichen, ja fast kindlich gutherzigen Menschen kannte, einmal zusammen Duette sang; ich selbst kam zwar auch mit diesen Kreisen infolge meiner Beziehungen zu Blücher, unter anderem mit dem Prinzen Francis Teck, Bruder der Queen Mary, zusammen, aber die ungewohnte starke Arbeit, meine Gicht, und last but not least meine beginnenden Sorgen ob unseres allzu eleganten Lebens veranlaßten mich, mich persönlich auf meine anspruchsloseren jüdischen Freunde zurückzuziehen, unter denen mir am nächsten der heute noch in schöner Rüstigkeit lebende Broker Mr. Julian Seligman stand, ein Mitglied der bekannten internationalen Bankiersfamilie, ein Mann von seltener Herzensgüte, ein wirklicher jüdischer Edelmann, der zwar ein recht angenehmes und behäbiges Junggesellenleben führte, seine großen Interessen aber seinen zahlreichen Verwandten und Freunden widmet. Ach, wenn ich nur auf ihn gehört hätte, der mir immer und immer riet, mich, da ich die genügende gesetzmäßige Aufenthaltszeit in englischen Ländern hatte, dort naturalisieren zu lassen. Aber da beging ich die zweite *ganz* große Dummheit meines Lebens, ihm nicht zu folgen; in meinem törichten Wahn dachte ich, getreu unserer Tradition Deutscher bleiben zu müssen. Heute, wo ich alles für die englische Staatsbürgerschaft gäbe, schon um mich um die Verhältnisse des heutigen Deutschlands nicht mehr kümmern zu müssen, ist mir dies, da die Zeit vor dem Kriege nicht mehr angerechnet wird, leider unmöglich geworden.

Von anderen Freunden aus dieser Zeit sind mir in lieber

Erinnerung geblieben der leider verstorbene Baron Sigi Springer, Schwiegersohn des Wiener Barons Albert Rothschild, dann Otto Schiff und Erick Türk, diese eingefleischten jüdischen Philantropen, die nur ihrem Ideal zu leben scheinen und deren Namen im Munde eines jeden Emigranten sind; ferner Sir Max Bonn, der trotz seiner Arbeit als bedeutender Banker und trotz seiner großen gesellschaftlichen Verpflichtungen noch Zeit findet, sich aktivst in der Jugendbewegung, besonders in Whitechapel, zu betätigen. – Gern denke ich an meinen Freund Max Horwitz, heute großer Bankier in New York, an den Grafen Carlo Seilern, an meinen Mitarbeiter Theodor Gruber, an die Direktoren der Dresdner Bank in London, Max Lübeck und Fritz Gutmann, an den Österreicher Arthur von Scala, an den sehr ruhigen, klugen Jacob Wassermann, Bruder meines Freundes Oscar. Auch unter den schon Dahingegangenen an Leopold Albus Schwager Jacob Freudenthal, an M. Mansfeldt und den Grafen Moritz Fries und manchen anderen.

Ich bemerkte schon, ich war nicht sorglos; alles andere; mein Verhältnis zu meiner Frau hatte sich verschlechtert, wir hatten uns auseinandergelebt und ließen uns 1908 scheiden, indem ich mich für schuldig erklärte und ihr die kleinen, lieben Töchterchen überließ, von denen die eine leider als junges Mädchen schon 1929 gestorben ist. Von allen großen Sorgen des Lebens ist wohl die größte die zunehmende, wie ein Pünktchen beginnende und sich zuletzt zu einem furchtbaren Disaster zusammenballende Erkenntnis, daß man nicht mehr zusammenpaßte.

Aber jeder Roman des Lebens spielt sich anders ab: Mein Unglück wurde mir klar, als meine Frau, die offenbar ihrer Zeit um 20 Jahre voraus war – denn nach dieser Zeit tat das jede Frau – sich ein unechtes Riesenperlencollier gegen einige, nebenbei echte, von meiner Mutter stammende Perlen eingetauscht hatte. Ich war zu altmodisch, geriet in eine Riesenwut und suchte ihr vergeblich klarzumachen, daß, wenn jemand die Perlen für echt hielte, ich mich doch vor der Welt schämen müßte; wenn sie aber für unecht gehalten würden, sie meiner

Familientradition unwürdig wären. Das verstand sie nicht, wie wohl manche Frauen es nicht verstehen würden, und ich sah die Kluft, die sich natürlich geöffnet hatte, sich zu einem unüberbrückbaren Abgrund erweitern. Wir waren klug genug, um in Ruhe das Unvermeidliche zu tragen, aber es begann für mich, den austauschbedürftigen und die Einsamkeit nur schwer ertragenden Mann, eine traurige Zeit; ich hatte nicht einmal den Trost, von mir sagen zu können, daß ich wie so viele Männer um so mehr Liebe brauchte, je weniger ich sie verdiente; denn ich hatte in diesem Fall Liebe gespendet. – Nun wollte ich vergessen; ich stürzte mich in den Strudel, sah eine Frau neben der anderen, aber alle ließen mich kalt und gefühllos.

Da führte mich der Zufall zwei Jahre später mit einer jungen Frankfurterin im Hause einer ihrer Vettern zusammen, und bei der ersten Unterhaltung fühlte ich durch die menschliche Güte und die Natürlichkeit des jungen Mädchens die Erinnerung an meine bisherige Liebe schwinden. Es war Fräulein Feist-Belmont, aus erster Frankfurter Familie stammend, die auch international durch die Vetternschaft mit den amerikanischen Belmonts bekannt ist. Wir verlobten uns und heirateten im Jahre 1910. Der Bruder meiner Frau war und blieb gegen unsere Ehe, weil er mich für viel zu alt hielt, und da der Vater nicht mehr lebte, ängstigte er meine Schwiegermutter damit, daß er sagte, er würde es keinesfalls erlauben. Wir ließen uns dann in Berlin trauen, und als mich meine Freunde fragten, warum dies nicht im Hause der Mutter in Frankfurt geschähe, antwortete ich: »Wir trauen uns nicht in Frankfurt.«

Aber ich will doch lieber keine leichten Scherze machen, sondern besser einige Miniaturen zum besten geben, die zwei Bekannte aus London betreffen, wohin wir jetzt zogen. Zunächst den Grafen Fries, der mit mir in dem von mir gegründeten Konzern arbeitete, und dann den Grafen Tony Apponyi, der in denselben später eintrat: Graf Moritz Fries war ein österreichischer Hochtory, Rennmann, Lebemann und Gentleman von reinstem Wasser. Verwandt mit vielen österreichischen Hocharistokraten, hatte er sehr viele derselben in London, wohin er wegen Verschwendung von seinem Vater verbannt worden war, als Kunden und machte bedeutende Geschäfte, auch mit unleugbar kaufmännischem Geschick. Da er nebenbei ein großer Ladiesman war und einer berühmten früheren Londoner Theaterschönheit, die einen Lord geheiratet hatte, den Hof machte, so konnte es nicht fehlen, daß er dabei mit diesem ein rencontre bekam; er bat mich, diesen zu fordern, sie sollten beide nach Frankreich hinüberfahren und sich dort schießen. Ich wollte aber nichts tun, wovon ich nicht wußte, ob es dem mir Aufenthalt gewährenden Lande gegenüber korrekt sei, und habe mich herausgelogen. Die Angelegenheit wurde dann beigelegt. Fries erbte später von seinem Vater die große Herrschaft Czernahoza in Mähren. Als ich dort einige Male in den 20er Jahren auf dem sehr eleganten Schloß weilte, und, mich an seinem entzückenden Familienidyll im Kreise der bildschönen, liebenswürdigen Gräfin und eines famosen kleinen Sohnes erfreuend, von alten Dummheiten plauderte, sagte Fries mir, der ich von ihm nur wußte, daß sein nobilitierter Urahne den siebenjährigen Krieg vor fast 200 Jahren als Freund des Feldmarschalls Loudon für Österreich finanziert hatte: »Denken Sie, alles nimmt einem der tschechoslowakische Staat langsam ab. Wissen Sie, was sie mir von meinem schönen Namen Moritz Graf Fries von Friesenburg noch übriggelassen haben? ›Ausgerechnet‹ Moritz Fries.« Bei dem Worte »ausgerechnet« war mir alles klar. – Der gute Fries ist auch schon vor zwei Jahren dahingegangen. –

Dagegen lebt noch munter der um vieles jüngere Graf Anton Apponyi. Seine Mutter war eine geborene Prinzessin Montenuovo (Neuberg) und Urenkelin des Grafen Neipperg (also Neuberg), der die Kaiserin Marie Louise, zweite Gemahlin Napoleons I. und Tochter des letzten Kaisers des ersten deutschen Reiches, Kaiser Franz, geheiratet hatte. Apponyi ehelichte in London ca. 1912 ein Fräulein Nelke, die (ich habe nicht die Ehre, sie zu kennen), wie ich allseitig höre, eine schöne und hochangesehene Dame der ungarischen Hocharistokratie ist. Mit ihrem Vater, dem verstorbenen, sehr reichen Broker Paul Nelke, der eine glänzende Stellung in London und auch einen Rennstall hatte, aber äußerlich immerhin nicht die Zugehörigkeit zur jüdischen Rasse ganz verleugnen konnte, war ich gut bekannt. Die Kinder Apponyis sind also Enkel Paul Nelkes und Ururgroßenkel des Kaisers Franz. Welch Glück für sie, daß sie Ungarn sind! Wer weiß, ob im heutigen Deutschland nicht vielleicht ein Bauernjunge, der in Reih und Glied mit ihnen beim Militär stände, Anstoß an ihrer Ahnentafel nähme.

Dreimal Sieg Heil ob Eurer Weisheit, Ihr deutschen Rassenriecher! –

Leider konnte ich nicht in meinem schönen Geschäfte mit diesen prächtigen Mitarbeitern bleiben und mußte 1912 auf Wunsch meiner Familie wieder nach Deutschland ziehen, nachdem ich mich in Berlin als Kommanditär bei einer neu gegründeten Bankfirma auf Rat sehr kluger Freunde der Familie beteiligt hatte. Ihre Hauptklugheit war freilich die, daß sie sich nicht selbst an der Bankfirma beteiligt haben, denn jeder Groschen, den wir Kommanditisten dort hineinsteckten, war schon vorher verloren. Ich trat nach einigen Jahren aus, und die Firma wurde nach einigen Jahren unter wenig angenehmen Verhältnissen aufgelöst. Überhaupt habe ich fast durchweg und mit ganz wenigen Ausnahmen die Erfahrung gemacht, daß die Leute, die mich pekuniär geschädigt haben, eigentlich nie etwas davon gehabt haben. Es ist wirklich, als ob unrecht Gut nur selten gedeihe; wahrscheinlich, weil diese Wölfe eben sämtliche Schafe auffressen möchten, von denen aber doch wohl manche vergiftet sind. –

Damals pendelte ich zwischen Berlin und Frankfurt herum. Berlin war, ich spreche von den letzten Jahren vor dem Kriege, während meiner langen Abwesenheit unerhört gewachsen. Im Nordwesten und im Westen waren auf Feldern, über die ich noch fünfzehn Jahre vorher allmorgendlich geritten war, ganze Steinwüsten entstanden, mit erstaunlich schlechtem Geschmack, dem Wahrzeichen der spätwilhelminischen Periode, gebaut. So weit man blickte, nichts als aufgedonnerter, grobschlächtiger Stuck und kitschige Fassaden; eine Parvenu-Protzenstadt von reinstem Wasser, ganz wie die Menschen, christliche wie viele dorthin gezogene ostjüdische Stammesgenossen, aus denen wie ragende Säulen und seltene Zeugen alter Solidität nur noch einige von den früher genannten Familien in vornehmer Eleganz hervorleuchteten.

Frankfurt

»Es will mir net in den Kopf hinei,
wie kann nur ein Mensch net aus Frankfurt sei«
(Stoltze)

Wer aber nur das Berlin und nicht auch das Frankfurt jener und auch der früheren Zeit gekannt hat, der hat viel versäumt. Das bemühte sich nämlich jetzt ebenfalls, Berlin nachzueifern; das schöne Frankfurt, die mittelalterliche prächtige Kaiserstadt, die betreffs Geschmack, einfacher Solidität und häuslicher Vornehmheit mit ihrer unvergleichlich älteren Kultur immer hoch über Berlin gestanden hatte. Ja, sogar in dem uralten Kastengeist fing das Parvenutum schon an, eine Bresche zu schlagen; Frankfurt hielt nämlich früher im Kastengeist, in der lächerlichen Differenzierung seiner »Mitboerjer«, jeden Rekord. Wenn es dort, sagen wir, 10000 Familien gab, so gab es auch bildlich genommen 10000 Nummern, die jedem einzelnen bei der Geburt gleichsam ins Fleisch eingebrannt wurden. Die Familien rangierten eine nach der anderen nach diesen Nummern, natürlich voran lauter Christen, und die Juden, wenn sie überhaupt schon numeriert waren, ganz hinten. Wonach die Numerierung ursprünglich ausgeführt war, ist mir eigentlich nie ganz klar geworden; teils war es wohl das Alter der Familien, teils das Vermögen, teils persönlicher moralischer Ruf, teils geschäftliches Renommee; alles wurde auf die Goldwaage gelegt. Ich kann mir schon ganz gut vorstellen, wie vor Jahrhunderten die Frauen der Patrizier, die als Monopolinhaber des deutsch-mittelalterlichen Geldverkehrs recht wohlhabend waren, in den engen Straßen der Festung, durch die gerade ein einzelner Wagen fahren konnte, sich gegenseitig durch ihre nahen Fenster in die Töpfe gucken konnten; und da sie reich und gelangweilt waren, hatten sie wohl weiter nichts zu tun, als sich gegenseitig zu kritisieren und zu numerieren. Manchmal freilich mußte die Rangliste wohl revidiert und Sprünge registriert werden. So hat Rothschild sicher seinerzeit einmal einen Riesensprung bis auf Nummer eins gemacht. Andere freilich mußten weit hinten bleiben. Ich kannte zum Beispiel eine jüdische Familie, die viel Geld gemacht hatte und die ich nie anders als in jeder Beziehung korrekt und unantastbar gekannt habe. Als ich über diese einmal im Kreise von Patriziern sprach, hieß es, das sind doch überhaupt »keine Menschen«. Vielleicht hat es noch an ein bis zwei Millionen gefehlt, bis sie plötzlich einen Salto mortale um mehrere 100 Nummern machten.

Gott sei Dank, daß die Familie meiner Frau ziemlich weit vorn rangierte, sonst würde ich mit meiner ziemlich großzügigen, freiheitlichen englischen Auffassung in jener kleingeistigen Welt verrückt geworden sein. Ein Herr im Frankfurter Rennclub, der sich aus einem Mechaniker im langen Leben durch eigene Kraft und unermüdliches Lernen zum recht gebildeten Mann, aber auch zum sehr, sehr großen Industriellen gemacht hatte, wurde in Clubkreisen von den Patriziern immer noch der »Schlosser« genannt; wenn ich aber, einer guten oder schlechten Gewohnheit folgend, einmal ein Zitat aus Goethe anwandte, der nirgends unbekannter als in seiner Vaterstadt war, die er übrigens nur ganz vereinzelt besuchte und von der auch er nicht immer allzu gnädig spricht, so sahen mich fast alle fremd an, bis auf einen, der das Zitat kannte; das war der »Schlosser«. – Bei Frankfurt muß ich immer an die herrlichen Verse Heinrich Heines denken, der, von den dortigen großen Handelsherren sprechend, ein Gedicht mit den Worten schließt: »Von Goethe trennt Euch eine ganze *Welt*, Euch, die ein Flüßchen trennt von Sachsenhäusern«.

Nun werde ich mir aber nicht weiter die Ungunst der Frankfurter auf den Hals laden, obwohl jetzt auch jene Patrizierwelt wohl gar nicht mehr existiert und obgleich das gichtbrüchige und wurmstichige Nummernverzeichnis seitdem nach den ewig gültigen Grundlagen des alleinseligmachenden nationalsozialistischen Gedankengutes gründlich revidiert sein dürfte. Auch

Rothschild oder sein Nachfahre, der Baron Max von Gold-schmidt-Rothschild mit seinen drei Söhnen, von denen na-mentlich der zweite, Rudolf, ein weit über den Durchschnitt prächtiger Mann ist, sollte seine Nummer eins inzwischen an den Gauleiter abgetreten haben und sich mit Nummer zwei be-gnügen müssen.

Aus jener Zeit kurz vor dem Kriege will mir ein wirklich einzig-artiges Ereignis auf meinem Spezialgebiet, dem der Duelle, nicht aus dem Kopf: In Berlin wandte sich eines Tages Graf August Bismarck, dieser unglaublich chevalereske Grandsei-gneur der alten Schule, Schwager des schweizerischen Ober-kommandierenden während des Krieges, General Wille, und Onkel des bis vor kurzem gewesenen Oberstkommandieren-den General Wille (Sohn), von dem ich schon erzählte, mit einer Bitte an mich. Ich erwiderte dem Grafen, er habe sich schon vor 50 Jahren gütigst für meinen Bruder Paul beim Mili-tär eingesetzt, und schon darum wüßte ich nicht, wem ich lieber gefällig sein möchte als ihm.

Es handelte sich um folgendes: Ein Freund Bismarcks hatte in Baden-Baden einen Verwandten meiner Frau, einen Dr. Hans Feist, Mitbesitzer der weltberühmten Wannseer Porzellan-sammlung, im Club blackballiert* und in einem folgenden ren-contre eine tätliche Beleidigung erhalten, und ich hatte als Se-kundant Feists, obgleich es gegen die Regel war, da solche Fälle eigentlich nur durch ein Duell gesühnt werden durften, die An-gelegenheit – ich darf wohl sagen, geschickterweise – durch eine gegenseitige Entschuldigung aus der Welt geschafft. Dadurch aber war Bismarcks Freund seine Stellung auf einem Gut in der Nähe einer Garnisonstadt unmöglich gemacht; den Verkehr der Offiziere, mithin jeden Verkehr hatte er verloren und war so mit Frau und Familie in eine sehr unglückliche Lage gekommen. Und nun bat mich der Graf, doch Feist zu veranlassen, sich jetzt noch zu schießen, damit sein Freund noch nachträglich Genug-tuung erhielte. Es waren drei Monate seitdem vergangen.

---

* blackballieren: von engl. to blackball »dagegenstimmen, ausschließen« (Anm. d. Hrsg.).

Das war natürlich eine sehr heikle Sache, denn ein Duell nach zwei bis drei Tagen ist ein Ehrenhandel und wird nur als solcher leicht bestraft; aber nach drei Monaten, wo schließlich jede Gemütsaufwallung verflogen ist, machen sich die Sekundanten, wenn ein Unglück passiert, was doch schließlich nicht unmöglich ist, zu Beihelfern eines »Totschlages«; und zu einer reinen Farce konnten sich doch weder Graf Bismarck noch ich hergeben. Ich erklärte ihm das, zog die Sache hin und versprach, ihm zuliebe doch einmal Feist selbst um seine Ansicht zu befragen. Feist von selbst dazu raten könnte ich nicht, aber »jedes Menschen Wille sei schließlich sein Himmelreich.« – Ich bin fast auf den Rücken gefallen, als mir Feist sofort mit »ja« antwortete. Niemand war froher als der Graf und sein Freund, ich fuhr auf das im Schwarzwald gelegene Schloß des Grafen, und bei einem Frühstück verabredeten wir die Bedingungen. Das Duell fand in der Nähe des Schlosses einige Tage später statt. Ich sagte dem Gegensekundanten mit ausdrucksvollem Blick, wir beide müssen unter allen Umständen hoffen, daß in diesem Falle kein Malheur passiere, und Feist sagte ich vor dem Schuß, ich würde an seiner Stelle einfach in die Luft schießen. Ich nehme an, daß der Gegensekundant dasselbe getan hat, und so haben wir die Sache wenigstens mit verhältnismäßiger Würde beigelegt. Von Feist war es ein beispielloser Anstand, nur erklärlich dadurch, daß der Gegner, übrigens ein »perfect gentleman«, früher mit ihm befreundet war. Der Gegner war rehabilitiert und überglücklich, beide reichten sich die Hand, und alles war »in Butter«. Aber – obgleich es keine Farce war und kein einziges Wort weiter als die obigen gewechselt worden war: Es beweist doch wieder die Richtigkeit meines früheren Urteils, daß ein Duell, wie man sagt, nicht das »Richtige« ist. –

Da ich von Baden-Baden sprach, sei noch einer unendlich komischen, damals dort passierenden Geschichte gedacht: Meine Tante Julie in Baden war mit dem Theaterdirektor gut bekannt, der sich aus ihrer schönen Antiquitätensammlung gelegentlich passende Möbel auslieh. Eines Tages waren meine Cousine Fanny, die Tochter meines schon erwähnten, wie ein vornehmer alter Jude aussehenden Brüssler Onkels Eduard und ich im

Theater, es war die Premiere des bekannten Lustspiels »Die fünf Frankfurter« (die Familie Rothschild). Der Direktor hatte sich wieder einmal einige Möbelstücke geholt. An einer Stelle, wo die Stammutter der Rothschilds sich über das Glück und die Erfolge ihrer Kinder freut, hat sie zum Bilde ihres verstorbenen Gatten zu gehen und ungefähr die Worte zu sagen: »Guter Anselm, wenn Du das noch erlebt hättest«, und damit ging sie vor das Bild, und meine Cousine und ich fielen vor Erstaunen fast vom Sessel, als wir das Bild ihres Vaters und meines Onkels sahen. Wie wir in uns hineingelacht haben, kann ich nicht beschreiben. Nur schade, daß die Verwandtschaft mit Rothschild eine so entfernte und kurzlebige war, denn mein Reichtum bestand leider zum großen Teil in einer Fülle so merkwürdiger Erlebnisse wie diesem, und ich hätte ihm schon eine etwas fundiertere Substanz gegönnt.

So fuhr ich auch mal eines Tages wieder über Paris nach London. Schon auf dem Schiff in Calais erschien mir irgend etwas ungewohnt, ein Stewart kam und fragte mich, ob ich der Adressat einer Depesche, die er vorzeigte, sei. Mir schien es, als würde ich mehr als sonst angeguckt, und auch im Pullmancar von Dover nach London verließ mich dies Gefühl nicht, bis ich, in Charing Cross angekommen, sofort von einem Herrn angesprochen wurde, der sich als Beamter von Scotland Yard legitimierte und mir andeutete, ich möchte ihm folgen. Ich ahnte nicht, was er wollte, blieb aber im Gefühl meiner Unschuld ganz ruhig, ließ meine Koffer an der Douane revidieren und fuhr dann mit ihm nach dem nahegelegenen Carlton Hotel, wo ich damals immer eine kleine Suite bewohnte und sofort recognosciert wurde. Den nächsten Tag bat man mich offiziell um Entschuldigung: Eine ganz berühmte Sängerin und Schönheit hatte von einem Frankfurter Baron Holzhausen, der sie liebte und sie heiraten wollte, was sie aber nicht wollte (womit sie sicher recht hatte), ein Telegramm erhalten, er würde in diesen Tagen nach London kommen und sie über den Haufen schießen, wenn sie ihn nicht heirate. Die schöne Frau, der ich nicht übelnehmen kann, daß ihr der Baron, namentlich wenn er mir ähnelte, nicht genügte, und daß sie in ihrem jungen Leben auch noch die Liebe anderer Männer kennenlernen wollte, statt sich totschießen zu lassen, hatte das Telegramm nach Scotland Yard gebracht, und mein Frankfurtbillet, meine Schmisse und die Kronen auf meinem Gepäck hatten das Übrige getan. Unangenehm war aber der Gedanke doch, daß ich auf der ganzen Reise sicher nicht einen Augenblick aus den Augen des Detektivs gelassen worden war.

Daß ich aber nicht *nur* für einen Dieb, wie früher einmal, und für einen Herzensdieb und angehenden Mörder, wie jetzt, gehalten wurde, dafür habe ich auch zwei Beweise. Zunächst einen, der über zehn Jahre zurücklag und auch in Frankfurt passiert war. Ich war von Berlin dorthin zum Rennen gekommen und fuhr in einer Viktoria des Hotels mit einem Freunde zum Rennplatz. Am Anfang der Mainbrücke stand ein Soldat stramm und grüßte mich. Ich drehte mich um, um nachzusehen, wen er denn grüße, aber es war kein anderer Wagen in der Nähe. Am Ende der Brücke stand wieder ein Soldat stramm; mein Freund und ich lachten uns an und verstanden nicht; wir erhielten aber die Erklärung, als alle 100 bis 200 Meter ein oder mehrere Soldaten oder Polizisten, einmal sogar ein ganzes Detachement berittener Gendarme Front machten. Was sollte ich tun? Jedenfalls grüßte ich nicht wieder, da mir der Gruß nicht gelten sollte. Vor der Rennbahn aber ließ ich rasch den Wagen um eine Ecke fahren, wir sprangen hinaus und so entging ich wenigstens der offiziellen Begrüßung der Behörden. Wie sich herausstellte, war der auf Schloß Cronberg bei der Kaiserin Friedrich weilende Schwiegersohn derselben, der Kronprinz Konstantin von Griechenland, dem ich mit meinem damaligen Schnurrbart etwas ähnelte, signalisiert worden, der erste Soldat hatte die Dummheit gemacht und salutiert, und einer nach dem anderen auf der langen Strecke hatte es nachgemacht. Jedenfalls dürften sich die Offiziere der Detachements über den Mangel an Verbindlichkeit der nicht wiedergrüßenden Griechen einigermaßen gewundert haben.

Und eine ähnliche schmeichelhafte Verwechslung passierte mir, wenn ich zeitlich vorgreifen darf, während des Krieges in Stockholm: Dort wurde ich eines Sommers von einem meiner schweren Gichtanfälle betroffen, der mich zwang, als ein Bild des Jammers mit einem gewaltigen Verband auf zwei Stöcken herumzuhumpeln. Einige Freunde aber hatten verlangt, daß ich trotzdem eine Dampferfahrt nach einem jener vielen reizvollen Ausflugsorte in der Nähe Stockholms mitmachen mußte; also humpelte ich vom Schiff zu einem wunderschönen, restaurantartigen Gartenlokal mit. Kaum eingetreten, stand der ganze Saal auf, salutierte und sang die deutsche Nationalhymne. Ich verstand den Sinn nicht, nahm aber natürlich den Hut ab und sang mit, und die ganze Gesellschaft jubelte mir begeistert zu. Was tun? Der Manager kam, geleitete uns an einen Vordertisch, ich bat ihn aber, mit Rücksicht auf meine Schmerzen ganz hinten zu sitzen; und dann blieben wir einige Zeit, aber ich benutzte bald die Gelegenheit mit meinen Freunden nach Hause zu fahren. Es stellte sich dann heraus, daß irgendein hervorragender, deutscher, in Rußland verwundeter Kriegsmann in dem damals sehr deutschfreundlichen Stockholm signalisiert worden war, mit dem man mich infolge meiner Bandagen verwechselte. Es war alles andere als angenehm, aber ich war zu kaputt, um da große Erklärungen abzugeben. Immerhin hoffe ich durch diese Verwechslungen mit einem Kronprinzen und einem Kriegshelden etwa entstandene, frühere ungünstige oder zweifelhafte Eindrücke bei meinem liebenswürdigen Leser gründlichst verwischt zu haben, denn liebenswürdig muß er schon sein, wenn er sich durch dieses Buch der Irrungen und Wirrungen bis hierher so freundlich durchgearbeitet hat. –

Wie ungemein einen die Sitten eines anderen Landes oder zum mindesten Englands während meines längeren Aufenthaltes dort beeinflussen, sollte ich damals insofern mehrfach erleben, als ich mich nach der herrlichen englischen Freiheit durchaus nicht mehr an die unfreie Art und die Spießerüberheblichkeiten in Deutschland gewöhnen konnte. Das Benehmen des Schutzmannes, der in meinen jungen Jahren noch rücksichtslos ins Publikum hineinzureiten pflegte, hatte sich zwar gegen früher nach englischem Muster erheblich gebessert, aber die Rücksichtslosigkeit der Post- und anderer Behörden war schier unerträglich geblieben.

Es passierte mir einmal, daß ich am Glasschalter einer Post ungelogen volle zehn Minuten zu warten hatte. Während nämlich in England weibliche Postbeamte hinter weiten Gittern sitzen und sich als Angestellte des sie bezahlenden Publikums betrachten, so daß man mit ihnen bequem sprechen kann, kamen sich damals in Deutschland die Beamten als Vorgesetzte des Publikums vor und ließen dasselbe nach Belieben hinter Fenstern stehen und warten. Gelegentlich sah mich der Beamte, ohne irgendwelche Rücksicht auf meine eiligen und bittenden Gebärden zu nehmen, an. Da packte mich die Wut; ich nahm einen Schlüsselbund und klopfte, vom Publikum angefeuert, fest an das Fenster, worauf der Beamte öffnete und mir hochmütig etwas sagte, was ich mit einigen bösen Worten wie »Flegelhaftigkeit« quittierte. Ich wurde dann abgefertigt, aber am nächsten Tag erschien eine Zuschrift der Postbehörde, die mich zu ihr zu kommen lud. Da ich natürlich nicht ging, rief mich zwei Tage später der Oberpostdirektor an und fragte nach dem Grunde meines Ausbleibens. Ich erwiderte, ich hätte die Aufforderung erhalten, mir sei aber nicht bekannt, daß in Preußen außer Polizei und Gericht irgendeine Behörde mich zu laden das Recht hätte. Man bat mich nun artig um einen Besuch. In der darauffolgenden Unterhaltung zwischen dem ungemein verbindlichen Oberpostdirektor dieser Stadt, die ich rücksichtshalber nicht nennen möchte, eröffnete er mir dann, ich hätte den Beamten, der behauptete, durch eine Depesche des Kronprinzen so lange aufgehalten worden zu sein, beleidigt, und es täte ihm sehr leid, daß er mich auf Wunsch des Beamten verklagen müsse, falls ich mich nicht bei diesem entschuldigte. Ich antwortete, das würde ich zweifellos *nicht* tun; ich hätte in England gelebt, wo die Beamten es als ihre Aufgabe ansähen, das Publikum rücksichtsvoll abzufertigen; ich wüßte wohl, daß ich vor Gericht wegen jenes Wortes zu einer Geldstrafe verurteilt würde, ich würde mich aber als Märtyrer des Volksganzen fühlen und dafür sorgen, daß sich Vertreter aller Zeitungen als Berichterstatter zum Termin einfänden, und würde damit durchsetzen, daß endlich auch die niederen Postbeamten lernten, sich richtig zu verhalten. Wir haben uns, der Oberpostdirektor und ich, sechsmal in größter Artigkeit über die Angelegenheit unterhalten, aber ich gab, mich als Vertreter des Publikums betrachtend, gemäß meiner in gerechten, oder soll ich sagen demokratischen, Dingen angeborenen Starrheit nicht nach, und es kam zur letzten Unterhaltung, bei der der Beamte selbst ebenfalls geladen war, der sich seinerseits als Vertreter aller Postbeamten fühlte. Der Oberpostdirektor bat mich, ihm ein gutes Wort zu geben, sprach auch auf den Beamten streng ein, seine Beschwerde zurückzunehmen, aber keiner von uns gab nach. Schließlich bedauerte der Direktor, nun nichts weiter tun zu können und mich verklagen zu müssen. Ich empfahl mich ihm in größter Artigkeit und mit Dank für seine Bemühungen, gab auch dem Beamten die Hand mit den Worten, ihm persönlich hätte ich längst verziehen, aber ich könnte nicht nachgeben, weil es sich um ein Prinzip handelte und ging, auf das Kommen der Berichterstatter aller Zeitungen nochmals verweisend, fort. Und ich habe *nie* mehr etwas von der Sache gehört. –

Das war ein Erfolg, der sicher vielen genützt hat. Weniger glücklich aber war ich einmal bei der Bahn: Da verlangte ein Zugführer in einem ganz langen Nachtzug, der keinen Schlafwagen hatte, als ich bei einem Bekannten in einem anderen Wagen saß, unbedingt, daß ich frühmorgens um fünf Uhr mich entweder zu meinem ziemlich umfangreichen Gepäck setzte oder es herüberholte. Eine gänzlich unnötige Unliebenswürdigkeit und Schikane nach einer durchwachten Nacht! – Ich war verschlafen und ärgerlich; ein Wort gab das andere und schließlich mußte ich mit in den anderen Wagen gehen, weil er sich ja an meinem Gepäck rächen konnte. Dabei habe ich den Zugführer wohl etwas zur Eile angespornt, jedenfalls habe ich ihm, das bekannte jüdische Bonmot gebrauchend, gesagt: »Ihre Sorgen möchte ich haben und Rothschilds Geld.« Einige Zeit später erhielt ich eine Vorladung wegen Beamtenbeleidigung. Dem die Redensart nicht kennenden Richter, der mich fragte, was ich mit dieser offenbaren Beleidigung gemeint und warum ich den Beamten gestoßen hätte, antwortete ich, das letztere sei sicher nicht der Fall, da ich in meinem ganzen Leben nicht grundlos tätlich sein könnte, und mit der Redensart hätte ich wörtlich das gemeint, was ich gesagt hätte, nämlich, ich möchte nicht mehr Sorgen haben als der Beamte, der mich an Nervenschmerzen leidenden Mann früh um fünf Uhr unnütz und sinnlos aus seiner bequemen Lage scheuchte, und möchte so viel Geld wie Roth-

schild haben. Die Sache brachte mir zwar eine gehörige Geldstrafe ein, aber zu lachen hat der Beamte auch nicht gehabt.

Über meine Beschäftigung in Frankfurt in der Vorkriegszeit
mögen einige Andeutungen über eine ganze Anzahl Geschäfte,
meistens Erfindungen, ein sehr schweres Gebiet, das ich dort
bearbeitet habe, dienen. Da handelt es sich zum Beispiel um
einen Chemiker, den Sohn eines früheren lieben Lehrers, dem
ich darum um so größeres Vertrauen schenkte, und der ein
künstliches Mokkapräparat erfunden hatte, das so gut wie der
beste Mokka war. Bei all unseren Gesellschaften gab ich das
Präparat, das mir der Chemiker ein Jahr umsonst lieferte, zu
kosten und niemand konnte einen Unterschied merken. Der
Herstellungspreis sollte nur die Hälfte des natürlichen Mokka-
preises sein, stellte also ein unerhört großes Geschäft dar. Der
Chemiker verlangte gelegentlich Geld zur Herstellung, das ich
durch Erfahrungen gewitzigt, freilich nicht bewilligte; ab und zu
drohte er, es anderweitig zu verwerten, doch ich blieb fest und
brachte schließlich die größte deutsche Kaffeefirma dahin, daß
sie den Mann in Klausur den Mokka herstellen lassen wollte und
sich nach Richtigkeitsbefund der Herstellungskosten zur Gründung einer Gesellschaft etc. verpflichtete. Der Erfinder wollte
den letzten Abend noch abspringen, wenn er nicht vorher 1000
Mark erhielte, da angeblich Holländer angekommen seien, die
es ihm zu besseren Bedingungen abkaufen wollten; aber da ich
mich nicht schrecken ließ, erschien er den nächsten Tag in der
Fabrik, um schließlich in Klausur – *absolut* zu versagen. Wozu er
dort noch hinging, ist mir heute noch unverständlich; offenbar
hoffte er, von der Fabrik noch in letzter Minute durch irgendeinen Schwindel Geld zu bekommen. Es war wohl alles nur auf
den Schwindel berechnet, von mir doch noch ein Optionsgeld zu
erpressen; und dazu hatte der Mann den Mokka ein ganzes Jahr
selbst gekauft! So etwas gibt es *auch*. –

Aber auch eine wirklich schöne geschäftliche Erinnerung
haftet in meinem Gedächtnis: Im Jahre 1912 hatte mir ein sehr
lieber Verwandter drei Millionen Mark Option für den Kauf
eines Bergwerks zu zahlen. Alles war tip und top, das Geld
hatte er sich von ersten Bankfirmen gesichert. Aber einer der

Balkankriege war plötzlich ausgebrochen und durch die Einnahme von Scutari kam schon damals der Weltkrieg in bedrohliche Nähe. Im Nu zitterte die ganze Geldwelt, und obige Bankiers konnten mit voller Berechtigung ihr Versprechen zurückziehen. Verzweifelt rief mich der Verwandte in Frankfurt an, ob ich Rat wüßte. Da fiel mir ein, daß mir einmal ein Rittmeister Hugo von Lustig, ein geschäftlich unerhört findiger Kopf, der mir einmal bei einer kleinen Differenz, die er mit mir gehabt hatte und bei der er im Unrecht war, gesagt hatte, ich solle mich, wenn ich ihn jemals benötigte, an ihn wenden. Ich ging also zu Lustig, erinnerte ihn an seine Worte, und er versprach mir, für das Geld zu sorgen, wenn sich alles so verhielte, wie ich es schilderte; der Verwandte kam umgehend nach Frankfurt, es war Sonnabend und am Montag um elf Uhr mußten die drei Millionen da sein. Wir suchten Lustig, der nirgends zu finden war, obgleich ich ihm tags vorher mein Kommen sechsmal angekündigt hatte. Der Verwandte war verzweifelt und wollte zurückreisen, jede Minute war Geld wert. Aber Lustig hatte immer soviel im Kopf, daß er, wenn man ihn nicht fest »an der Strippe« hatte, nicht zu bekommen war. Schließlich faßten wir ihn doch noch; er machte sich frei, telefonierte nach kurzer Information einige Male und sagte uns: »Wenn eine Anfrage beim Direktor der Deutschen Bank in Berlin Sonntag früh die Richtigkeit der Information ergibt, ist das Geld da.« Es war drei Uhr nachmittags, der Herr fuhr nach Berlin zurück, telefonierte mir am Sonntag, die Anfrage sei allright beantwortet worden, und Montag früh waren die drei Millionen bezahlt. Der Chef des Frankfurter Bankhauses, der das Geld in diesen sturmschwangeren Kriegstagen vorschoß, ist neulich, wie ich höre, in Verhältnissen gestorben, die seine Unterstützung nötig machten. Aber Lustig hat mir später einmal gesagt, daß er das Geld, falls er es dort nicht bekommen hätte, auch bereits bei Goldschmidt-Rothschild gesichert hatte.

Ich habe für dieses Geschäft auf Provision verzichtet, aber ich bleibe dem unglaublich tüchtigen, aber ebenso schwer erreichbaren Lustig ewig dankbar. Wenn ich ihn nur mal für mich »an die Strippe« bekommen könnte.

Außer mit Erfindungen beschäftigte ich mich damals infolge

meiner langen Auslandserfahrungen meist mit außerdeutschen internationalen Geschäften; so mit der Gründung eines Seebades in Frankreich; einem Vergnügungslokalsyndikat für eine Brüsseler Ausstellung, einer Bergbahn in der Schweiz und einer besonders zukunftsreichen Angelegenheit – der Gründung eines noch nicht vorhandenen, allerersten Sanatoriums in Karlsbad, wozu bereits einige bedeutende Ärzte ihre Mitarbeit zugesagt hatten; auch mehrere Millionen amerikanisches Geld und das Interesse eines Karlsbad alljährlich besuchenden Monarchen war gesichert. Nur über den geeigneten, in dem engen und überbauten Karlsbad recht schwer zu findenden Platz, herrschte noch keine Einigung, da brach der Weltkrieg aus.

Der Weltkrieg

Der Krieg traf mich mit furchtbarer, zerstörerischer Wucht, so wenig Vorstellung man sich auch zunächst über die Folgen desselben machen konnte. Ich war immer Optimist und hatte den Krieg bis zum letzten Augenblick noch nicht für möglich gehalten. Das erste, was ich selbstverständlicherweise tat – denn mir als Deutschem, als der ich mich damals voll und ganz fühlte, konnte auch keinen Augenblick ein anderer Gedanke gekommen sein – war, daß ich mich zum freiwilligen Dienst, den ich als Mann von 51 Jahren nicht mehr zu tun hatte, meldete, und zwar als Cavallerist, möglichst zur Verwendung als Meldereiter. Dann wartete ich ab, was sich mit meinen internationalen Geschäften ereignen würde, die natürlich sofort beeinflußt werden oder zerbrechen mußten. So kam es auch. Eine mir noch 14 Tage vorher versprochene Beteiligung drahtete augenblicklich ab, das französische, schweizerische und böhmische Geschäft fielen ebenfalls sofort zusammen, und nach wenigen Tagen stellte sich heraus, daß in Deutschland im Gegensatz zu allen anderen Ländern, sogar dem kapitalstolzen England und Frankreich kein noch so kurzes deutsches Moratorium, sondern statt dessen ein weitläufiges Vergleichsverfahren verkündet wurde, offenbar eine ganz falsche, unzulängliche und prahlerische Geste seitens der Regierung. Man kann sich denken, was es hieß, von allen ausländischen Geldzuflüssen abgeschnitten zu sein und nach innen seine Verpflichtungen erfüllen zu müssen. Während ich in dieser Beziehung noch täglich auf Einsicht der Regierung hoffte, ereignete sich folgender, für meine Einstellung entscheidender Fall: In Homburg v. d. H. war ein Engländer, dem ich kaum vorgestellt worden war, der aber auf mich den Eindruck eines Gentleman machte, gefangengenommen worden, und Freunde hatten mich telefonisch gebeten, im stellvertretenden Armeekommando vorzusprechen und an den scheinbar vergessenen Engländer zu erinnern.

Obwohl bis heute noch nicht im Bilde, was eigentlich mit dem Mann los war, aber im Gefühl, einem wohl unschuldigen Engländer helfen zu müssen, ging ich hin und ließ mich bei dem stellvertretenden Generalstabchef melden, der mich auf die liebenswürdigste Weise empfing und mich fragte, ob ich der bekannten, altadeligen Offiziersfamilie »von Liebermann« zugehöre. Auf meine Antwort, daß ich aus einer neuadeligen jüdischen Familie stamme, fiel das Liebenswürdigkeitsthermometer zunächst auf »veränderlich«, dann aber, als ich mit meinem Ersuchen über den Engländer herauskam, auf »Sturm«. Der General verlor den Kopf, hielt mich wahrscheinlich für einen Spion oder wer weiß was, und fragte mich nach meiner Legitimation, was ich in aller Ruhe damit beantwortete, daß ich mit einer Dame aus guter Frankfurter Familie verheiratet sei und selbst einer bekannten Berliner Familie angehörte und daß ich mich sogar bei eventuellen Reichskanzlerbesuchen der Notwendigkeit der Legitimation enthoben glaubte (wobei ich freilich damals nicht an das Dritte Reich gedacht habe). Der Gewaltige – denn er war es, der damals Tag für Tag auf blutrotem Plakat an den Säulen all die Vergehungen aufzählte, die der Füsilierung unterlägen – sagte, ich sei schon der Vierte, der sich für den Engländer interessierte, er würde die Sache untersuchen, und dann entließ er mich ziemlich ungnädig. Ich verließ das Zimmer durch eine mit hundert Menschen gefüllte Halle. Kaum auf der Treppe, hörte ich die laute Stimme des Generals: »Sorgen Sie dafür, daß der sogenannte Herr v. L. das Haus richtig verläßt und sonst hier nichts zu sehen bekommt.« Das Blut schoß mir in den Kopf, ich bekam einen Wutanfall, stürzte wieder in den vollgepfropften Saal, wo der General inmitten seiner Adjutanten stand. Herausfordernd ging ich auf ihn zu: »Was haben Sie gesagt, Herr General? Der sogenannte?« Wütend gab er zurück: »Das habe ich nicht gesagt. Herrgott, bin ich nicht mehr Herr in meinem Hause?« Ich antwortete energisch: »Doch haben Sie es gesagt, Sie werden von mir hören, Herr General.« Dann ging ich hinaus und weiß nicht auf welchen

Umwegen ich in meiner Aufregung zum Club gekommen bin, denn in meinem Gedächtnis übersprang ich die letzten 26 Jahre, wo mir zum ersten, bis dahin aber auch zum letzten Male die grenzen- und rücksichtslosen Überheblichkeiten des preußischen Militärs begegnet waren. Im Club erzählte ich den Vorfall einigen Bekannten, die mir alle sagten, ich solle mich doch über dergleichen im Krieg nicht so aufregen und solle nur ja nichts tun. Aber leider gehöre ich nun einmal zu den Michael-Kohlhaas-Naturen, die erlittenes Unrecht nicht einstecken können. Ich ging nach Hause und schrieb einen meiner berühmten Briefe, ruhig, würdig, ohne Angriff, aber mit genügender Aufklärung über mich und meine Militärzeit, und der Brief schloß mit den Worten, daß, wenn der General sich nicht entschuldigte, ich die Angelegenheit nach Beendigung des Krieges weiter »ehrengerichtlich« (das heißt auf deutsch: fordern) verfolgen würde. Zwei Tage später, am 12. August 1914, öffnete ich nicht ohne einige Scheu den Brief des Kommandos, in dem der General durchaus artig und korrekt die Worte, wenn er sie gebraucht hätte, »mit dem Ausdruck des Bedauerns« zurücknähme. – Das war also wieder einmal in Ordnung; nun hatte ich aber genug vom Militär und das Militär auch von mir, denn ich erhielt trotz meiner freiwilligen Stellung keine Einziehungsaufforderung. Es ist erklärlich, daß man beim Militär Puppennaturen den selbständigen Menschen vorzieht.

Nun fuhr ich nach Berlin, vervollkommnete mich im Chauffieren, holte mir bald meine Fahrerlaubnis und dachte, ins Automobilcorps zu gehen, als mich die Möglichkeit eines größeren Kriegsgeschäftes nach dem Saarland rief. In Straßburg ersuchte mich ein Detektiv, aus dem Zuge zu kommen. Überall witterte man Spione, nur nicht da, wo sie wirklich waren. Was habe ich auf meinen Reisen ganze Wagenladungen von Dokumenten aus Coupés erster Klasse durch die diplomatischen Vertretungen hinausbringen sehen. In dieser Beziehung erscheint mir die Militärbehörde wirklich nicht gerüstet gewesen zu sein, ebensowenig, wie in der nötigen Kriegsmaterialversorgung für viele Jahre und in der Rohstoffbewirtschaftung, die erst in Walther Rathenaus Kopf entspringen mußte. Ich glaube auch, daß seinerzeit, nachdem man seit 1870 43 Jahre gerüstet hatte, kein Mensch in deutschen Kriegsministerien geahnt hatte, daß der Krieg auch fünf Jahre und länger dauern könnte. Einzelne gute Ideen auf diesen Gebieten scheinen mir – obgleich ich nicht Militär und kein Kriegsheld bin – doch wertvoller zu sein, als diese tölpelhafte Art der Spionenriecherei und als Parademärsche und dergleichen. So ein paar jüdische Köpfchen hätten wohl der Militärbehörde ebensowenig wie dem Auswärtigen Amt geschadet. –

In Saarbrücken funktionierte, als ich nach Baden-Baden zurückfahren sollte (es war Ende September 1914) der Bahnbetrieb nicht, und ich war überglücklich, einen Offizier altadeligen Namens zu finden, der zum Großherzog von Baden fuhr, um diesem wichtige Meldungen vom Kriegsschauplatz zu überbringen, und der so liebenswürdig war, mich durch die Pfalz bis Rastatt im Auto mitzunehmen. Eine herrliche, ganztägige Herbstfahrt, auf der mir der leider nachher im Felde gefallene, aber mitteilsame Offizier, dessen Vertrauen ich bei dem langen Beisammensein erwarb, erzählte oder vielmehr mich erraten ließ, daß es durchaus nicht so arg gut mit den deutschen Erfolgen an der Marne stand, während damals und noch nach Wochen das deutsche Publikum über dauernde Riesenerfolge informiert wurde. Ich erfuhr auch, daß der bedauernswerte Generalstabchef Graf Moltke, den ja keine Schuld traf und der den Kaiser ja gebeten hatte, ihn nicht in diese Stellung zu erheben (dieser feine und vorurteilsfreie Kavalier, über dessen letzte Lebensjahre mir noch erschütternde, aber wenig beglaubigte Einzelheiten von Freunden berichtet worden sind), an der Marne seine Nerven verloren hatte und nicht mehr Chef sei, was das Publikum auch erst nach langen Wochen erfuhr. Ich hatte damals im Kriegsministerium zu tun, und als ich ein Wörtchen fallen ließ (denn Geheimnisse auszuplaudern ist nicht meine Sache), da steckten all die Geheimräte ihre Köpfe zusammen und wollten mich mit bestrickender Liebenswürdigkeit ausfragen, woraus ich merkte, daß dort bereits etwas durchgesickert war, aber ich blieb stumm. Nur einem hervorragenden Großbankdirektor, der mir von den riesigen Erfolgen auch im Westen erzählte, machte ich einmal eine Andeutung, daß ich Gegenteiliges gehört hätte und daß Moltke nicht mehr auf seinem Platz sei; und als sich die Richtigkeit meiner Mitteilung nun allmählich herausstellte, rief er mich täglich an und wollte mich beim Frühstück ausfragen, da ich der einzige Mensch sei, der ihn bisher richtig informiert hätte. Er lud mich dauernd ein. Da habe ich mich aber für all die schlechten Bankdirektorentips, die ich im Leben bekommen habe, gerächt und nichts gesagt, nebenbei auch in Wirklichkeit wenig gewußt; aber man sieht doch, mit wie wenig Weisheit nicht nur die Welt – wie der schwedische Kanzler Oxenstjerna sagte –, sondern auch deutsche Großbanken regiert werden.

Seit Kriegsanfang residierte im Berliner Generalstab mein guter Bekannter Rittmeister Hugo von Lustig als Vertreter des österreichischen Kriegsministeriums und hatte alle Kriegsaufträge für Wien zu vergeben. Hätte ich eine Ahnung davon gehabt, so hätte ich auf die korrekteste aller Weisen Millionen verdienen können. Aber ich wußte nichts von Lustig; und ein Freund von mir, nebenbei ein »Vollblutarier« (ich hebe das ausdrücklich hervor, weil man diese guten Leutchen immer für so kindlich und unschuldig im Verhältnis zu den Juden erklärt), welchem Lustig gesagt hatte, »er möchte mich mal sprechen«, hatte mir das aus Konkurrenzangst verschwiegen. Ich traf Lustig erst um Weihnachten herum, er fragte mich, warum ich nicht zu ihm gekommen sei, er hätte an mich gedacht. Nun war leider nicht mehr viel zu vergeben; doch konnte ich ihm noch einen recht erheblichen Posten Zinn in Schweden besorgen.

Ein anderes interessantes Kriegsgeschäft hätte für mich sehr gewinnreich sein können: Ein Staatssekretär aus verbündetem Lande, der mit dem Oberstkommandierenden der dortigen Armee eng befreundet war, versprach mir große Aufträge; alles, selbst gewaltige Summen Geldes waren dazu da. Ich hatte mir das Vertrauen jener hohen Persönlichkeit einzig und allein durch mein Wesen, meine einschlägige Kenntnis und meine Diskretion erworben; beide waren wir zu feinfühlig, um auch nur ein Wort darüber zu verlieren, was man ahnt, worüber man aber nicht spricht; nur seine Gemahlin hatte ich bei einem Diner gefragt, was sie wohl tun würde, wenn ihr der Zufall einmal vielleicht jetzt eine größere Summe Geldes in die Hand spielte;

und die vornehme Dame hatte mich verstanden. Da ging eines Tages ein – heute würde man sagen – »arischer« Spießer, den man mir zur Durchführung des rein kaufmännischen Teiles der Geschäfte mitgegeben hatte, zu dem hohen Beamten und bemerkte ihm, wenn das Geschäft zustande käme, würden wir Exzellenz so und so viel Prozent vergüten. Den nächsten Tag entschuldigte sich die Exzellenz mit Unwohlsein und ward nicht mehr gesehen.

Durch meine häufigen Reisen ins Ausland hatte ich, zumal mir doch schon eine gewisse Kenntnis der Seele anderer Völker zustatten kam, einen gewissen Blick für die richtige Beurteilung mancher Kriegsgeschehnisse erhalten, die doch in vielem von der deutschen, dank der verschiedenen Mentalität oft abwich; und als ich eines Tages in Berlin bei meinem Freunde, dem leider fast tauben, sehr klugen, aber leider ein wenig zu verschwenderischen Bankier Eugen von Wassermann, dem Bruder des weltberühmten Bakteriologen August, mit dem türkischen Finanzminister und einigen Diplomaten der verbündeten Länder speiste, riet man mir, mich doch für den sogenannten »diplomatischen Nachhilfedienst« zu interessieren und empfahl mir, mich deswegen an den Abgeordneten Erzberger, der bekanntlich im Jahre 1921 von Alldeutschen ermordet wurde, zu wenden, der auf das Auswärtige Amt als Führer der damals stärksten Partei (des Zentrums), einen großen Einfluß ausübte. Ich tat es und habe nie im Leben einen Menschen getroffen, mit dem ich rascher zum Ziel gekommen bin, überhaupt niemanden, der rascher mit sich selbst fertig wurde. Über seine Bedeutung und sein Wirken fehlt mir jedes Urteil; er ist bekanntlich von den Alldeutschen ungeheuer angegriffen worden, soll auch ein »Gschaftelhuber«, wie man ihn nannte, gewesen sein; aber eigene Gedanken haben, fremde Gedanken verstehen und Beschlüsse fassen, war, wenigstens so weit ich ihn kannte, für ihn das Werk eines Augenblicks. So muß er auch ein blitzschneller und unermüdlicher Arbeiter gewesen sein, denn ich habe ihm öfters abends nach zehn Uhr Mitteilungen ins Büro gesandt, und am nächsten Morgen um sieben Uhr war schon eine kurze, präzise Rohrpostantwort da.

Erzberger übertrug mir die Beurteilung einer Menge kniffliger Fragen, so zum Beispiel, wie lange man im Auslande die Dauer des Krieges schätze; wie lange man dort glaube, daß Deutschland es noch wirtschaftlich aushalten könne; ob Kitchener seinerzeit durch wirklichen Unglücksfall oder aus anderen Gründen ums Leben gekommen sei; oder ob ich eine Verbindung nach Britisch-Indien schaffen könnte, mit der man von Deutschland aus unbemerkt verkehren könnte; wie die Loyalitätsverhältnisse in Britisch-, aber auch in Niederländisch-Indien seien; und ob ich in Frankreich zu einem einflußreichen Politiker eine geheime Verbindung, ganz gleich über wen auch immer, herstellen könnte, etc. Um solche Fragen und lauter ähnliche Probleme diplomatischen Charakters handelte es sich, denen man oft nur durch offene oder versteckte Engagements oder Beziehungen, Persönlichkeiten des neutralen Auslands nähertreten konnte, bei denen doch eine große Vorsicht und genaue Durchsiebung am Platze war. So hatte ich unter anderen den Vorstand eines internationalen Reisebüros, einen Reporter, aber auch einen neutralen kleinstaatlichen Diplomaten zur Verfügung.

Auch sonst durfte ich persönliche Ansichten und alles das berichten, was ich für wissenswert hielt, mit einem Wort all das Diplomatische bearbeiten, womit sich die Gesandtschaften selbst nicht abgeben durften. Ich akzeptierte Erzbergers Angebot um so lieber, als die Annahme im Interesse Deutschlands lag, nur erklärte ich, mich nie mit irgend etwas abgeben zu wollen, was mit Militär oder Marine zu tun hätte, teils weil ich nach meinen Erfahrungen von diesen nun wirklich genug hatte, teils weil mir alles, was an Spionieren grenzte, meiner unwürdig erschien. Aber das Diplomatische war mein Element, ich habe auch hier und da wirklich wertvollste Fingerzeige geben können, und ich war nicht wenig stolz, als Erzberger mir nach Überreichung meines ersten Reiseberichtes sagte: »Ich habe Ihren Bericht mit aktivstem Interesse gelesen und werde ihn sofort dem Staatssekretär des Auswärtigen und dem Reichskanzler (von Bethmann-Hollweg) weitergeben.« Es gelang mir auch wirklich, eine Verbindung mit Indien herzustellen; dann aber die noch viel wichtigere mit einem französischen Staatsmann, und zwar das letztere über sehr vornehme Damen der Gesellschaft.

Diese Beschäftigung lag mir um so mehr, als ich dadurch auch unter besonderen Erleichterungen im Ausland arbeiten und auch wirtschaftlichen Dingen nachgehen konnte, was sogar im Sinne der Diskretion meiner diplomatischen Tätigkeit erwünscht war. Unvergeßlich bleibt mir hierbei, daß ich, als ich eines Tages im Frühjahr 1915 unserem Gesandten in Stockholm, von Lucius, meine Ansicht mitteilte, daß der Krieg noch Jahre dauern würde, er mir mit Bestimmtheit entgegnete, daß er seines Ermessens, zum mindesten mit Rußland, höchstens noch einige Monate dauern würde. Mir blieb dieses sein Urteil nicht verständlich, doch mußte er das ja soviel besser als ich beurteilen können; nach der bald darauf folgenden Ermordung des russischen Ministers Witte aber reimte ich mir das so zusammen, daß Lucius wahrscheinlich mit Witte über den Abbruch des Krieges verhandelt hatte. Dies ist übrigens nur meine persönliche Annahme.

Natürlich versuchten alle möglichen Elemente, sich mir zu nähern, denen ich aber meist den Laufpaß gab. Nur ein Neutraler heftete sich an meine Fersen und wollte mich nicht loslassen. Er behauptete, eine Erfindung zu besitzen, durch die einige Strahlen des Spectrums abgesondert werden könnten, die absolut tödlich seien. Er wollte es vor dem deutschen Kriegsministerium beweisen, indem er einen Ochsen auf einen Kilometer glatt töten würde. Ich könnte die Erfindung für ca. fünf Millionen Mark haben, aber wenn ich mich nicht entschiede, so würde er sie ans englische Kriegsministerium verkaufen, das sich dafür sehr interessierte.

Da ich mein Examen in Physik glänzend bestanden hatte, mithin von dieser Wissenschaft außer auswendig gelerntem Zeug nichts verstand, konnte ich zu der Frage keine Stellung nehmen. Natürlich hielt ich zunächst mich selbst für den Ochsen, der da getötet werden sollte. Aber immer war der Versucher wieder da und lockte, so daß ich selbst unsicher wurde. Natürlich mußte ich als Deutscher die deutsche Armee retten und die Franzosen, meine lieben Engländer und die Amerikaner hinmähen lassen, und so fuhr ich nach Berlin zum Kriegsministerium und ließ mir eine Empfehlung an die einschlägige wissenschaftliche Abteilung des Generalstabs geben. Dort empfing mich ein liebenswürdiger, außerordentlich versierter Offizier, der mir anhand unzähliger wissenschaftlicher Ergebnisse klarmachte, daß meine Erfindung ein Unding sei, und so sehr es mich schmerzte, daß ich diesmal nicht das Mittel für die siegreiche Beendigung des Krieges hatte, mußte ich diesem imponierenden Offizier, der alles Einschlägige kannte, doch glauben. –

So erfolgreich ich auf diplomatischem Gebiet war, so steril bin ich freilich auf kaufmännischem Gebiet geblieben. Trotz der sich doch oft ähnlichen Tätigkeit des Hintertreppendiplomaten, wie ich mich nennen möchte, und des Kaufmanns, konnte ich glänzend für mein Land, aber immer nur unzulänglich für meine eigene Tasche arbeiten; sicher, dazu kenne ich mich genug, aus dieser törichten, unkaufmännischen, mit allerlei zu weit gehenden Ehrbegriffen gesprenkelten Erziehung meiner jungen Jahre heraus. Was Hänschen nicht lernt, lernt eben Hans nimmermehr!

Da ist also nicht viel Großartiges zu berichten: Einmal kaufte ich mit einer großen Metallfirma eine Kupferladung, da fuhr der Kapitän mit ihr statt nach Deutschland nach irgendeinem anderen Land. Ein andermal wieder begleitete ich mit einem Freund, einem Rittmeister, der noch 1918 gefallen ist, eine Ladung Kupfer von Norwegen nach Lübeck; durch Erfahrungen gewitzt, hatten wir beide den Revolver in der Tasche, um beim Falschfahren des Kapitäns ihm zum mindesten zu drohen. Als ich darüber aber im Berliner Reichsamt des Inneren erzählte, sagte mir ein Geheimrat, ich solle froh sein, daß wir niemanden erschossen hätten, denn sonst wären wir wegen Mordes bestraft worden; wohl die unsinnigste Ansicht, die es meines Ermessens nach geben konnte, die aber erklärt, wie wenig man in deutschen Ministerien über diese Dinge »auf der Scheibe« war. Ich kann mir nicht denken, daß jemandem, der sein Leben im Interesse seines Landes doch immerhin aufs Spiel setzt, diese Antwort in England gegeben werden könnte. –

Unerhört aber war, wie mich eine Riesenfirma des Metallhandels, deren reicher und angesehener Chef Handelsrichter und Vorstand der Metallbörse war, um meinen wohlverdienten Gewinn brachte. Diesem Manne, diesmal ein Glaubensbruder, hatte ich große Mengen Kupfer in Norwegen nachgewiesen, was ich natürlich nur durch meine vielverzweigten Verbindungen hatte erreichen können, die mich doch alle mein eigenes Geld kosteten. Ich hatte dem Kommerzienrat (das war der Herr nämlich auch) gesagt, ich ließe mich auf kein Geschäft ein, wenn mir nicht die unumstößliche Zusicherung gegeben würde, daß ich nicht nur bei diesem Geschäft hoch, sondern bei allen Geschäften, die mit meinem Norweger während des Krieges getätigt würden, wenigstens zu einem gewissen Prozentsatz beteiligt würde. Das wurde als etwas »ganz selbstverständliches« anerkannt und ein Kontrakt ungefähr des Wortlautes gemacht: »Herr X (mein Partner, weil ich nicht selbst auftreten wollte) erhält von dem vorliegenden Kupfergeschäft fünf Prozent. Von den späteren Geschäften mit der norwegischen Firma erhält Herr X soundso viel Prozent.« Nun fuhren wir mit dem Schwager des Kommerzienrates nach Oslo, das Kupfer war zu abgemachtem Preis da, aber der Herr wollte es nach langem Überlegen wegen des großen Verschiffungsrisikos nicht ankaufen, was sein gutes Recht war. Nach längerer Zeit erfuhren mein Partner und ich, daß die Berliner Metallfirma einen sehr großen Posten Kupfer in Oslo gekauft habe, das dort bis Kriegsschluß lagern und dann nach Deutschland kommen sollte. Wir fragten bei der Berliner Firma bezüglich der für uns wohl über 100 000 Mark betragenden Provision an, erhielten aber die Antwort, man hätte nicht gekauft, wäre uns aber, selbst wenn man es getan hätte, nichts schuldig. Wir antworteten, wir seien natürlich nach unserem Kontrakt provisionsberechtigt, worauf seitens des Gegners eine Feststellungsklage erfolgte, ob wir etwas zu fordern hätten. Im Kontrakt stände, so sagte der Gegner, »spätere Geschäfte«, und da das erste Geschäft nicht zustande gekommen sei, so könne es auch keine späteren Geschäfte geben. – Und richtig, ein preußisches Landgericht gab dem Gegner recht, worauf wir zum Kammergericht gingen, das ihn ganz glatt verurteilte. Überhaupt habe ich damals vor dem Kammergericht drei vorher verlorene Prozesse gewonnen.

Nun aber hatten wir noch das Geschäft selbst nachzuweisen.

Der Hauptzeuge, der Agent, war gestorben; ein bis zwei Jahre waren vergangen und die Mark derartig gefallen, daß es bei dem teuren Aufenthalt in Oslo nicht mehr lohnte, drüben zu arbeiten. So waren wir auch um diesen durchaus korrekt verdienten Gewinn gekommen. Dieser typische Vorgang bedeutete für eine große Firma eine Schmach. –

Aber das ist noch gar nichts, es kommt noch besser: Eines Tages hatte ich gelegentlich durch Verbindung meines »diplomatischen Nachhilfedienstes« erfahren, daß eine sehr große Ladung Gummi, wonach das deutsche Kriegsministerium wie der Hirsch nach Wasser lechzte, in Holland greifbar war, und, da es sehr schwer war, dieselbe nach Deutschland zu befördern, so sollten mir alle Erleichterungen seitens des Ministeriums gegeben werden; für die nötigen Beziehungen hatte mir der Vetter meiner damaligen Frau, der frühere deutsche Gesandte im Haag, Felix von Müller, die nötigen Empfehlungen gegeben. Ich besaß also einen Brief der Gesandtschaft des Inhalts, es schiene, daß es mir möglich sei, einen größeren Posten Gummi für die deutsche Heeresbehörde zu gewinnen. Ich ging mit dem Brief ins Kriegsministerium, wo ich ihn dem stellvertretenden Dezernenten, einem außerordentlich hochstehenden, dort hineingeschneiten Herrn, den ich kannte, übergab. Der Brief sollte der Eile wegen nicht den üblichen Instanzenweg über die vom Kriegsministerium eingerichtete »Gummistelle«, sondern an eine andere Stelle gehen; unglücklicherweise ließ ihn aber obiger Herr wohl aus Vergeßlichkeit den allgemein üblichen Weg laufen. Ich selbst fuhr nach Holland, wo meine Mitarbeiter schon waren, und an der Grenze in Bentheim, wo ich mich schon auf das schöne holländische Essen freute, wurde mir, der ich Kriege schon unzählige Male im neutralen Ausland, manchmal nur auf Stunden, gewesen war, eröffnet, ich dürfe nicht aus Deutschland ausreisen. Zuerst verstand ich nicht und fragte nach dem Grund. Es hieß, vom Generalstab sei ein Telegramm dieses Inhalts gekommen; mehr wisse man selbst nicht. – Hätte ich einen geladenen Revolver gehabt, so hätte ich in dem Augenblick wahrscheinlich wohl Schluß mit meinem Leben gemacht. Was sollte das heißen? Wollte man mir an die Ehre? Mir, der ich mich während meines ganzen Lebens wie ein Kind immer gefragt hatte, ob das, was ich täte, zu den mir anerzogenen Ehrbegriffen paßte? Konnte es etwas anderes heißen, als daß ich eines staatsfeindlichen Aktes fähig wäre? Weit und breit ahnte ich keinen Grund für ein solches Mißtrauen, denn darum mußte und konnte es sich ja nur handeln. Ich erkundigte mich nach dem nächsten Berliner Zug, beschloß nachzufragen, ob der mir befreundete Prinz Eberwyn Bentheim vielleicht gerade anwesend sei, und ging ins Schloß, um – wie es in einem solchen furchtbaren Augenblick begreiflich ist – wenigstens den Beamten zu zeigen, daß ich kein Verbrecher sei. Zum Glück war der Prinz dort und allein; er war über meinen Anblick entsetzt, denn zum ersten Male hatte mich etwas wirklich niedergeworfen; er bat mich zum Tee und suchte mich zu beruhigen. Prinz Eberwyn, dessen Mutter eine Schwester der Königin Emma der Niederlande, der Königin von Württemberg und der Duchess of Albany gewesen war, war ein guter, lieber, aber recht leichtsinniger junger Mann gewesen, dem ich, dem nichts Menschliches fremd war, in früheren Jahren manchen guten Rat gegeben hatte, und der mir darum sehr zugetan war. Ich habe noch nachher lange und gern mit ihm verkehrt, mich aber Ende 1932 von ihm zurückgezogen, als er mir erklärte, daß er Parteigenosse der Nazis geworden sei; nicht, daß ich mich bei irgend jemandem an seiner politischen Gesinnung stoßen würde, aber weil ich grundsätzlich mit niemandem zu tun haben will, der diesen antisemitischen Tendenzen durch seine Zugehörigkeit Vorschub leistete, obwohl er ebensowenig Antisemit war, wie ich Nazi; er war aber auch nur einer von den Millionen, die in diese Bewegung nolens volens hineingestolpert sind. Immerhin, damals, 1916, war von all dem nicht die Rede, und der Prinz war mir in diesem schweren Augenblick zunächst eine enorme moralische Hilfe. Er erzählte mir, daß das schon manchen Fürsten und Fürstinnen seiner Bekanntschaft passiert sei, und tröstete mich so gut es ging, zeigte mir das alte, schöne Schloß mit dem berühmten »Hergöttle«, einer alten Heiligensculptur von Bentheim und die Umgebung und brachte mich zum Abendzug, in dem ich eine schlaflose, tieftraurige Nacht verbrachte, immer nur mit dem einzigen Gedanken, was wohl vorliegen könnte, beschäftigt.

Am nächsten Morgen ging ich sofort zu Erzberger, der mir zum Kriegsministerium zu gehen versprach; dann ins Hotel Esplanade zum Grafen Blücher, durch dessen Beziehungen ich vielleicht etwas erfahren könnte. Blücher kam bald tiefschwarz gekleidet und ernst zu mir und teilte mir mit, sein Vater wäre am Abend vorher gestorben. Es fiel mir schwer, die richtigen Worte der Teilnahme zu finden, teils weil er mit seinem Vater so entsetzlich schlecht gestanden hatte, teils weil er über Nacht Fürst und Erbe einer ungeheuren Standesherrschaft geworden war. Aber ich fand wohl den geeigneten Zuspruch und erzählte ihm dann vor allem, warum ich so früh da sei. Und dieser liebe, freundliche Mann, dem doch an diesem Morgen Gott weiß was alles durch den Kopf gehen mußte, erklärte sich sofort bereit, mit mir einige Wege zu machen und auch noch einmal mit Erzberger, dem er als Katholik ja nahestehen mußte, zu sprechen. Wir versuchten dies und das, tippten hier und dort an, aber die Antwort war schließlich, das Kriegsministerium verweigere selbst Erzberger gegenüber jede Auskunft.

Der nächste Morgen sah mich im Generalstab, Abteilung »Abwehr«, das heißt »Spionage«. Ich hatte herausgemerkt, daß die Fäden dorthin gingen, und ich wollte wissen, ob meine Ehre angetastet sei. Im Generalstab saßen wohl zwanzig bis dreißig jener vornehmen und eleganten älteren Offiziere, die im Kriege in den Ämtern Verwendung fanden und die ich teilweise sehr gut kannte. Ich suchte zwei oder drei von ihnen auf, diese empfahlen mich wieder an vier oder fünf andere, aber bei jedem fühlte ich, wie das meistens in solchen Fällen ist, wenn das Wort »Abwehr« oder »Spionage« fällt, unter Versicherungen der größten Teilnahme und Hoffnungen, daß alles bald gut ausgehen möge, eine gewisse Unsicherheit. A la guerre comme à la guerre! Der einzige Esel, der, glaube ich, anders gehandelt und sich mehr für einen anderen ins Zeug gelegt hätte, der auch zeitlebens ein unvorsichtiges Kind geblieben ist, bin ich, aber hiermit habe ich Gott sei Dank – es ist wohl auch der einzige Kelch, dem ich entronnen bin – nie etwas zu tun gehabt.

Ich beschloß nun, den Stier an den Hörnern zu packen und ging in die Abteilung »Abwehr«, wo ein junger Hauptmann meine Sache kannte, aber er erklärte, er könne sich nicht äußern; keinesfalls aber dürfe ich über die Grenze; und obgleich ich ihm klarzumachen suchte, daß das doch der furchtbarste Angriff auf die Ehre eines Menschen sei, blieb der Mann, dessen Namen ich vergessen habe, kühl bis ans Herz hinan. Nur plötzlich fragte er: »Sie sind doch neulich von Amsterdam nach Brüssel direkt gefahren, obwohl Sie laut Befehl des Ministeriums von Amsterdam nach Köln und dann von Köln nach Brüssel hätten fahren sollen?« Das stimmte, die direkte Fahrt dauerte sieben Stunden, die indirekte im Kriege vielleicht zwei Tage; da hatte ich mir vom Konsulat in Amsterdam die Reiseerlaubnis zur kurzen direkten Fahrt geben lassen. – Er fragte weiter, was ich in Brüssel getan hätte. Ich antwortete, da ich meine Arbeit für Erzberger ohne dessen Autorisation nicht preisgeben durfte, ich hätte kaufmännische Gründe dazu gehabt. Nun fragte er mich mit listig schlauem Gesicht: »Sie sind doch Doktor der Philosophie. Wie kommen Sie als Doktor der Philosophie dazu, kaufmännische Interessen zu haben?« Da merkte ich denn, welch hirnverbrannten, kleingeistigen Spießer ich vor mir hatte, der alte Mut kam zurück, und ich antwortete, einer plötzlichen Eingebung folgend (Hitler würde sagen »mit traumwandlerischer Sicherheit«): »Genau so wie S. Majestät der Kaiser eine Tonwarenfabrik in Cadinen hat und Tonwaren verkaufen läßt, so habe ich mir erlaubt, als Doktor der Philosophie kaufmännische Interessen zu haben.« Den Hohn endlich merkend, entließ mich der kleine Gernegroß ziemlich ungnädig. –

Sofort ging ich nach Hause und setzte, die Stimmung um mehrere Grade gebessert, ein langes erklärendes Gesuch an den Kriegsminister, ich glaube, General Wandel auf, in dem ich einzig um Angabe des Grundes für die Verweigerung der Ausreise bat, erhielt aber eine abschlägige Antwort ungefähr des Inhalts, daß die »zuständige Stelle« meine Ausreise verbiete. Nun waren meine Nerven, obwohl man merken konnte, daß die Sache kaum noch schlimme Hintergründe haben könnte, sehr aufgebracht, und ich ging in ein schlesisches Sanatorium zur Erholung, wo ich auch bald meine Ruhe wiederfand. –

Etwa zwei Monate später saß ich mit meiner Frau auf der Tribüne des Reichstags, dessen Verhandlungen mich immer interessierten, als gelegentlich einer Rede des damals tonangebenden Ministers Helfferich, der in ziemlich rücksichtsloser Weise über die Behandlung eines inhaftierten Sozialdemokraten sprach, sich plötzlich der ganze Reichstag geschlossen gegen den Minister wandte. Es war wohl das erste Mal, daß das Volk sich seit Kriegseröffnung bewußt wurde, daß es auch wohl noch etwas mehr Rechte besaß, als sich totschießen zu lassen. Ich war baff; es war im Oktober 1916; ich sagte zu meiner Frau: »Ich wittere Morgenluft«, und ging nach Hause, um ein Gesuch an den inzwischen Kriegsminister gewordenen General von Stein aufzusetzen, dessen erster Teil meine Personalien betraf, dessen zweiten Teil ich aber hier wiedergebe. Ich bemerke, daß Herr von Stein der General war, der die Siegesbulletins aus den ersten Tagen und Wochen des Krieges herausgegeben hatte, dessen Name also allen Deutschen ans Herz gewachsen war. Der Passus lautete:

»Ich stehe nach dem betrübenden Ausgang meines Einjährigenjahres, nach welchem ich mir mein Recht auf anständige Behandlung mit der Pistole in der Hand erkaufen mußte, auf dem Standpunkt, daß mir persönlich die Militärbehörde meine Ehre weder geben noch nehmen kann. Sie kann sie aber antasten, und sie hat es getan. Und hat es nach antediluvianischer Weise getan, ohne daß es einen Verteidiger oder einen Richter gab, ja, ohne daß der Ankläger sichtbar wurde und ohne daß mir das vermeintliche Delikt bekannt gegeben wurde.

Sicherlich ist es bedauerlich, aber verständlich, wenn, wie neulich der Vertreter der Regierung gelegentlich der Schutzhaftdebatte im Reichstag sagte, der einzelne in Kriegszeiten unter Umständen zugunsten der Gesamtheit leiden muß. Aber bei meinem vom Ministerium geprüften Fall lag kein Grund vor, mich leiden zu lassen und mich moralisch und wirtschaftlich derartig zu schädigen. Ich spreche der Militärbehörde das Recht ab, einen Schatten auf meine Ehre zu werfen, ohne mir Gelegenheit zur Rechtfertigung zu geben. Ich habe meinem Vaterlande in meiner Weise zu dienen gesucht und habe keinen Grund, meine Ehre mehr antasten zu lassen, als der Offizier das bei der seinen gestatten dürfte. Und ein Ehrenmakel liegt nun einmal darin, wenn man den Aufenthalt einer Person im Auslande für gefährlich hält.

Ich weiß, daß nichts gegen mich vorliegt und billigerweise nichts vorliegen kann, und jeder, der mich nur einigermaßen kennt, weiß das. Und darum bitte ich Eure Exzellenz, mir Aufklärung über jede Einzelheit des mir zur Last gelegten Delikts von dem betreffenden Dezernenten zu beschaffen, damit ich in der Lage bin, ihm wiederum meinerseits volle Aufklärung zu geben; mir für eventuelle wichtige Reisen den Austritt zu gestatten und zum mindesten mir eine Erklärung zukommen zu lassen, daß nicht Gründe der Staatsgefährlichkeit zu jener Entscheidung geführt haben.

Sollte mir seitens Eurer Exzellenz keine Gelegenheit zu meiner Ehrenrettung gegeben werden, so würde ich, schon aus Gründen meiner gehorsamen und ergebenen Verehrung, die ich seit den ersten Kriegsmonaten für Eure Exzellenz hege, es aufrichtig bedauern, wenn ich *mir mein Recht auf jede mir zu Gebot stehende Weise vor dem Reichstage holen müßte.*«

Das waren angesichts der strengen Kriegsverhältnisse im Jahre 1916 doch recht mutige Worte an einen preußischen (man vergesse das nicht), preußischen Kriegsminister, aber sie fanden gute Statt. Schon nach wenigen Tagen erhielt ich eine günstige Antwort des Ministers, der mich dann empfing und mir sofort in freundlichster Weise erklärte, daß vor allen Dingen auch nicht der geringste Angriff auf meine Ehre vorliege. Er ließ mich zu dem betreffenden Dezernenten führen, der mir sofort die Erlaubnis zur Ausreise gab. Somit war die Angelegenheit, so weit es die Seite der Ehre betraf, wieder günstig beendet, mein dritter und letzter schwerer Kampf gegen die Überheblichkeit der Militärbehörden erledigt, und ich bin stolz darauf, energisch gegen die Rücksichtslosigkeit dieser hinter verschlossenen Türen arbeitenden Menschen mit ihrer grundlos zermürbenden, geheimen Jurisdiktion angegangen zu sein. Denn hätten jener Hauptmann und das Ministerium mir nicht *sofort* ein Wort sagen können, daß nicht Ehrenrühriges vorläge?

Der schöne Gummi freilich war längst über alle Berge. Und was war der Grund dieser Angelegenheit? Ich erfuhr durch das Ministerium, daß die »Gummistelle«, die unglücklicherweise jenen Empfehlungsbrief aus Holland erhalten hatte, das Kriegsministerium ersucht hatte, meine Ausreise auf jeden Fall unmöglich zu machen; und das Kriegsministerium hatte tatsächlich die Sache dieser kaufmännischen Stelle zu seiner eigenen gemacht! Und warum? Weil der Einkäufer jener Stelle, ein gerissener Kaufmann, der für den Import jedes Kilos Gummi zuerst eine volle Mark, später freilich weniger erhielt und Millionen damit verdient haben soll, nicht wollte, daß ein anderer als er Gummi ins Land brächte, weil ihm selbst dadurch seine Provision entging!!! Die Aufsichtsräte der Gummistelle, Geheimrat Banberger von der Diskonto Gesellschaft und Direktor Millington Hermann von der Deutschen Bank, die ich zufällig traf und die mich fragten, warum ich nicht zu ihnen gekommen sei, bestätigten mir das. Ich habe dem Vorstand der amtlichen »Stelle«, der auf Wunsch dieser Herren mir Rede stand, erklärt, daß ich einzig und allein wegen des damals angesagten »Burgfriedens« die Angelegenheit nicht vor das Reichstagsforum gebracht habe, wo sie freilich einen Sturm der Entrüstung ausgelöst hätte. So kläglich ließ sich das preußische Kriegsministerium gegen sein eigenes Interesse ins Schlepptau nehmen; und der Vorstand, ich muß das, so lächerlich es klingt, wieder bemerken, war, wie man heute zu sagen pflegt, ein »arischer« Mann. Warum sind die Herren »Arier« in punkto kaufmännischer Ehrlichkeit eigentlich so stolz uns Juden gegenüber? Es gibt doch, wie man sieht, dort wie hier solche und solche!

Vorläufig hatte das liebe Herz nach all den Auslandsreiseerfahrungen, die mich etwas sehr herumgejagt hatten, wieder Ruhe, die Geschäftsmöglichkeiten hatten mit der langen Kriegsdauer auch nachgelassen; ich widmete mich daher nur noch ganz besonderen, wichtigen Fragen des Nachrichtendienstes und konnte mich sonst wieder mehr um meine Familie kümmern.

Da machte ich eines schönen Tages eine eigenartige Erfahrung: Schon Jahre vorher hatte meine erste Frau, der ich unsere zwei Töchterchen bei der Scheidung überlassen hatte, dieselben taufen lassen. Wütend, als ich es erfuhr, war ich sofort zum Berliner Rabbiner Professor Maybaum gelaufen, um mich zu erkundigen, ob man es nicht rückgängig machen könnte; er hatte mir aber erklärt, Juden machten keine Proselyten, es sei erst dann wieder etwas zu machen, wenn die Kinder erwachsen seien und selbst den Wunsch hätten, wieder Jüdinnen zu werden; eine eigentlich seltsame, sicher aber doch richtige Auskunft aus seinem Munde. – Und was passierte mir jetzt? Jetzt schrieb mir meine Schwiegermutter, die Urchristin aus einer Frankfurter Patrizierfamilie war, aber einen Juden, Herrn Feist, Besitzer der bekannten Sektkellerei, geheiratet hatte, daß sie, die damals wegen unserer häufigen Reisen unseren lieben, etwa sechs Jahre alten Jungen erzog und, in unendlicher Güte natürlich, auch verzog, im Ausfluß, nein, im Überfluß großmütterlicher Liebe während einer Badekur in Südbaden einfach ohne unseren, der Eltern Willen, hatte taufen lassen. Es ist und bleibt immer dasselbe: den Frauen fehlt und muß wohl ein gewisses Rückgrat fehlen. So haben hauptsächlich sie Hitler in ihrer schwärmerischen Verzückung zur Macht gebracht, und so waren sie es fast immer, die ihren Mann ihren Kindern zuliebe so lange quälten, bis er sich taufen ließ. Meine Frau war sehr vernünftig und fair wie immer, als ich ihr klarmachte, daß das ein unerhörter Übergriff sei, den ich sofort wieder rückgängig machen würde. Ich fuhr also los und reiste mindestens 15 Stunden, um dem Pfarrer in äußerlicher Ruhe, aber in starker innerer Erregung zu eröffnen, daß ich der Vater des Jungen sei, ich allein über ihn zu bestimmen hätte, und daß ich sofort zum badischen Minister fahren und mich beschweren würde, wenn er die Taufe nicht augenblicklich wieder ungeschehen machen würde. Sehr vernünftig erklärte er mir, meine Schwiegermutter hätte ihm erzählt, die Eltern des Jungen lebten im Ausland und seien wohl mit dem Schritt einverstanden. Er holte sofort das Kirchenbuch und strich den Vorfall aus und gab mir eine besondere schriftliche Bestätigung, daß mein Sohn Jude sei. – Ich habe mich dieses energischen Vorgehens stets gefreut, denn ich glaube, daß es nur herzlich wenig Juden meines Milieus in Deutschland gegeben hat, die die Taufe, wenn sie nun doch schon einmal ohne Wissen zustande gekommen war, nicht mit einem Seufzer der Erlösung hingenommen hätten. Ich aber kannte meine lieben Deutschen, ohne freilich ahnen zu können, daß wir jemals Nazis als Herrscher über uns bekommen würden, und wußte und fühlte instinktiv ganz abgesehen von der Liebe zum Glauben, daß es weder etwas gäbe, was dem Deutschen mehr imponieren könnte als Stolz, wahrer, echter Stolz, sondern daß auch dem Menschen selbst nichts größere Sicherheit und innere Ruhe als dieser Stolz verleihen könne.

Mein Bruder Paul, sicherlich ein durch und durch braver, vornehm denkender Mann, der schon 1930 in die Ewigkeit abgerufen wurde, hatte anders gedacht. Er war in seinem tiefsten Herzen Deutscher, nur Deutscher, hatte gedacht, durch die Taufe der Assimilation zu dienen, und hatte seinem Sohne, außer seiner Tochter seinem einzigen Kinde, der als Fahnenjunker im zwölften Husarenregiment mit 17 Jahren ins Feld zog, eingeschärft, dem Vaterlande gegenüber seine Pflicht zu tun; und dieser arme Junge, dem alle irdischen Güter in hohem Maße zur Verfügung standen und dem nach menschlichem Ermessen ein schönes und sorgloses Leben winken mußte, hatte auf einer freiwilligen Patrouille im Jahre 1917 sein junges Leben eingebüßt. Der meinem Bruder befreundete Kommandeur des Regiments hatte zur Beerdigung in Berlin drei andere Fahnenjunker und einen jungen Leutnant von vielleicht 25 Jahren gesandt, der auf mich einen frischen, klugen und zielbewußten Eindruck bei verschiedenen, meist feierlichen Begegnungen machte und Joachim Ribbentrop hieß. Ich werde von ihm bei anderer Gelegenheit noch einige Worte zu sagen haben. –

Von anderen Erlebnissen während des Krieges sei noch erwähnt, daß ich eines Tages im Hause meines Freundes, des Anwalts Richard Jaffé mit einem dunkelbärtigen, ruhigen, nachdenklichen Herrn, Sir Roger Casement, speiste, der später in England den Tod erlitt. Ich legte damals der Begegnung nicht viel Wert bei; wodurch Jaffé und Casement zusammengekommen waren, entzieht sich meiner Beurteilung.

Und an eine weitere, sehr unangenehme Begegnung erinnere ich mich, eines Besuches bei meiner schon erwähnten, von mir damals sehr verehrten Cousine Fanny in Brüssel und ihrem Mann; die ließen mich nämlich 1916, als ich sie in Brüssel besuchte, nicht in ihr Haus, in welchem ich früher Dutzende von Malen ihre Gastfreundschaft genossen hatte. Als ich ihnen zur

Vernunft reden wollte, sagte mir mein Vetter: »Dir persönlich zürne ich nicht; aber Du betrittst mein Haus nicht eher, als bis der letzte »bourreau« (Henkersknecht) Deines Vaterlandes dies Land verlassen hat; bis hierher haben wir Euch schon in der Schlinge« (dabei preßte er meinen Hals zu) »und bald wird sie ganz zugezogen.«

Und ein anderes Mal war ich lange nach dem Kriege in Paris, besuchte die dort an einen Anwalt verheiratete Tochter des besten Freundes meines Vaters, die eine Jugendgespielin von mir gewesen war, und wurde mit den Worten abgewiesen, daß es mir nicht persönlich gelte, aber daß kein Deutscher sein Haus betreten dürfe.

Ich hatte in meinem Leben nie nötig gehabt, mich refus auszusetzen, und dies waren meine beiden einzigen. Aber wenn ich heute überlege, daß man auch dies als Deutscher tragen mußte, und daß dieselben Deutschen einen heute nicht als ihresgleichen betrachten wollen, so geht mich nicht gerade ein Lachen, wohl aber die Verachtung eines solchen Mangels an Gerechtigkeitsgefühl an, um so mehr als diese Vorfälle ja die Lüge jener antisemitischen Hauptdoktrin schlagend beweisen, daß kein Jude ein wahrer Bürger seines Landes werde, sondern immer nur Volksjude bleibe. Denn in obigen Beispielen waren von den drei in Betracht kommenden jüdischen Personen einer Belgier und einer Franzose, die mich als Deutschen abwiesen. Treffendere Gegenbeweise obigen antisemitischen Unsinns als diese zufälligen, selbst erlebten kann es nicht geben.

Der Krieg ging weiter, ich reiste nur noch selten, das heißt wenn sich eine besonders verantwortungsvolle Aufgabe fand, und beteiligte mich im Jahre 1918 in Berlin an einer kleinen, aber recht interessanten Fabrik pharmazeutischer und kosmetischer Präparate, die meinem chemischen Gebiet etwas verwandt waren; das Arbeiten war nicht leicht, weil man es wie in allem, so namentlich jetzt auf diesem Gebiet, fast nur noch mit Ersatzstoffen zu tun hatte. Alles war in Deutschland knapp geworden, fast alles nur auf Marken zu haben – einmal erinnere ich mich, einen Schulfreund in einem Restaurant um eine Brotmarke gebeten zu haben, die er mir nebenbei noch abschlug –; im Club steckten Offiziere täglich mit Fähnchen das Vorrücken der Truppen in unserer letzten Offensive (Juli) eifrig ab, und im preußischen Abgeordnetenhaus stritt man sich in dieser traurigen Zeit noch immer um das gleiche Wahlrecht, das die Konservativen nicht allen Klassen zugestehen wollten, obgleich selbst der Kaiser und der Kanzler von Bethmann – zu ihrer Ehre sei es gesagt – es dem Volke, das nun bald vier Jahre heldenhaft kämpfte, gerne geben wollten. In diesen Tagen war ich bei meinem ultrakonservativen Bruder Paul zu Tisch, und wir kamen hierauf zu sprechen. Nach meinem Gefühl war es mehr als unwürdig, sich in solcher Zeit noch um derartige Klassenvorrechte zu streiten, während mein Bruder seinerseits nicht verstand, wie man den sogenannten niederen Klassen dieselben Rechte wie Menschen geben sollte, denen die Verpflichtung großer Vermögensverwaltungen oblag; und wir kamen darüber, wie das ja bei Politik nicht selten ist, etwas auseinander, so daß ich nach Tisch sofort verärgert wegging. – Vier Monate später, am 10. November, einen Tag nach der Revolution, rief ich meinen Bruder an, der Grund unseres Streites sei ja gestern durch die Revolution fortgefegt worden, und er bat mich, zu Tisch zu kommen und alles zu vergessen.

Die Revolution hatte mich mächtig ergriffen. Verstehen tut unsereiner von diesen Dingen ja so herzlich wenig; den sogenannten »großen« Zeiten, die ich nun offen gesagt wirklich zur Genüge durchgemacht habe, steht das Volk – und ich war doch noch einer der Unterrichtetesten, der im neutralen Ausland ja seinen Blick für das, was kommen sollte und mußte, geschärft hatte – eigentlich völlig abwartend und verständnislos gegenüber. Als ich aber am Morgen des 9. November 1918 auf der Straße die Lastwagen voller Leute mit roten Fahnen durch die Hauptstraßen Berlins fahren sah, und als ich zusehen mußte, wie den Offizieren die Achselstücke von den Schultern gerissen wurden, da stahl sich selbst mir, der ich doch wahrhaftig demokratisch dachte, manche Träne aus dem Auge, denn eine ganze Welt, wenn auch eine morsche, war zusammengebrochen, aus der so viele schöne Erinnerungen, namentlich an Eltern und Kindheit, noch nachklangen. Schon hub auf der Straße, namentlich Unter den Linden und den Hauptverkehrsadern das

Flintengeknatter an, das noch viele Monate anhielt und an das man sich allmählich so gewöhnte, daß es einem beim nächtlichen Nachhausegehen aus dem Club in den fast unerleuchteten Straßen ordentlich fehlte, als es nach langer Zeit schwächer zu werden begann. Außer drei gutgekleideten Toten, die ich einmal am Nollendorfplatz liegen sah, habe ich aber sonst von Opfern wenig bemerkt. Mir war übrigens auch alles gleichgültig, denn immer drohender, zunächst unbewußt, dann sicherer fühlte ich ein Unwetter herannahen, das sich auch einige Tage später mit grenzenloser Wucht über meinen armen Kopf entlud.

Der Roman meines Lebens

»Utrumque vitium est,
et omnibus credere et nulli.«
(Seneca.)

Der große Roman meines Lebens hat, wenn er sich auch in seinen letzten Folgerungen für mich zu einem guten Ende entwickelte, und, wie ich sehnlichst hoffe, bis an meinen Lebensschluß weiter entwickeln möge, doch das Schicksal meines Lebens erst grausig und unsäglich traurig, dann aber ruhiger und glücklicher beeinflußt.

Ich habe in diesem Buch bisher von meinen unwichtigeren Herzensschicksalen möglichst wenig erwähnt, weil man über sie ja nicht sprechen kann, ohne die nötige Rücksicht auf andere, vielleicht noch lebende Personen, nehmen zu müssen; aber in diesem Falle darf und muß ich den Schleier lüften, weil zunächst ja doch jeder sich dafür Interessierende den einschlägigen Namen sofort herausbekommen würde; dann aber auch, weil der ganze Vorfall ohne die Eigenart dieser Persönlichkeit und ihr Verhältnis zu mir sich gar nicht hätte ereignen können und auch jetzt noch unverständlich wäre. Es sind mir aber dann auch manche Vorwürfe im Leben in dieser Sache gemacht worden, so daß ich den Wunsch habe, diese durch Erzählung der nackten Wahrheit zu entkräften. Freilich fühle ich die Pflicht, meinen Gefühlen nicht die Zügel schießen zu lassen, nicht nur deshalb, weil mein Gegner tot ist, sondern besonders, weil ich über meine damalige Frau, eine der Personen des Dramas, bisher weder je ein böses Wort gesagt habe, noch je sagen werde, noch je ein Recht haben werde, ein solches zu sagen, denn auch ich bin nicht ohne Schuld und habe ihr, wenn auch unabsichtlich, manchen Kummer bereitet.

Meine damalige Frau hatte von Kindheit auf eine starke Zuneigung für den oberbayrischen Tegernsee und die dortigen ländlichen, man kann fast sagen bäuerlichen, Kreise gehabt, und hatte fast jedes Jahr den Sommer dort verbracht. Ich persönlich habe diesen Geschmack nie geteilt, auch nie für die dortigen besseren ländlichen Kreisen entstammenden Bewohner, unter denen der Satiriker Ludwig Thoma, der bekannte Romanschriftsteller Ludwig Ganghofer, sodann ein Sohn des Tiroler Malers Defregger und einige andere die bekanntesten Persönlichkeiten waren. Ich hatte auch immer das Gefühl, daß in ihrem gesucht bieder-einfachen, fast bäurischem Auftreten viel mehr Geziertes und sicher nicht mehr Aufrichtigkeit als in uns Städtern lag. Ludwig Thoma war von allen diesen Personen die bedeutendste und wurde dort allgemein als großer Geist verehrt; auf jeden Fall war er ein außerordentlich witziger, sarkastischer Kopf, auch hervorragender Lustspieldichter und Romanschriftsteller, und hatte sich in früheren Jahren als unbedingter Demokrat und Mitarbeiter des die oberen Stände heftig geißelnden Witzblattes, des »Simplicissimus«, einen hervorragenden Namen gemacht. Die Demokratie freilich hatte Th. im Kriege gründlich an den Nagel gehängt, sich politisch stark gedreht und war nicht nur hypernational, sondern auch ein Mitgründer der »Deutschen Vaterlandspartei« geworden, die damals alle diejenigen Personen offiziell vereinigte, die die deutsche Ehre gleichsam für sich allein gepachtet zu haben glaubten. Über Juden und die Judenfrage hatte ich auch einmal einer Unterhaltung mit ihm gepflogen, aus der zumindest hervorging, daß er, ohne vielleicht Antisemit zu sein, der damals als national und salonfähig erachteten Ideologie von der Schädlichkeit der Juden für das Deutsche Volk doch stark anhing. Thoma muß als zweifellos kluger Kopf natürlich interessante Seiten gehabt haben; aber die ziemlich stumpfe Art seines Sichgebens war alles andere als die eines Causeurs oder auch nur guten Unterhalters, und nie hätte ich gedacht, daß dieser unelegante und auch in der ganzen untersetzten Figur einen, ich darf wohl sagen, bäuerlichen Eindruck hervorrufende Mann, mir gefährlich werden könnte, mir, dem man beim ersten Anblick doch immerhin den Mann ansah, der in der großen internationalen Welt verkehrte.

Thoma war mit einer Frau verheiratet gewesen, die nicht zu viel Rücksicht auf ihn und seine volkstümliche Bedeutung genommen hatte; er soll Frauen gegenüber auch schwach gewesen sein und seelisch sehr unter ihr gelitten haben. Meine Frau hatte davon gewußt und ihm seit langem ein freundschaftliches Gefühl des Mitleids entgegengebracht. Nun, jetzt während der Kriegsjahre und meiner häufigen Auslandsreisen hatte er viel Gelegenheit gehabt, mit meiner Frau zusammenzukommen und hatte dann im Frühling 1918 wohl größere Hoffnung darauf gesetzt, mich ausstechen zu können. Jedenfalls rief er meine Frau im Hochsommer 1918, wo ich einige Wochen mit ihr, unserem Sohn und den beiden Töchtern verbrachte, jeden Tag im Wildbad telephonisch an. Meine Frau sprach in alleroffenster Weise darüber und bat mich nur, ihm, dem unglücklichen Menschen, doch die Freundschaft halten zu dürfen; und – so wenig wir Männer auch im allgemeinen von Frauen wissen, schon weil wir am liebsten gar nicht zuviel wissen möchten – so sicher bin ich auch, daß meine Frau, die eine durchaus vornehme, zuverlässige und alles andere als eitle oder kokette Frau war, es ehrlich meinte, als sie mir spontan sagte, es ginge ihr selbst manchmal zu weit, Thoma verehrte sie sehr und hätte gesagt, daß ihm das Leben ohne ihr Mitgefühl wertlos sei. Ich machte meine Frau aufmerksam, daß wir unter solchen Umständen den schon lange mit den Kindern geplanten Herbstaufenthalt am Tegernsee nicht ausführen könnten und daß ich ihm erst einmal schreiben würde; sie antwortete, sie sei durchaus einverstanden, auch sie hielte das für das beste, nur bäte sie mich, es nicht zum Bruche mit ihm zu bringen.

Nun schrieb ich Thoma, als Mann zu Mann, fast möchte ich sagen, als Deutscher zum Deutschen, ehrlich und aufrichtig, im sichersten Bewußtsein der absoluten Lauterkeit meiner Frau, aber auch in der festen Überzeugung, daß kein Mensch seiner Erziehung es wagen würde, mir gegenüberzutreten. Ich schrieb ohne viel Hintergedanken und Floskeln ungefähr, ich hörte, er verehre meine Frau scheinbar mehr, als es ratsam sei; ich sei kein Unbekannter und hätte ein Leben des Kampfes für meine Ehre hinter mir, und er könne sich denken, daß ich niemals Übergriffe gestatten würde. Mir sei zwar nichts Menschliches fremd, ich wollte ihm die Freundschaft meiner Frau durchaus nicht rauben, aber er wüßte so gut wie ich, daß es Grenzen gebe. Ich bäte ihn in aller Ruhe, mit sich selbst ins Reine zu kommen und mir offen mitzuteilen, ob es für uns nicht besser sei, die Reise zu unterlassen. – Bald kam seine Antwort, klug, männlich, anständig, etwa, daß er mir meine Offenheit hoch anrechne und mir innigst für sie danke; er kenne seine Pflichten vollkommen und sei sich voll bewußt, was er als Mann mir als solchem schuldig sei.

Beruhigt fuhren wir nun nach Gmund am Tegernsee und schon am folgenden Tag – noch sehe ich genau das Bild, wie wir uns gegenübersaßen – unterhielt ich mich mit Thoma lange Zeit freundschaftlichst auf unserem Balkon. Ich wiederholte ihm ungefähr das Geschriebene, machte ihn darauf aufmerksam, daß ich dem Unrecht gegenüber ein nachgewiesenermaßen völlig unbeugsamer Charakter sei und sagte ihm, daß er im zwanglosesten Verkehr mit meiner Familie hoffentlich wieder seine Ruhe und Seelenfrieden, die er wohl in seiner Ehe verloren habe, wiederfinden werde. Ja, er solle sogar, wenn wieder das Unglück der Einsamkeit über ihn käme, sich nicht scheuen und uns ruhig in Berlin besuchen. Er dankte mir darauf von ganzem Herzen, meinte, er habe nie gewußt, was für einen vornehmen Mann er vor sich habe, ich solle seinem Worte als Corpsstudent (obwohl er nebenbei damals dem Corps gar nicht angehörte) und als Mitgründer der »Deutschen Vaterlandspartei« trauen, daß er die Grenzen wahrer Freundschaft nie überschreiten würde. So ungefähr lauteten seine Worte. Wir drückten uns lange die Hand, sahen einander lange in die Augen und – von diesem Augenblick an habe ich nicht nur erlaubt, daß Th. täglich zu uns kam, sondern sogar, daß wir nach einiger Zeit zu ihm ins Haus zogen; ja, ich habe, mich selbst mit den Kindern beschäftigend, sogar manchmal darauf geachtet, meine Frau bei ihm zu lassen. Denn ich hatte sein *Wort*.

Hätte mir das ein Mann aus niedrigem Milieu oder ein kleiner Geschäftemacher oder auch ein den allerhöchsten Gesellschaftskreisen angehörender Lebemann gegeben, so wäre ich vorsichtig gewesen; aber hier handelte es sich um einen Vertreter der allerbesten mittleren, damals sagte man wohl als höchstes Lob, der *deutschesten* Kreise, einen Mann, in dem ich weder die Gerissenheit des kleinen Händlers, noch die diplomatische Geschicklichkeit des Hofmannes voraussetzen konnte; nur so erlag ich auch hier, ich möchte sagen der Ehrbegriffspsychose, die mir so oft im Leben verhängnisvoll werden sollte.

Der Leser wird sich ja selbst ein Bild machen können, ob er mich für einen solchen Narren zu halten hat, daß ich aus reiner Torheit so gehandelt habe, und ob die vielen Vorwürfe gerechtfertigt sind, die man mir ob meiner naiven Leichtgläubigkeit gemacht hat. Ich selbst kenne mich und weiß es besser; ich, der ich mein ganzes Leben lang jeden Vorteil, jeden Gewinn der, wie sich jetzt herausstellt, sinnlosen Überschätzung gewisser deutscher Ehrbegriffe geopfert hatte, habe meiner ganzen Lebensauffassung gemäß auch hier nicht anders handeln können.

Vorläufig aber merkte ich ja auch nichts und verbrachte mit der Familie schöne und glückliche Herbsttage in Thomas Haus. In der Erinnerung will es mir beim Niederschreiben scheinen, als hätte ich auch kurze Augenblicke der Eifersucht gefühlt, aber das kann nicht schlimm gewesen sein, denn ich reiste, ohne mir irgend etwas Böses zu denken, ab, nicht ohne mit dem mir freilich schon etwas verändert erscheinenden Thoma einige ernste Worte gewechselt zu haben und nicht ohne daß die Mutter meiner Frau mich als Gast im Hause abgelöst hätte, um auch nach außenhin richtig zu handeln.

Es war Oktober 1918. Große Truppenmassen fluteten bereits aus dem Felde zurück und bald nahm die Reise von Berlin nach Tegernsee schon drei bis vier Tage in Anspruch, so daß ich, als mich in Berlin eine gewisse innere Unruhe zu quälen anfing, schon nicht mehr dorthin reisen konnte. Als mir dann aus Briefen meiner Frau das Unglück mehr und mehr zu dämmern anfing, fuhr ich Mitte November wenige Tage nach Kriegsschluß nach Frankfurt, wo ich meine Frau traf, die mir tieftraurig, offen und ruhig erklärte, daß sie für mich verloren sei.

Die Welt brach für mich zusammen, denn ich liebte meine Frau und schätzte sie sehr; nur wer selbst ein solches Unglück durchgemacht hat, ist fähig, mich zu verstehen. Ich starrte dumpf vor mich hin. Zunächst blieb ich ruhig; was hätten auch Auftritte mit meiner Frau für einen Wert gehabt, obwohl ich mir in der Verzweiflung solchen Augenblicks alles zu denken vermag. Ich sah vor mir einen so tiefen Abgrund, der sich so ganz unnötig vor mir aufgetan hatte, den ich noch wenige Wochen vorher so leicht hätte überbrücken können; sinn- und grundlos waren mit einem Schlage so viele echte, schöne gegenseitige Gefühle zwischen meiner Frau und mir, die ich mir nicht nur eingebildet haben konnte, verloren; grauenerregend stand die völlige Wertlosigkeit meines ganzen Lebens vor mir. Es ist unmöglich, sich all die verschiedenen, gegeneinander anrennenden Gefühle des fressenden, auch körperlichen Seelenschmerzes, der noch vorhandenen Liebe, des beleidigten Stolzes vorzustellen; und die ebenso divergierenden Gedanken, was mit solchen Scherben eines einst hoffnungsvollen Lebens noch anzufangen ist oder ob und wie man ihm ein Ende machen soll; nur soviel ist sicher, daß die grausame Herbheit des Geschickes, einen lieben Menschen durch den alles versöhnenden Tod zu verlieren weit gegen den Schmerz eines solchen Augenblicks zurücktritt, in dem der grauenhafte Zweifel, was man mit dem Gegner tun soll, noch eine fast beglückende Ablenkung bedeutet.

Nach einiger Zeit des Überlegens wünschte ich Thoma, der auch im Hause meiner Schwiegermutter war, zu sprechen. Was jagt einem in solchem Moment nicht alles durch den Sinn? Rache, Fordern, Schlagen, Töten, sich selbst mit; das alles schießt ja wirr durch den armen Kopf und ist, wie man es doch selbst weiß, alles so unendlich nutzlos; man meint, der Himmel müsse ein Einsehen haben und der Frau ein einziges liebes, gutes Wort in den Mund legen, und in demselben Augenblick löste sich der furchtbarste Schmerz in höchstes Glück auf. Während ich dies schreibe, bin ich von Dank zu Gott erfüllt, daß er mich in ein Alter hat kommen lassen, das mich wenigstens diese Qualen verlorener Liebe und beleidigten Stolzes nicht mehr fühlen lassen kann, von denen die ersteren doch so unendlich viel größer als die anderen sind. Mein Gegner war Dichter; sein Geschäft war es, das, was ich hier mühsam zusammenstammele und zusammenstopple, leicht aus dem Ärmel zu schütteln; und er kannte sein Geschäft und seine Geschicklichkeit, als Schriftsteller im Dialog jedes aufkeimende Gewissensbedenken sofort durch die passende, beruhigende Antwort zu ersticken; er kannte auch die Wirkung der Suggestion, den Einfluß des Nimbus seines berühmten Namens auf Frauen, und hatte wohl, dem Ziele nah, sein Wild mit Worten und Gründen so umstellt, daß es willenlos das glaubte, was er ihm wohl in Dutzenden von Unterhaltungen vorerzählt haben mochte.

Denn, wenn ich nicht irre, saß meine Frau bei dieser oder einer anderen Unterhaltung mit Thoma dabei, und ich sah, daß, wenn ich sie etwas fragte und sie antworten wollte, sie ihn ansah, gleichsam, als ob er ihr jedes Wort auf die Zunge legte. Nie in meinem Leben habe ich von solcher Unterhaltung zwischen zwei liebenden Männern gelesen, in keinem Roman, in keinem Drama. Und doch ist es wahr. Ich, vor Gott und der Welt der Besitzende, saß dem völlig unberechtigt Fordernden gegenüber, der jetzt aber stärker war als ich. Weit und breit konnte mir kein Mensch auf der Welt behilflich sein; in Frankfurt kannte ich zu wenig Menschen, mein Bruder Fritz und die meisten Freunde waren noch im Feld; nach Gießen oder Heidelberg, wo Freunde sein konnten, fuhr man in jenen Tagen vielleicht 15 Stunden; und wer hält zum alternden Mann, wenn es sich um eine junge Frau handelt, und wer kann füglich zu ihm halten? Auch Thoma fühlte den furchtbaren Ernst der Stunde, auch er, der Sieger, mußte trotz seines Gleichgefühls bangen. Er sagte mir, er wisse, wie weh es mir täte; aber es ginge nicht anders; meine Frau wolle von mir fort zu ihm, und ich solle sie freigeben. Auf mein Zögern, ich müsse überlegen, was geschehe, meinte er, man könne doch eine Frau nicht festhalten. Ich antwortete, wenn ich die Nutzlosigkeit des Bleibens einsähe, würde ich meine Frau nicht halten; sie ohne Grund fortgehen zu lassen, wo ein Kind da sei, sei ja zwecklos. Wenn sie heiraten wolle, so könne sie fort und sie könne jeden Mann auf Gottes Erdboden heiraten, nur einen nicht, ihn selbst. Er würde sie, solange ich lebte, *nie* heiraten können. Auf seine Frage, warum *er* gerade nicht, antwortete ich ihm: »Weil Sie mir gegenüber Ihr Ehrenwort gebrochen haben, Herr Doktor.« Lebhaft antwortete er: »Das habe ich nicht getan, ich habe

Ihnen mein Ehrenwort gegeben, daß ich Ihre Frau nicht verführen werde, und das habe ich gehalten, treu gehalten.« Scharf entgegnete ich: »Herr Doktor, Sie wollen mir einreden, ich hätte mich mit Ihnen oder je mit einem Menschen darüber unterhalten, ob Sie meine Frau *verführen* oder nicht. Sie haben mir Ihr Heiligstes, Ihr Wort gegeben, daß Sie mir mein Bestes auf der Welt, mein Eheglück nicht anrühren werden, und Sie haben es gebrochen. Nur durch Ihr Wort haben Sie mein Vertrauen erschlichen, nur dadurch habe ich Ihnen mein Allerbestes vertraut, es Ihnen freiwillig ins Haus gebracht, und Sie haben es mir gestohlen. Und darum sind Sie der einzige Mann auf der weiten Welt, der sie nie wird heiraten können, solange ich bin.« Er antwortete: »Es ist aber Bestimmung.« Und ich: »Warten wir ab, was Bestimmung ist.« Dann war die Unterhaltung zu Ende. –

Ich fühle mich zur Steuer der Wahrheit hier zu der Bemerkung verpflichtet, daß ich dem Toten, der sich nicht verteidigen kann, nicht unterlegen will, er habe mir sein Wort *absichtlich* falsch gegeben, sondern ich glaube, daß er es damals ehrlich gemeint hat.

Aber *einmal* muß auch bei ihm der Augenblick gekommen sein, da ihm, was wohl jeder schon gefühlt hat, das Bewußtsein seines werdenden Unrechts gedämmert hat. Und in dem Augenblick verlange ich von jedem Ehrenmann, daß er umkehre und, wenn nicht anders möglich, *alle* Konsequenzen ziehe. Ich erinnere mich, daß ich einmal drauf und dran war, einen Freund mit seiner Frau zu betrügen, aber ich *habe* mich bezwungen, so heiß mein Blut auch durch die Adern rann, und *habe* zu dem zurückgefunden, was ich Erziehung und Ehre schuldig war. Auch Thoma wird diese Grenze gefühlt haben; ja, ich will zugeben, daß er sich, wie wir armen Menschenkinder uns so gern Entschuldigungen für uns *unangenehme und unbequeme Tatsachen* zusammensuchen, ehrlich selbst eingeredet haben mag, er sei meiner Frau um ihretwillen verpflichtet, sie von mir zu trennen; aber in diesem furchtbaren Dilemma, wo es sich einerseits um seine eigene Liebe und die beglückende Gewißheit der Liebe einer Frau, und andererseits um die Verletzung nicht des vom Richter aufgezwungenen Eides, der *nichts* ist, sondern des freien Manneswortes, das *alles* ist, und um den Bruch des schon seit Jahrtausenden geheiligten Gastrechtes handelte: da mußte er zu mir kommen und sagen: »So steht es, es geht um zweier Menschen Glück, das Ihnen doch verloren ist; aber ich wollte wenigstens wissentlich an Ihnen kein Unrecht begehen; bitte, bestimmen *Sie selbst*.« So hätte ich gehandelt, so würde ich es heute noch tun. Und vielleicht hätte ich mich dann geprüft – *vielleicht!* – und mich zum Großmutsgedanken durchgerungen, den ich auf sein Wort: »Es *ist* Bestimmung« ablehnte und meiner Natur nach stets hätte ablehnen müssen.

Meiner Frau habe ich nie Vorwürfe gemacht, denn trotz des Sprichwortes, daß »immer zwei dazu gehören«, weiß ich aus eigenen Erfahrungen genügend, daß, wenn ein Mann, der alle Minen springen läßt und viele Wochen, durch nichts gehemmt, Zeit und Gelegenheit dazu hat, ja, wenn sogar noch eine Anzahl Freunde ihm behilflich sind, eine Frau dieser geistigen Beeinflussung – und von etwas anderem ist unter *anständigen* und nicht übelwollenden Menschen Gott sei Dank nie die Rede gewesen! – nur schwer wird widerstehen können. –

Ob dieser November oder die folgenden Tage die fürchterlichsten meines Lebens gewesen sind, kann ich nicht sagen, denn es folgten so viele grauenhafte Tage und wörtlich genommen *Hunderte* von schlaflosen Nächten, in denen alle durch Narkotika, Psychoanalyse und Hypnose mühsam eingeschläferten Gedanken immer und immer zurückkamen und um den einzigen Punkt kreisten: Ob mir schließlich ein anderes Ende als Mord und Selbstmord übrigbleiben könnte, denn man kann eine Wendung wohl aufhalten, aber *einmal* muß doch eine Entscheidung kommen.

Zuerst hatte ich meine natürlich auch schwer leidende Frau gebeten, sich selbst zu prüfen und mich einige Zeit nach Berlin, wo ich zu arbeiten hatte, zu begleiten, was sie auch tat; in grenzenloser Traurigkeit fuhren wir mindestens zwei Tage nach Berlin, in der Novemberkälte eingepfercht in ein Coupé, dessen sämtliche Fenster von Soldaten zerschlagen worden waren; und mindestens zwölf dieser Leute saßen und standen, Revolutionslieder singend, um uns herum; manchmal hielten wir stundenlang auf einer Station oder im Freien. Doch trotz größter gegenseitiger Rücksichtnahme bleiben meine Frau und ich uns in Berlin fremd. Dann beschlossen wir, daß meine Frau, deren höchstes Streben Gesangsausbildung war, bei einer ganz großen Gesangskünstlerin in Stuttgart Unterricht nähme, und daß der Junge weiter in Frankfurt bei der Großmutter bleibe; ich selbst vertiefte mich so gut es ging in die Arbeit und verbrachte meine ganze andere freie Zeit im Club, wo ich wenigstens in allem gut aufgehoben war.

Eines Tages kam ein aus einem Detektivinstitut entlassener Detektiv zu mir, der mir aus Rache an seinem Chef mitteilte, daß der Dichter Ludwig Ganghofer, ein Freund Thomas, ihm den Auftrag meiner Beobachtung gegeben hatte und daß ich schon wochenlang beobachtet würde, um bei einer Untreue ertappt zu werden. So hieß es nun vorsichtshalber, die Fabrik nur noch zusammen mit meinem Partner zu verlassen; und dann sprang ich, wenn niemand um uns herum war, rasch in ein Auto, das ich unterwegs noch einmal wechseln mußte. Ich habe diese Unverschämtheit übrigens meiner Frau mitgeteilt, die darüber ebenfalls entrüstet war, und soviel ich weiß, vornehm wie sie war, sofort den Wunsch geäußert hat, daß diese Spioniererei unterblieb. Und sonst blieb alles dasselbe. Ich litt unsäglich, teils seelisch, teils körperlich durch diese entsetzlichen, natürlich auftretenden Nervenentzündungen. Meine Corpsbrüder erklärten, daß ich unmöglich fordern könne, um es dadurch zu einem katastrophalen, aber doch immerhin reinigenden Ende mit Schrecken zu bringen, da es sich bei meiner Frau nur um seelische Beeinflussung gehandelt habe; mehrere bedeutende Nervenärzte versuchten vergeblich, mich zu heilen. Gewiß kamen auch hin und wieder freudigere Augenblicke, auch mal Vergnügungen und Zerstreuungen, aber der ewige Gedanke, daß eines Tages irgendein Gewaltcoup mich zu einer Entscheidung drängen müßte, die nur in Mord bestehen könnte, brachte mich schließlich so weit, daß niemand mehr mit mir sprechen wollte. Denn wie den Mörder zu seinem Opfer, so trieb es mich bei jeder Unterhaltung immer wieder im Kreise zu dem einzigen Punkt zurück.

So vergingen zweieinhalb Jahre, da hörte ich, daß Thoma an einer unheilbaren Krankheit schwer litt und operiert worden war; ich konnte nicht so recht daran glauben, doch einige Wochen später las ich auf der Straße, in eine Mittagszeitung blickend, von seinem Tode. Ich habe meine Frau unendlich bemitleidet und nachträglich oft bedauert, ihr den Mann nicht gegönnt zu haben. Aber ich bin nur ein Mensch und kann nicht aus meiner Haut heraus. Ich bin auch kein Mann der Rache, der sich über den Sieg gefreut hätte, den nur die von ihm angerufene »Bestimmung« herbeigeführt hatte, als sie den um vier Jahre jüngeren Mann vor nun schon 15 Jahren abrief; aber es überkam mich doch nach kurzer Zeit ein nur durch die Teilnahme für meine Frau gehemmtes Gefühl grenzenloser Erlösung.

Ich bin damals häufig dem Vorwurf begegnet, daß man in Liebessachen kein Ehrenwort abverlangt und daß es ein Unrecht sei, so vertrauensselig zu sein, wie ich es gewesen. Ich antwortete, daß ich das Wort nicht verlangt hätte, sondern daß es mir frei gegeben war und daß es ja oft vorkäme, daß ein Mann, zum Beispiel ein Seeoffizier vor langen Reisen seine Frau einem Freunde anvertraue, ohne daß Unrecht vorkäme. Wieder entgegnete man mir, ich sei doch kein Freund Thomas gewesen. Gewiß, ich war es nicht, ich war nur sein Gastfreund, aber ich glaubte, mehr als ein Freund zu sein, da uns gemeinsame Standes- und Corpserziehung, gemeinsame deutsche Ehrbegriffe verbanden, die mich in jedem anderen Corpsstudenten, genau wie in jedem Offizier, nach damals gültiger Auffassung der gebildeten Kreise, die Personifizierung der deutschen Ehre sehen ließ. Daß ich mich hierin irrte, ist meine »tragische« Schuld, wie man es nennen durfte, für die ich schwer habe büßen müssen. Ich war eben wieder einmal dem Schein deutscher Urwüchsigkeit, dem Glauben an die deutsche Eiche und die *deutsche Ehre* auf den Leim gegangen.

Nicht anders erging es Walther Rathenau bald danach, der dem *blonden Junker aus dem nordischen Ideal nachlief* und Männern sein Leben lassen mußte, die heute deshalb noch als Helden gefeiert werden. Nicht anders erging es schließlich allen deutschen Juden im Jahre 1933, die glaubten, daß ihnen durch das Gesetz der Emanzipation, durch königliches Brief und Siegel gleiche Rechte gegeben worden waren und sich überzeugen mußten, daß es nur »Fetzen Papier« waren; sie alle sind einem Phantom auf den Leim gegangen. Die »Nordische List« ist eben grade noch immer etwas stärker als jüdisches Mißtrauen! –

Ich hatte vorgegriffen und komme nun zum Ende des Unglücksjahres 1918 zurück, als meine Frau nach Stuttgart ging und ich allein in Berlin zurückblieb.

Meine Fabrik machte mir ziemlich viel Freude und vor allem Arbeit, was für meine damalige Geistesverfassung, um vielleicht etwas zu vergessen, sehr wesentlich war. Leicht war es damals freilich in Deutschland nicht, kaufmännisch zu arbeiten, denn es war im Laufe der Kriegsjahre eine so unerhörte, kaum glaubliche Unredlichkeit und ein derartiges Nachlassen moralischer Begriffe eingerissen, daß die sozialistische Regierung in der ersten Nachkriegszeit ihnen entgegenzutreten keine Kraft besaß. Wie sollte sie auch? Woher sollte diese Partei, die während der Kaiserzeit niemals Gelegenheit zur Arbeitsbetätigung gefunden hatte, weil ihre Vertretung in irgendeinem Ministerium doch ein Unding gewesen wäre, die Befähigung hernehmen, Ordnung zu schaffen? Präsident Ebert war nach allen unparteiischen Urteilen wohl ein von besten Absichten erfüllter Mann, auch nicht ohne Geschick, was man wohl beides heute kaum flüsterweise äußern darf, ohne als Staatsfeind zu gelten, aber über die übrigen Mitglieder fehlt mir wenigstens jede Urteilsmöglichkeit; die Sozialisten konnten für mich ja nur eine fremde Welt sein. Jedenfalls aber haben sie viel zu wenig Kraft bis in ihre allerletzten Tage gezeigt, sie haben ja leider auch in der Judenfrage, in der ich mich doch sicher über die durch sie propagierte Abwehr des Antisemitismus und über die erhöhte Zulassung der Juden zu den verschiedenen Regierungsämtern gefreut habe, in manchen Dingen doch die Zügel in unsinniger Weise schießen lassen; nicht nur im unterschiedslosen Hereinlassen vieler Schieber, sondern auch in der die psychologischen Grenzen weit überschreitenden Anstellung von jüdischen Beamten. Solche Fehler mußten sich natürlich zu Torheiten auswachsen. –

Wie sehr die kaufmännische Ehrlichkeit damals gelitten hatte, mögen aus meiner eigenen Praxis zwei ganz unwesentlich erscheinende, aber typische Fälle beweisen: Während des Krieges hatte ich im ersten Schuhkaufhaus Berlins zwei Paar Stiefel gekauft, war aber, da wegen der Ledererparnis niemand mehr als ein Paar kaufen durfte, nicht berechtigt, beide Paare mitzunehmen. Das Geschäft machte mir daher den Vorschlag, das zweite Paar zu bezahlen und dort zu lassen, dann wollte es das Paar schon aufbewahren, bis ich einen neuen Schuhkaufberechtigungsschein hätte. So machte ich es auch und bezahlte für das aufzuhebende Paar 20 Mark. Bald aber begann die Mark zu sinken, und als ich den Schein zum Erwerb des zweiten Paares erhielt, wurden die Schuhe schon mit 200 Mark bezahlt. Auf meine Aufforderung, meine von mir bezahlten und aufbewahrten Stiefel zu liefern, machte die Firma Ausflüchte und erklärte, sie hätte die Schuhe nicht mehr, wolle mir aber meine 20 Mark zurückzahlen, für eine Ware wohlgemerkt, die jetzt 200 Mark kostete. Ich klagte wegen dieses unerhörten Vertrauensbruches einer *erstklassigen* Firma und verlor (!) den Prozeß, weil ich kein Recht gehabt hätte, zwei Paar Schuhe zu kaufen. Und die Firma, die mir *selbst* zum Kauf und zur sofortigen Zahlung geraten hatte und die in diesen Dingen doch besser als ich Bescheid wissen mußte, führte *selbst* diesen Einwand gegen mich an!

Ein andermal brachte ich ein Paar ganz neue Maßschuhe zum Aufschlagen zu einer anderen Filiale dieser großen, übrigens christlichen, Firma, und als ich die Schuhe abholen lassen wollte, sagte man, sie seien nicht zu finden und wahrscheinlich gestohlen. Kein Wort von einer Entschädigung. Es wurde soviel gestohlen und eingebrochen, daß kein Kaufmann sich mehr die Mühe gab, Entschädigung überhaupt anzubieten. Ich drohte, falls die Stiefel nicht in zwei Stunden bei mir zu Hause wären, mit Klage. Der Erfolg war, daß sie sich in kürzester Zeit fanden. – So schamlos wurde von *großen* Firmen gestohlen. –

In das kaufmännische Gebiet fällt es wohl auch, daß Universitäten mit dem Verkauf von Doktortiteln, den man sich sonst in vielen Fakultäten durch ein mehrjähriges Studium mühsam erwerben muß, einen schwunghaften Handel betrieben.

Die meisten meiner reichen Freunde waren »Doctores honoris causa«. – Bei Bankdirektoren und Großkaufleuten, denen im Lauf des Lebens durch Prüfung unzähliger finanzieller Propositionen eine große, ja oft viel größere allgemeine Bildung zufließt, als Studierte sie besitzen, hat das eine Berechtigung; aber es ging so weit, daß zum Beispiel ein Hotelbesitzer und ein Besitzer eines großen Schneiderinstitutes Doktoren wurden. Offenbar hat der Schneider das Maß für die Hosen besser als die Professoren das für ihre Wissenschaften zu nehmen verstanden!

Aber *eine* Freude auf kaufmännischem Gebiete habe ich doch gehabt, als mich zur Abwechslung wieder einmal ein Chemiker übers Ohr gehauen hatte, dem ich mit Geld, Rat und Beziehungen zur Herstellung eines chemischen Kriegsproduktes geholfen hatte.

Ich hatte ihm angesichts der Aussichtslosigkeit eines Prozesses, wenigstens zur Beruhigung meines Gewissens und meines Ärgers, gesagt, er sei ein »Schwein«. Er klagte und mein Anwalt meinte, ich könnte der Bestrafung unmöglich entgehen, denn wenn er mich auch hundert Mal betrogen hätte, so könnte ich zwar beweisen, daß er ein Betrüger, aber niemals, daß er ein Schwein sei. Das könne man von keinem Menschen beweisen. Wieder einmal aber trotzte mein Dickkopf dem offenbaren Unrecht und es gelang mir, vorläufig den Prozeß über 1½ Jahre hinzuziehen. Schließlich aber, Dezember 1918, war wieder Termin. Der Gegner wollte sich mit jeder Erklärung zufriedengeben, und der Richter bat mich angesichts der unglaublichen Arbeit, die er durch die Revolutionsereignisse habe, doch ein einziges gutes Wort zu geben; dann sei alles in Ordnung. Mir aber gab ein guter Gott ein, nicht nachzugeben und noch einen neuen Zeugen zu laden; der Richter machte mich darauf aufmerksam und drohte, daß das aber die allerletzte Vertagung sein würde und verschob den Termin auf Januar 1919. Da erhielt ich einige Tage später, noch im Dezember, ein Schreiben des Gerichtes, daß infolge der allgemeinen, durch den Sieg der Republik erlassenen Amnestie auch mein Verfahren niedergeschlagen worden sei. Ich brauchte also keine Gerichtskosten zu zahlen und der Gegner behielt sein »Schwein«. Das war der erste, aber auch einzige »Erfolg«, den ich von der Errichtung der neuen Republik gehabt habe.

Obige Beispiele sind an sich so unbedeutend und nichtig, geben aber doch ein Bild von den Ungeheuerlichkeiten der Zustände nach dem Krieg mit ihrem Gewehrgeknatter, Diebstahl, ihrer Unredlichkeit und der beginnenden Inflation.

Krankheit und Gesundung

Ich hatte von Thomas Tod und seinem befreienden Einfluß auf mein Gemüt gesprochen, obgleich gar kein Grund zu frohlokken war, denn ich konnte mir denken, daß dadurch nun erst recht meine Frau mir für lange Zeit, wenn nicht für immer, verloren bliebe. Da erkrankte ich kurz vor Weihnachten 1921 infolge einer Ohrenentzündung so schwer, daß ich glaubte, ich würde nicht mehr gerettet werden können. Der Arzt verweigerte jedes Narkotikum, da er gerade an den ungedämpften Schmerzen erkennen wollte, ob schon eine Vereiterung vorläge, in welchem Fall er sofort nach dem Fest operieren mußte. Die Schmerzen wuchsen während der zwei Weihnachtstage dermaßen, daß ich am 26. früh zur schweren Operation wie zu einem Freudenfeste ins Sanatorium stürzte, wo infolge vorgeschrittener Vereiterung eine vierfache Schädelmeißelung stattfand, die zwar glücklich gelang, in deren Folge sich aber am nächsten Tage eine Grippe und doppelseitige Lungenentzündung einstellten. Der Arzt benachrichtigte meine Verwandten; auch meine Frau wollte von Tegernsee kommen, war aber infolge eines gerade ausgebrochenen Eisenbahnstreikes verhindert. Ich selbst lag dauernd unter Morphium und kann nur sagen, daß ich mir den Tod, wenn er unter Betäubungsmitteln erfolgt, nicht schwer denke, denn ich kann mich erinnern, daß ich meine Sekretärin zwecks Diktierens einiger letzter Wünsche sprechen wollte, ihr aber, als sie erschien, sagte, ich sei so müde, daß ich lieber schlafen wollte, und mich umdrehte.

Während ich schlief, besuchte mich mein lieber Freund Oscar Suermondt, der mir nachher erzählte, ich hätte schon phantasiert und ihn nicht mehr erkannt, so daß er der Schwester sagte, es sei wohl bald vorüber. Tatsächlich war ich Neujahr 1922 von vier Ärzten aufgegeben, als sich plötzlich eine Besserung durchsetzte, die anhielt und mir nach weiteren zwei bis drei Wochen erlaubte, das Sanatorium zu verlassen, obwohl ich vor Schwäche keinen Schritt gehen konnte.

Wieder acht Tage später saßen meine Freunde Oscar Suermondt und mein Corpsbruder Dr. Andress, die sich zufällig bei mir getroffen hatten, zum Abendessen bei mir, beide scheinbar gesund, während ich noch mehr als schwach war. Suermondt, der in ganz Berlin bekannte, schöne, 73jährige Sports- und Weltmann, mit seiner tiefbraunen Gesichtsfarbe und schneeweißem Haar, »Puma, dem Silberlöwen« wie ich ihn immer nannte, gleichend; der Abkömmling der großen Aachener Patrizierfamilie, dieses Urbild eines Zynikers, Liebling aller vornehmen und anderen Berliner Damen von Chic; und Andress, der einfache, unsportliche, gutmütige, aber etwas rauhe Arzt aus gutem bürgerlichen Hause von kaum 50 Jahren; in der Mitte ich, der geschmeidige jüdische Vermittler zwischen zwei auseinanderstrebenden christlichen Milieus. Und kaum sechs Monate später waren beide Freunde, an die ich noch oft und gerne denke, dahingeschieden. Ich aber erstarkte von der schweren Krankheit von Tag zu Tag schon mehrere Monate an Körperkraft, an geistiger Ruhe, da das Gespenst des Mordes und Selbstmordes von mir genommen war, am Gefühl der Hoffnung, daß ich meine Familie doch noch wieder einmal gewinnen würde; zufälligerweise besserten sich auch meine Lebensverhältnisse durch den Aufschwung der Fabrik. Es war, als wolle das Schicksal mich für so lange Jahre inneren Leidens noch einmal entschädigen. –

In meiner wiedererwachenden Lebensfreude hatte ich mich in Gastein dem Prinzen Joachim Albrecht von Preußen näher angeschlossen, den ich schon von früher von seinem Corps, den Bonner Preußen, und anderen Gelegenheiten her kannte. Er, der jetzt 60jährige, ist ein Sohn des verstorbenen Prinzen Albrecht von Preußen, der Prinzregent von Braunschweig war und durch seine Verwandtschaft zu den Oraniern die weitaus reichste Linie der Hohenzollern vertrat. In seinem unbändigen Lebensdrang paßte dieser Mann gerade für mich, und in seinem Zeichen hat mein Leben bis zu meiner im Jahre 1928 wiedererfolgten Heirat nunmehr gestanden. Ich hoffe zwar, daß ihm einmal seine Freundschaft zu mir nichts schaden wird, wenn dieses Buch vielleicht einmal gedruckt und ein Exemplar in Deutschland sichtbar würde, wo es voraussichtlich auf Geheiß von Dr. Goebbels, des neudeutschen Torquemada, den Flammentod erleiden müßte; aber ich glaube, der Prinz wird sich schon zu verteidigen wissen; hat er doch, als er einmal einige Wochen bei mir wohnte und mehrere Vertreter des »Stahlhelm« im Jahre 1933 ihn fragten, ob er wohl wüßte, daß er bei einem Juden wohne, denselben geantwortet, erstens ginge es überhaupt niemanden an, wo er wohne, und dann sei er mit mir befreundet als Mensch und Corpsstudent und er hielte an mir fest.

Allah ist zwar groß und die vier Fangarme des Hakenkreuzes reichen weit; aber ich möchte bei dieser Gelegenheit des Interesses halber betonen, daß sich mir gegenüber offiziell bis heute kein anderer meiner vielen christlichen Bekannten anders als früher benommen hat; ich wüßte keinen einzigen. Nur *ich* habe mich anders benommen aus dem begreiflichen Gefühl heraus, daß ich meinen Freunden, wenn *ihnen*, was ich nicht genau weiß, privater jüdischer Verkehr verübelt wird, nicht gerne hinderlich sein möchte. Wie das heute in Berlin gehalten wird, weiß ich nicht; in kleinen Städten dagegen ist mir aus direkter Quelle bekannt, daß auch hochangesehenste und makelloseste Juden ihre christlichen Freunde nicht mehr sehen können, ja, ich weiß sogar, daß in einer Stadt von ca. 100 000 Einwohnern zwei Freunde eines hochangesehenen jüdischen Mitbürgers, den sie im Walde trafen, glücklich auf ihn zugingen, ihm die Hand schüttelten und ihm erklärten, wie sehr es sie freue, ihn mal wieder hier begrüßen zu dürfen, da es ihnen in der Stadt nicht möglich wäre. Ja, so etwas gibt es im Jahre des Heils 1936! Mir aber, der ich in der Ungeniertheit, Unbeschwertheit und Geistesfreiheit nicht nur den Haupt-, sondern den *einzigen* wirklich großen Reiz im Verkehr zwischen Menschen sehe, mir genügt es völlig, um mir jede Freude zu versalzen, wenn ich aus irgendwelchen Bedenken heraus einem Bekannten nicht unbefangen und frei entgegentreten kann. Darum wünsche ich, daß mich ein gnädiges Geschick davor behüten wolle, noch einmal im Leben im persönlichen Verkehr eine Mördergrube aus meinem Herzen machen zu müssen, und daß es mir für die paar vielleicht noch vergönnten Jahre erlauben möge, auch im Verkehr mit Menschen nicht mehr und nicht weniger als ein »independent gentleman«, und nur ein solcher in dem schönen, echten, das heißt englischen Sinne sein zu dürfen. –

Prinz Joachim ist ein Mann von solcher Lebensbejahung und Freudigkeit, wie ich ihm im Leben noch niemals begegnet bin, wie er auch nur in ganz wenigen Exemplaren existieren kann, da die dazu nötigen rein äußerlichen Verhältnisse, hohe Stellung, Riesenvermögen, blendendes Aussehen, etc. die Vorbedingung dazu sind. Er ist von unbegreiflicher Güte; ich habe nie einen Wunsch geäußert, den er nicht gerne erfüllt hätte. Eine unbändige Heiterkeit läßt ihn fast kindliche Dinge tun. Dabei zeichnet ihn eine immerhin große Bildung und ein tiefes, strenges religiöses Gemüt aus, ähnlich dem meines verstorbenen katholischen Freundes, des Fürsten Blücher; das »Buch aller Bücher« kennt er wie kein anderer und versteht es, darin oft passende Stellen und Vergleiche für eigene Erlebnisse zu finden. Er hat mir mehrere Male stundenlang aus der Bibel vorgelesen und mich oft gebeten, ihn in die Kirche zu begleiten, was ich auch manchmal tat, obwohl mich protestantischer Gottesdienst allzu kaltläßt; aber er hat immer mit Freuden anerkannt, wie stark ich meinen jüdischen Standpunkt vertrete und daß ich Jude bleibe. –

So taktvoll er sonst ist, so kann er doch gelegentlich mal über die Stränge hauen. Als Beweis fürs erstere ist mir erinnerlich, daß ich einmal zu einem Konzert von Berlin nach Linz fuhr, und mein Zug statt um sechs Uhr früh erst gegen acht Uhr ankam. Der Prinz war um sechs Uhr an der Bahn, und statt wieder heimzugehen und sich ins Bett zu legen, wie ich und alle meine lieben jüdischen Freunde es getan hätten, blieb er im Wartesaal bis ich kam. Da steckt nun mal solch eine sehr strenge preußische Erziehung dahinter. Aber andererseits, wenn er getrunken hatte und wir auf's Politische kamen, da konnte er sich doch wohl vergessen.

Daß er natürlich ein Gegner der Demokratie und Sozialdemokratie ist, von der er behauptet, von seinem Standpunkt aus mit Recht, sie hätten sein Haus um Thron und manchen Batzen bestohlen, kann man ihm schließlich nicht verübeln; aber so außerordentlich liebenswürdig und zuvorkommend er auch gegen den jüdischen Menschen ist, so kann er den politischen deutschen Muttermilch-Antisemitismus nicht immer ganz verleugnen. Wie vom Russen das Sprichwort gilt: »Gratez le Russe, et vous trouverez le tartare«, so gilt eben nun leider einmal beim Deutschen das »Gratez l'Allemand, et vous trouverez l'antijuif«. Aber darum bleibt uns nichts übrig, als immer würdig gegen Vorurteile anzukämpfen. In einem Gedicht, das ich ihm zum Geburtstag machte, kommen die Verse vor:

> »Zwar ist's nicht leicht, mit Ihnen konversieren,
> Ob diesem Lande taugt die Republik;
> Recht heikel auch an Rassenfragen rühren,
> Und haßbewegte völk'sche Politik;
> Doch ob wir noch so heftig disputieren,
> Bald bannt Sie wieder Dichtung und Musik;
> Denn wen der Gott der Kunst zu sich geladen,
> Bleibt Künstler, Prinz, Künstler von Gottes
> Gnaden.«

Es kam sogar leider einmal vor, daß er eines Abends, als wir in Gastein beim Weine politisierten und er etwas über die Stränge schlug, ich mit den Worten aufstand, daß das zu weit ginge und das Lokal verließ. Am nächsten Morgen um ½8 Uhr saß er bereits an meinem Bett und bat um Entschuldigung, falls er sich im Weindusel vielleicht vergessen hätte.

Ich glaube, was ihm an mir imponierte, war, daß ich, wohl durch meinen Aufenthalt in England beeinflußt, die richtige Mitte zwischen einer in Deutschland üblichen Überschätzung und einer dort oft zu treffenden Übernonchalance von Menschen zu halten verstehe, die gerne überhaupt keine Unterschiede gelten lassen möchten. Denn über eines wollen wir uns doch einmal klar sein: Nirgends gibt es ein stärkeres Bewußtsein der nötigen, aber natürlichen und selbstverständlichen Distance, als gerade unter höchstgestellten Persönlichkeiten selbst, und ich kann nur immer wieder bedauern, daß dieses Gefühl und der Wunsch zur Distanz unter uns Juden nicht immer genügend existiert. Wir sollten das einsehen: Das Prinzip der Gleichheit der Menschen, der Sozialismus im schönsten Sinne, dem wir Juden ja wohl mehr als andere in unserem, ich möchte sagen, sozialaristokratischen Gefühl unbewußt und gerne zustreben, gleicht nicht alle Unterschiede aus. Ich persönlich bin zum Beispiel entrüstet, wenn ein 40 Jahre jüngerer Mensch es an der Altersehrfurcht vor mir fehlen läßt, die ich als 73jähriger heute noch dem 80jährigen mit Freude stets und gerne erweise. Wir sollten uns ruhig selbst in dieser Beziehung zu vervollkommnen suchen: Ich sage »suchen«, denn von heute auf morgen geht es natürlich nicht. Aber wo ein Wille ist, gibt es auch hierfür einen Weg. Dadurch fällt keinem ein Zacken aus seiner Krone! –

Das Hervorstehendste an Prinz Joachim ist seine überaus große musikalische Begabung; er spielt nicht nur glänzend Cello, sondern komponiert und dirigiert, beides mit vollendeter Künstlerschaft, der kaum noch Dilettantenhaftes anhaftet. Seine hervorragendsten Kompositionen sind Phantasien und symphonische Dichtungen: Werke wie »Raskolnikow«, »Anna Karenina« sind mit tiefem Gefühl geschaffen und lassen nirgends die Beherrschung aller musikalischen Mittel vermissen. – Genauso heiter und fast kindlich lustig als er sonst ist, genauso ernst ist er als schaffender Künstler. Zudem zeichnet ihn ein gewaltiger Fleiß aus; mag kommen was wolle, er sitzt von acht bis elf Uhr und nachmittags zwei Stunden und komponiert und schreibt Partitur und jede Stimme für großes Orchester selbst aus. Alle seine Kompositionen dirigiert er selbst, aber niemals fremde, um den berufsmäßigen Dirigenten Konkurrenz zu ersparen. Man kann sich denken, wie schwer es ist, immer neue Konzertprogramme mit Werken nur eines Komponisten zusammenzustellen; doch habe ich ihm, um ihm und auch mir selbst Freude zu machen, manchen Konzertabend arrangiert und auch die Programme mit ihm entworfen. Steht er auf dem Podium mit seiner noch gertenschlanken Gestalt, so empfindet jedermann Achtung vor seinem tiefen musikalischen Ernst, vor seinem starken Können und der imposanten Ausführung. –
Daß ein solcher Mann jeden Zulauf hat und über seltene Beliebtheit verfügt, ist selbstverständlich, und davon habe ich, der

jeden Sommer einige Monate und auch oft im Winter mit ihm reiste, großen Nutzen vor allem für die Wiederherstellung meines geistigen Equilibriums gezogen und eine gewisse Lebensfreude wiedergewonnen. Es war ein neues Leben für mich, und ich war immer in lustiger Gesellschaft. Einige Monate verbrachten wir in Wien, wo der Vormittag bis nach Tisch unter heiteren Spaziergängen und oft künstlerischen Besuchen verging; und dann hatte ich nichts weiter zu tun, als um sieben Uhr im Smoking dazustehen. Dann kam auf die Minute der Prinz und holte mich zu irgend etwas Reizvollem ab: Da gab es Theater und Konzerte, Verabredungen mit einer großen Sängerin, ein Diner mit der Primadonna vom Ballett, ein Souper mit einigen Ballettratten, Bälle, Einladungen zu Gesandten und zu Finanzgrößen etc. Zur Oper erhielten wir oft eine Loge vom Intendanten, meinem verehrten Rat Schneiderhau, kurz, eine bequemere Art des Lebens hatte ich nie gekannt. Dritter in unserem Bunde war noch ein anderer »Meister«, so nannten wir uns nämlich: Meister der Musik, der Dichtkunst und der Malerei; der letztere war Konrad Meindl, ein Österreicher. Und unserem Trifolium flossen von allen Seiten immer Einladungen zu. – Da erkennt man erst, wie komisch die Welt ist: Hundert Mal haben sich mir Persönlichkeiten genähert, die mich, den sie für einen Adjutanten hielten, um Vorstellung baten. Eines Tages erzählte man mir, in einer Gesellschaft sei davon die Rede gewesen, wie am Abend vorher der Prinz mit seiner Begleiterin dagesessen habe und wie beim Nahen einer Dame der Hofmarschall aufgestanden sei und ihr die Hand geküßt hätte. Da hätte man wieder einmal die Grazie der leider so ganz ausgestorbenen Hofmänner von früher gesehen. Der graziöse »Hofmarschall« aber war ich! Ich habe unzählige Verwechslungen dieser Art erlebt. »Mundus vult decipi, ergo decipiatur!«

Nicht anders war es, wenn der Prinz manchmal mit mir zu großen Corpsfestlichkeiten, öfters auch mit seinem Corpsbruder Exzellenz von Reischach, war es nun ein Ball oder ein Commers, ging. Die Herren saßen meist am Tisch meines Corps und allmählich schlängelten sich die Exzellenzen an uns heran. Und genauso war es beim großen Commers in Kösen.

Der Prinz war auf meinen Rat mit mir in seinem Auto von Berlin dorthin gefahren; wir verlebten herrliche Tage, und nach dem Commers saßen an unserem Tisch wieder der Sohn des Kronprinzen und eine Anzahl von Exzellenzen und Honoratioren. Daß ich, der einzige Jude dieser Gesellschaft von Tausenden von Menschen, dies gerade arrangiert hatte, machte mir natürlich Freude, das war ja kein Snobismus; konnte ich in solchen Augenblicken doch wirklich das Gefühl haben, daß all der böse Antisemitismus doch seine Grenzen hat und mehr in der Überphantasie der Juden und in der Trägheit der Christen bestand, die süße alte Gewohnheit des Judenhasses abzulegen. Aber weit gefehlt! In vornehmen Kreisen wohl; da war noch Raum für Hoffnung; aber ich hatte nicht mit den Spießern gerechnet, die fähig sein sollten, das Feuer eines Präriebrandes zu entzünden.

Daß ich gerade durch den Prinzen die Gelegenheit hatte, unzählige Menschen kennenzulernen, ist so natürlich, daß es sich gar nicht lohnt, dieselben aufzuzählen. Ich will von besonders interessanten nur seinen Bruder, den überlebensgroßen Prinzen Friedrich Heinrich, einen der reichsten Magnaten Deutschlands erwähnen, dann zwei kaiserliche Prinzen, viele Diplomaten, so seinen Corpsbruder, den im Flugzeug verunglückten Botschafter in Amerika, Ago von Maltzahn, den Grafen Lerchenfeld und eine Unzahl von Musikern, Dirigenten und Komponisten, wie zum Beispiel Franz Lehár. Von Damen die schöne Herzogin von Arenberg und ihre Tochter, die hier ganz in Merans Nähe residierende Herzogin von Pistoja, und viele andere. Man geriet von einem zum anderen. –

Eines Abends waren wir im Theater. In der Pause im Foyer grüßte ein junger Mann; der Prinz ging auf ihn zu und unterhielt sich mit ihm. Der Herr verbeugte sich vor mir, ich gab ihm die Hand, wir plauderten zu dritt über die Oper. Nachher fragte ich den Prinzen, wer der junge Herr gewesen sei, dessen Gesicht mir bekannt schien. Er lachte laut: »Kennen Sie den nicht, das ist doch mein zweiter Diener«, der natürlich sonst die Livrée trug. In gemütlicherem, menschlicherem Lichte habe ich die Welt vorher und nachher nie wieder gesehen. –

Von unseren vielen, vielen komischen Erlebnissen will ich

228

nur eines, weil es typisch ist, erzählen. Der Prinz war in Wien durch irgendeine Empfehlung an einen Konzertagenten niedrigster Sorte geraten und erzählte mir, er habe ein Konzert für Wien für den großen, 2000 Personen fassenden Konzertsaal in drei Monaten unter sehr angenehmen Bedingungen ausgemacht. Wenn man mir Fertiges erzählt und ich doch nichts daran ändern kann, frage ich nicht weiter nach, aber ich hatte kein Vertrauen zu dem Agenten. Ein bis zwei Wochen vor dem Konzert fuhr der Prinz nach Wien, und ich versprach, zwei Tage später nachzukommen. Als ich ankam, war er an der Bahn und teilte mir sofort mit, das Konzert fände nicht statt; dieser Kerl hätte weder das Geld zur Saalmiete noch für Reklame oder Ankündigungen und so weiter gehabt und verlange jetzt von *ihm* Tausende von Kronen. Alles andere als erstaunt bat ich ihn, sofort mit dem Agenten und Meindl zu mir ins »Imperial« zu kommen. Als der Mann erschien, der so wenig mit Konzertagentur zu tun hatte, wie ich (leider!) mit der Bank von England , sagte ich ihm, daß ich mir lange meinen Teil aufgrund seiner großen Versprechungen gedacht hätte; dem Prinzen, dem er ja ansehen könne, daß er von Geld nichts verstehe, hätte er zumuten können, daß er in der Verzweiflung des letzten Augenblickes bereit sein würde, alles aus eigener Tasche zu zahlen, um der Blamage zu entgehen; aber jetzt hätte er es mit mir zu tun; mir könne er nichts vormachen, und da er zu der Klasse Juden gehörte, die den anständigen Juden einen schlechten Namen machten, so erklärte ich ihm, wenn das Konzert nicht in sieben Tagen zustandekäme, ich ihn bei sämtlichen in Betracht kommenden Persönlichkeiten und in allen Zeitungen uns so weiter erbarmungslos ein für allemal unmöglich machen würde. Wir ständen für 300 Billets gut; aber alles andere sei nun seine Sache.

Nun ging ich mit einer Empfehlung zu einem in Wien führenden, leider vor kurzem verstorbenen diplomatischen Journalisten, Dr. Münz, der ein Buch über »King Edward VII. in Marienbad« herausgegeben hat. Ich bat ihn, sich der Sache anzunehmen; sofort telefonierte Münz allen Botschaften und Gesandtschaften und lud zu einem Tee am nächsten Tage aus Anlaß der Anwesenheit des Prinzen ein. Es kamen viele Diplomaten mit ihren Damen und alles nahm natürlich Billets. Mein Freund Baron Sigi Springer nahm allein 100 Billets, die er an Freunde verteilte; andere Bekannte halfen mit, ich selbst schrieb einen Zeitungsartikel, der Agent erließ Anzeigen, und trotz der schlechten Wiener wirtschaftlichen Verhältnisse war der Saal am Abend mit dem besten Publikum fast gefüllt. Es war ein Bombenerfolg, künstlerisch und gesellschaftlich. Nur war der Prinz traurig, daß er an dem darauffolgenden allgemeinen Souper neben einigen korpulenten älteren Damen, die sich auch bemüht hatten, sitzen mußte, statt sich mit einigen Ballettelevinnen, die auch gekommen waren, zu vergnügen. Da haben Meindl und ich ihn dann gern vertreten.

Das Interessante an der ganzen Geschichte war aber, daß der Prinz, als ich bei der höllisch ernsten ersten Unterhaltung mit dem Agenten diesem meinen Standpunkt ziemlich unverblümt klarmachte, sich die Hucke vollachen wollte und mich fast aus dem Text brachte. Auf meine Frage nach dem Grunde seines Lachens antwortete er dann, er hätte nie gewußt, daß ein Jude einen anderen so anschreien könnte, und hätte gedacht, sie machten gegen den Christen immer gemeinsame Sache. Ich habe ihm diesen Glauben gründlich genommen und ihm erklärt, daß, wie es Hohenzollern und christliche Raubmörder gäbe und man sie niemals beide als Christen in einem Atem nenne, die Spanne zwischen vornehmen und schlechten Juden genau ebenso groß sei – ja, Heine sagt sogar, sie sei *noch* größer als bei Christen – und daß gerade die makellosen Juden sich gegen ihre schlechten Stammesgenossen um so mehr zu wenden hätten, weil ihnen deren Fehler unsinniger –, ungerechter- und ungebildeterweise immer mitangerechnet würden.

Unter all solchen Zerstreuungen verging mir das Leben leichter als seit langer Zeit, und auch sonst hatte ich mich wieder mehr an Menschen angeschlossen. So verbrachte ich in Berlin einen Abend jeder Woche an einem Stammtische, an dem sich mehrere Politiker, meist konservative, wie zum Beispiel ein bedeutender Journalist und Abgeordneter, der sehr kluge Leiter der »Täglichen Rundschau« Dr. Rippler, dann der Regierungsrat Rudolf Martin, der frühere Londoner Botschaftsrat Baron

Hermann Eckardstein, der überaus witzige Legationsrat Kuno Tiemann und andere, auch ein Dr. Schnitzer, und zeitweise ein Geheimrat Kapp zusammenfanden. Ich traute meinen Ohren kaum, als ich eines Tages hörte, mein Tischgenosse Kapp hätte die sozialistische Regierung gestürzt, sich zum Reichskanzler gemacht und Schnitzler zu seinem Pressechef ernannt; aber die Herrlichkeit dauerte nicht lange; nach drei Tagen war der arme Kapp wieder in die Versenkung verschwunden und ist bald hierauf gestorben, während ich Schnitzler, der fliehen mußte, nie wieder gesehen habe. Ich habe keine Ahnung, was aus ihm geworden ist. –

Ein interessantes Mitglied der Gesellschaft, mit dem ich auch sonst öfters zusammenkam, war Eckardstein, den ich noch von London her zur Zeit seiner Ehe mit der einzigen Tochter des schwerreichen Sir Blundell Maple kannte. Eckardstein hat in den Memoiren des Fürsten Bülow leider eine recht schlechte Note erhalten und galt auch sonst später als wenig seriös, da er viel Ärger mit der Familie und der Scheidung hatte. Trotzdem weiß ich nicht, ob Bülows Urteil über ihn richtig war; ich möchte es jedenfalls weder hoffen noch glauben, denn ich hatte Eckardstein aufrichtig gerne; was gingen mich seine Feindschaft mit Bülow, in dem er den »Reichsverderber« sah, und mit dem Außenminister Solf an, der jüngst verstorben ist?

Es hatten da aufgrund politischer Anschuldigungen furchtbare Kämpfe stattgefunden; so erzählte mir E. – es klingt fast wie eine Schnurre – er sei einmal mit einer Wache von sechs Mann zum Außenministerium gezogen und habe Solf gezwungen, ihm seine Privatakten herauszugeben, die man ihm dort zu Unrecht abgenommen hatte. Sicher ist dies: Man hat E. am Anfang des Krieges miserabel behandelt, ihn direkt aus dem Hauptquartier des Kronprinzen als quasi Hochverräter verhaftet und in die Zitadelle von Köln gebracht, wo er von Tag zu Tag gefürchtet hatte, erschossen zu werden; manchmal, wenn im Hof Sand geschüttet wurde, habe er gedacht, dorthin gestellt zu werden.

Was von den unendlich vielen und interessanten Erzählungen Eckardsteins Wahrheit, und ob vielleicht etwas viel Dichtung dabei war, kann ich nicht ermessen; mir genügten manche Erzählungen, um mitzufühlen, daß er unter den gegenseitigen Gehässigkeiten schwer litt. Ich mindestens glaubte ihm, wenn er uns recht plastisch von seinem ersten Frühstück bei dem mit seinem Vater befreundeten alten Bismarck erzählte, der ihn bei Tisch scherzhaft examinierte und beeinflußte, vom Kürassieroffizier zum Diplomaten hinüberzuwechseln; wenn er von seinen Zeiten als Botschaftsrat in London sprach, als er den erkrankten Botschafter Grafen Hatzfeld tatsächlich in wichtigsten Dingen zu vertreten hatte. Er erzählte auch, wie der damalige Prince of Wales, später König Edward VII., ihm über die hochinteressante Idee eines Bündnisses zwischen England, Deutschland und Japan gesprochen hatte, über das ich notorisch später in den Memoiren des japanischen Botschafters Hajachi nachlesen konnte; und wie ihm von der Wilhelmstraße verboten wurde, die Idee weiterzuverfolgen. Er schilderte auch ein luncheon bei der Queen Victoria, dem er am runden Tisch mit vielen Angehörigen ihrer Familie beiwohnen zu dürfen die Ehre hatte. Er kannte so manches weniger angenehme Ereignis zwischen dem Prince of Wales und seinem Neffen Wilhelm II., die beide Eckardstein notorisch zu einer Zeit recht gerne hatten; er erzählte, wie derselbe Prinz, den er an einem der mannigfachen politisch-kritischen Tage auf der Jockeyclubtribüne in Longchamps traf, ostentativ sofort auf ihn, den einzigen anwesenden Deutschen, zuschritt und ihm die Hand schüttelte; und schließlich sprach er von dem denkwürdigen Londoner Abschied Wilhelms II., als die höchste Persönlichkeit der militärischen Begleitung des Kaisers beim Anblick der auf Charing Cross auf den Kaiser wartenden Lord Mayors und Sheriffs von London laut über den Bahnsteig rief: »Na, was sind denn das für Kerls dort?«, worauf E., der nur Reserverittmeister war, zu diesem Generalleutnant hingeeilt sein und ihm gesagt haben will: »Exzellenz, ich stehe hier als Vertreter Seiner Majestät des Kaisers und ersuche Sie, sofort kein Wort mehr zu sagen, da verschiedene der Herren deutsch verstehen.«

Stunden und Nächte konnte ich so E.'s Worten über Hunderte mich interessierende, englische Persönlichkeiten lauschen, angefangen mit dem Prince of Wales, den er unendlich verehrte, über Lord Rosebery, Lord Salisbury, Balfour, Joe Chamberlain, den Erzbischof von Canterbury, den ihn besonders befreundeten Baron Alfred Rothschild, der ihm manchmal über den Tisch launige, nur Eckardstein verständliche, den anderen unverständliche jüdische Scherzworte zugerufen haben soll. So konnte E. auch von der City, vielen großen und kleinen Geschäftsmännern, von Rennleuten, Theaterstars und anderen erzählen. Er konnte nachts niemals den Weg nach Hause finden, trank die letzten Jahre recht viel, viel zu viel, und »fing« manchmal »Fliegen« (wohl eine Nervenschwäche, bei der er in der Luft mit den Fingern herumfuhr), aber ich habe persönlich nie Inkorrektes von ihm gesehen, habe freundliche Gefühle für ihn gehabt und den vor nur wenigen Jahren erfolgten Tod des Mannes, der einst so unerhört glänzende Tage gesehen hatte, sehr bedauert. Es ist schade, daß der uralte, senile Fürst Bülow sich gerade ihm gegenüber in seinem Urteil so wenig menagierte; ich meine, Memoirenschreiber dürften, da ja natürlich doch immer etwas hängenbleibt, höchstens betreffs Tatsachen, nicht aber bezüglich Charakterbezeichnung so scharf urteilen.

In jene Jahre 1921–1926, über die ich hier berichte, fiel auch die Markinflation, und so entsetzlich sie in den Folgen war, so urkomisch erschien sie einem doch. Lange Zeit konnte man ihr wirkliches Wesen ja gar nicht erkennen. Da überlegte man sich wohl einen Abend, ob man sich für 10 oder 20 Millionen Mark diese oder jene Delikatesse gönnen sollte, oder ob es nicht doch zuviel sei. Am nächsten Tag sah man, daß man fast umsonst gespeist hatte. – Eines Tages stieg ich in einen Omnibus. Der Wind entführte mir einen Fünfmilliardenschein; ich sehe ihn noch hoch in der Luft über den Pariser Platz flattern; erregt rief ich dem Schaffner zu: »Halten, bitte sofort halten.« Der Schaffner fragte, warum. Ich sagte, mir sei ein Schein fortgeflogen; er fragte, wieviel, ich rief: »Fünf Milliarden, halten Sie doch!« Da sagte der Mann aus dem Volk: »Wegen fünf Milliarden wird doch ein Mann wie Sie nicht halten lassen.« Ein paar Tage später hatte ich ihn verstanden. Die fünf Milliarden waren kaum einige Pfennige wert. –
Am herrlichsten aber war damals die Freude über das Stei-

gen der Börsenpapiere. Viele derselben hatten 15 oder 18 oder 24 Nullen hinter der Ziffer. Zum Schluß besaß ich vor der Deflation, als das Vermögen durch eine Billion, das heißt 1000 Milliarden, dividiert wurde, Quadrillionen!!!! – Sinnlosigkeit, wie das ganze damalige und vielleicht auch das ganze heutige deutsche Leben, das von einem Abgrund in den anderen fiel und vielleicht weiterkullert! Allabendlich kaufte ich mir damals die Zeitung mit dem Kurszettel und ging in meinen Sportclub.

Sportclub

Dort saßen schon ein Dutzend Leute, die alle die Kurse ihrer Papiere nachlasen und Nullen abzählten. Ich nahm ein Lineal, bedeckte ein bis zwei Dutzend Nullen und zählte den Rest. Und dann war man jeden Abend wieder um viele Milliarden reicher. –

In diesem Club habe ich in meinen traurigsten Zeiten während langer Jahre die Zerstreuung und Erholung gefunden, ohne welche ich über meine oft unendlich schweren Seelenkämpfe nicht hinweggekommen wäre. Man war dort vorzüglich aufgehoben, wurde glänzend verpflegt und fand meistens eine Piquet- oder Bridgepartie. Daß ich dort im Laufe der Zeit eine Unmasse interessanter Menschen unter Mitgliedern und Gästen kennenlernte, liegt auf der Hand.

Mein bester Freund, der dort durch viele Jahre sein Spielchen machte, war Dr. Richard Jaffé, der offiziell Anwalt, aber im Lieblingsberuf Schriftsteller war und ein viel gegebenes Schauspiel »Das Bild der Signorelli« geschrieben hat; einer der feinstgebildeten Männer, die mir je begegnet sind, wie übrigens in ähnlicher Weise auch sein älterer Bruder Dr. Moritz Jaffé. Beide sind schon lange dahingegangen, Richard Jaffé verfügte über erstaunliche Kenntnisse der Kunst und Literatur der ganzen Welt, vielleicht der universellen Literaturbildung vergleichbar, die zum Beispiel ein mir glücklicherweise heute noch manchmal begegnender Herr besitzt, dem ich auch im Club nahetrat, Dr. Victor Manheimer, ein Meister der Germanistik und seltener Kenner der deutschen und italienischen Literatur. Richard J. war in allem ein jüdischer Edelmann im besten Sinn; an Klugheit, Sicherheit des Urteils, Takt, Hilfsbereitschaft und Auftreten unübertrefflich; der Freund aller Juden und Christen, ein Mann, der *nur* Freunde gehabt hat. – Neben ihm war ich mit dem Anwalt Dr. Paul Tiktin am meisten befreundet, auch er war ein Liebling aller Berliner Kreise.

Von Diplomaten sind mir außer einer Unzahl deutscher und fremder Gesandter besonders der Botschafter Solf, dem ich noch in ganz jungen Jahren nähergetreten war, erinnerlich; ferner auch Graf Redern, der dem Prince of Wales, dem späteren König Edward VII., als Freund besonders nahegestanden haben soll; sein Schwiegersohn Fürst Lymar und der Unterstaatssekretär Wilhelm von Stamm, die, wenn ich nicht irre, alle drei der deutschen Botschaft in London längere Zeit angehört haben.

Von Staatsmännern verkehrte viel im Club zunächst mein verehrter Freund, der einstige Reichstagsvizepräsident Siegfried von Kardorff, Gatte der ebenso liebenswürdigen wie klugen früheren Frau von Oheimb, der mir auch als Saxoborusse und Cartellbruder vom Corps her bekannt war. Kardorff, den wir im Club vielleicht für einen allzu großen Lebensgenießer hielten und nicht für allzu fleißig, der sehr kluge Sohn seines einstmals mit dem alten Bismarck eng befreundeten, sehr klugen Vaters, war schon einmal zu Hindenburg berufen, um Reichskanzler zu werden, fand aber in seinen eigenen konservativen Kreisen nicht die nötige Unterstützung, da er als konziliante Kompromißnatur gerne gelegentlich etwas nach links neigte. Er galt sogar eine ganze Zeit lang als künftiger Nachfolger Hindenburgs als Reichspräsident. Herr von Papen, über den ich noch zu berichten haben werde, verkehrte auch längere Zeit sehr viel im Club; er war durchaus Gentleman, gemütlich, natürlich, von unbezwinglicher Artigkeit und Entgegenkommen. Daß er und zum Beispiel auch Herr von Ribbentrop einmal eine so hervorragende Rolle spielen würden, habe ich, offen gesagt, nie geahnt. Da aber nach Voltaire Worte dazu da sind, um die Gedanken hinter ihnen zu verbergen, so beweist schon der Umstand, daß mir aus ihren Worten niemals ersichtlich geworden ist, welche hochfliegenden Pläne sie in ihren Köpfen wälzten, daß sie recht gute Diplomaten sein mögen. –

Herrn von Ribbentrop hatte ich ja, wie erwähnt, als jungen Leutnant im Jahre 1917 noch gekannt. Ich traf ihn dann einige

Male gesellschaftlich mit seiner reizenden Frau, und dann wohl seit Mitte der 20er Jahre wieder öfters im Club, wo wir uns gelegentlich unterhielten, meistens über Rennen, da er inzwischen Rennmann geworden war. Er nahm mich einige Male in seinem Auto mit zum Rennen – aber wir unterhielten uns natürlich über alles andere als Politik, denn daß er politisch interessiert sei, habe ich nie gewußt. Daß er ein wohlüberlegter, sicherer und energischer Mann war, der für sein Alter mehr als der Durchschnitt wußte, was er wollte, sah man bei jeder Bewegung sofort; der klare, ruhige Blick seiner Augen und seine vollendete Liebenswürdigkeit vervollständigen das Bild des Gentleman, das in dem hierfür besonders feinfühligen England offenbar auch sehr gefällt.

Daß Ribbentrop und Papen dem heutigen Regime so nahestehen, kann ich, da es Politiker sind, verstehen. Was ich aber gerne wissen möchte, ohne es wohl je zu erfahren, ist dies: Staatsmänner können sich natürlich um Menschenleben, die für sie nur Zahlen bedeuten müssen wie zum Beispiel im Krieg, nicht viel kümmern. Wie aber diese beiden zweifellos feineren Naturen sich mit den Auswüchsen dieses Hitler- und vor allem Streicher-Antisemitismus, mit seinen Ungerechtigkeiten, seinen Grausamkeiten und Selbstmorden, seiner so unnötigen, aber auch so *ganz* unnötigen Seelenpein von Hunderttausenden von Menschen, und last but not least seiner Unkultur abfinden konnten, das zu wissen, würde mich doch einmal höllisch interessieren.

Papen war sicherlich kein Antisemit; das habe ich aus zu vielen Unterhaltungen erfahren; bei Ribbentrop, mit dem ich darüber nie sprach, habe ich gefühlsmäßig keinen Grund anzunehmen, daß er es war. Ich glaube es auch nicht, weil ich – wenn ich ganz offen sein soll – überhaupt noch nie im Leben einem *wirklich klugen* Mann auf diesem Planeten begegnet bin, der ein wahrhaft überzeugter, unbedingter Antisemit gewesen ist; denn Antipathie gegen eventuelle jüdische Eigenheiten oder Auswüchse und Ausnützung des Judenhasses als brauchbarste politische Plattform bedingen bei klugen Menschen doch wirklich keinen Antisemitismus, der die ganze Rasse verwirft, eine Rasse, die immerhin doch mit das Wunderbarste in der Weltgeschichte geleistet hat, sich durch mehrere Jahrtausende lange Knechtschaft auf so hoher kultureller Höhe zu erhalten. Das hat bisher noch jeder kluge Mensch eingesehen, und darum gehe ich hierin sogar so weit zu glauben, daß Hitler, nachdem der Antisemitismus ihm zu seinem Zweck verholfen hat und er inzwischen wohl von besseren Juden und jüdischen Staatsmännern in den großen westlichen Demokratien mehr gehört haben dürfte, seinen Haß innerlich schon etwas zurückgestellt haben wird. – Wenigstens hoffe ich das, denn sonst wäre seine Klugheit, die er doch in vielen Fällen zeigte, nicht zu verstehen.

Ein anderer hochinteressanter Staatsmann, den ich übrigens kaum im Club traf, mit dem ich aber während eines Wiesbadener Aufenthaltes viel zusammen war, war der mit großem geschäftlichen Sinn, hochfliegenden kommerziellen Plänen und kaustischem Witz begabte Landwirtschaftsminister von Podbielski, im Volksmund »Pod« benannt, der nur leider damals schon stark gichtbrüchig war, aber trotzdem seinen feinen Witz behielt. –
Von schriftstellerisch begabten Persönlichkeiten erinnere ich mich des Afrikareisenden Schillings, der mich zu einer afrikanischen Reise einlud, als deren Ergebnis er, der manchen Löwen dort geschossen, das Buch »Mit Blitzlicht und Büchse« mitbrachte. Leider hatte er sich dort das Morphium angewöhnt, als dessen Opfer er viel zu früh dahinging. Er war der Bruder des Komponisten und Dirigenten Sch., der auch zeitweise in unserem Club verkehrte. – Ein anderes interessantes Mitglied, das ich vor langen Jahren als Husarenleutnant, Rennreiter und Trainer kennenlernte, war ein junger Mann, der viel mehr spielte, als ihm guttat; er war der Sohn des berühmten Leipziger Strafrechtslehrers Binding. Eines Tages ging er nach England, wo er manchmal mit Pferden handelte, und kaufte ein Pferd »Over Noston«, mit dem er das erste große Flachrennen der Saison, das »Lincolnshire«, das Streben und die Hoffnung aller Rennleute den Winter über, gewann. Ich war wie aus den Wolken gefallen, aber noch ehe ich wieder in dieselben hinein konnte, hatte Binding schon umgesattelt, den ganzen Pferdebetrieb an den Nagel gehängt, wurde Dichter und gehört heute tatsächlich und kaum glaublich zu den besten, ja *fast klassischen* Dichtern Deutschlands!

Von hohen Militärs lebt in meiner Erinnerung am meisten das Bild des nun auch schon lange verstorbenen Generals Hoffmann, des Generalstabchefs der Ostarmee im Weltkriege, besonders bekannt durch den Friedensschluß von Brest-Litowsk, den er 1918 gegen Rußland abschloß, wobei er sich die bekannte Geste leistete, die ihm, wie er mir selbst sagte, von Ludendorff aufgetragen war, daß er Trotzki gegenüber auf den grünen Tisch mit den Worten »Schließlich sind wir die Sieger«, schlug, was ihm übrigens später, als das Blatt sich gewandt hatte, oft vorgeworfen worden ist.

Hoffmann war ein sehr großer und glänzend gewachsener Mann mit gutgeschnittenem Gesicht, ausdrucksvollen Augen und weit in die Stirn hinaufgezwirbelten Augenbrauen. Nur war er, wenn er auch außerordentlich viel erreicht hat, allzu selbstbewußt. Ihm fehlte auch die Geschmeidigkeit des Aristokraten; trotz seiner großen Erfolge schien er mir noch allzuviel an den drillenden Offizier des Kasernenhofes zu erinnern; jedenfalls war er auch kein Anhänger des von mir, aus dem Munde des so taktvollen Prince of Wales seinerzeit gehörten Grundsatzes, daß »wir im Club alle tun, was uns beliebt«, denn er verlangte eine Verehrung und gewissen Vortritt, den ja jeder gut erzogene Mensch einer bedeutenden Persönlichkeit gern freiwillig zollen wird, auf die man aber doch im Club und im Spiel zu pochen nicht das Recht hat. Darum stand ich artiger, aber englisch gewähnter freier Mann manchmal etwas quarante-sept* mit ihm, wie ich überhaupt im Club wie im Leben ausgesprochene sehr gute Freunde, aber auch ebenso gute Feinde hatte und nie eine gleichgültige, farblose Persönlichkeit war, weil ich, alles andere als Kompromißnatur, allzu starr an meinen Prinzipien hing, bei deren Nichtbeachtung ich leicht eingeschnappt war. –

Hoffmann hatte einmal einem Bekannten gegenüber geäußert, ich sei wohl kein sehr kluger Mensch, was mir zu Ohren gekommen war, was ich aber vernünftigerweise, da das ja keine Beleidigung ist, ignorieren mußte. Eines Tages saßen wir beim Diner an kleinen Tischen, ich an einem, Hoffmann am anderen

---

* »quarante-sept stehen«: über Kreuz sein (Anm. d. Hrsg.).

und ein sehr witziger Freund, Fritz von Flemming, am dritten. Flemming, der wußte, daß ich mich geärgert hatte, fragte daraufhin scherzhaft über den Tisch: »Sagen Sie mal, Willy, Sie machen manchmal so eigenartige Bemerkungen, man weiß bei Ihnen nie, ob Sie klug oder das Gegenteil davon sind.« Worauf ich laut antwortete: »Wissen Sie, lieber Flemming, ich weiß es selbst nicht; klug und dumm sind relative Begriffe, aber eines weiß ich, daß ich klüger bin als die, die mich für dumm halten.« Worüber sich Hoffmann, der das hörte, natürlich geärgert hat. Übrigens war meine Bemerkung, wenn auch witzig, so doch grundfalsch, denn H. *war* notorisch ein ganz bedeutender Kopf. – Ein andermal hatte ich irgendeine kleine Differenz mit ihm, und er wurde etwas energischer als mir lieb war; worauf ich ihm, auf Brest-Litowsk anspielend, sagte: »Ich bitte Sie, sich etwas zu menagieren, Herr General, Duelle mit mir werden nicht mit Klopfen auf dem grünen Tisch ausgetragen.« Er mußte sehr lachen und entschuldigte sich. Ein andermal plauderten wir eines Abends ganz allein im Club. Nun war zufällig an meinem Stammtisch gerade von der bekannten Tatsache die Rede gewesen, daß Hoffmann, der der Generalstabchef im Osten gewesen war, ehe Ludendorff und Hindenburg dorthin kamen, tatsächlich die Vorbereitung zu der Tannenbergschlacht geleistet hatte, und ich bemerkte zu ihm: »Wissen Sie, Herr General, was gestern an unserem Stammtisch gesagt wurde? *Sie* hätten seinerzeit den Schlachtplan entworfen und *Sie* seien eigentlich der Sieger von Tannenberg«, worauf H., mich mit großen Augen ansehend, erwiderte: »Na, meinen Sie etwa, der olle Hindenburg hätte die Schlacht gewonnen?« Das Wort bleibt mir ewig unvergeßlich. – H. erzählte dann noch viel von Hindenburg, den er ungemein liebte und verehrte, dagegen ließ er kein gutes Haar an Ludendorff; der gegenseitige Haß beider war ja bekannt. Ludendorff soll ihm dann auch das Avancement zur Exzellenz vernagelt haben. – Auch über Falkenhayns Kriegskunst hatte Hoffmann ein fast niederschmetterndes Urteil. H. ist schon lange tot, er starb verhältnismäßig jung, kaum über 55 Jahre alt. Wohl ihm, denn da er eine Jüdin geheiratet hatte, hätte er sich vielleicht heute als »jüdisch versippt« wohl hinter dem letzten Trainsoldaten verstecken müssen. –

Daß ich im Club in den langen Jahren einer Unmasse Hochtorys, Fürsten und Adel begegnet bin, ist bei dem starken Prozentsatz, den dieser zur Spielergilde stellt – und es gab eine Zeit, wo im Sportclub auch ziemlich viel hazardiert wurde – selbstverständlich, die meisten waren ganz famose, vornehme Leute; freilich gab es auch einige wenige, stark degenerierte schwarze Schafe darunter, deren ich aus Courtoisie außer einem keine Erwähnung tun möchte, der nach Amerika gegangen sein und dort sehr reich geheiratet haben soll. Dieser Mann, Major, aus altem Adelsgeschlecht stammend, war einmal ein Freund von mir gewesen. Eines Tages, als meiner zweiten Frau daran liegen konnte, zur Scheidung von mir einen Beweis meiner Untreue zu erhalten, besuchte er mich plötzlich unter irgendeinem plausiblen Vorwand, knüpfte die alte Freundschaft wieder an, lud mich dann ein, kümmerte sich viel um mich, und ich, der keine Ahnung hatte, wie dekadent er sei, verkehrte wieder öfters mit ihm. Er führte mich unter anderem eines Abends bei einer sehr netten Familie in Wannsee ein, wo auch eine sehr schöne, alleinstehende Frau zu Besuch war, und sorgte dann dafür, daß sie und ich mit dem letzten Zug allein heimfahren mußten. Wenige Tage nachher ging er zu meiner Frau und verlangte eine größere Summe für einen eventuellen Beweis meiner Untreue, der übrigens – ich muß sagen »leider«, da es eine charmante Dame war – nicht einmal hätte geliefert werden können. Meine Frau warf ihn hinaus, und dasselbe habe ich in der Gesellschaft und in obiger Familie auch besorgt, die gar keine Ahnung hatte, wozu man ihr Haus hatte mißbrauchen wollen. Das war aber wohl der Gipfel der Entartung! –

Dann erinnere ich mich unter freudigem Lächeln des Grafen Alfred Keyserling, der übrigens auch über eine tüchtige Portion Degeneration verfügte, mit all seinem Zynismus und Egoismus aber doch in den Grenzen der Korrektheit blieb. Ein über zwei Meter hoher, blendend aussehender Mann, fünf Jahre älter als ich, Stiefsohn des seinerzeit von Bismarck »gerommelten« *Innenministers Grafen Eulenburg, hatte Keyser-

---

* Ein damals oft gebrauchtes Wort, weil der von Bismarck dazu benutzte Ministerialrat Rommel hieß.

ling einstmals als Gardecorps angefangen und ist dann, weil er überall, teils mit Frauen, teils durch Verschwendung und Spiel, etwas ausgefressen hatte, in 18 Cavallerie-Regimentern gewesen. Er war ein Egoist par excellence und hieß im Club, weil er so gewaltig essen konnte, der »Alligator«. Er war der größte Gourmet, den ich je gekannt, hatte lange pourparlers* mit den Küchenchefs und bestellte stets telefonisch jedes besondere Kraut für jedes einzelne Gericht; er war der Letzte von jener ausgestorbenen Schlemmergilde, die es in meiner Jugend und vor meiner Zeit sehr viel gegeben haben soll, als die wohlhabenden Leute nicht wußten, womit sie sich vergnügen sollten, da es in Deutschland kaum Sport und keine Gelegenheit zur schnellen Fortbewegung gab. Ein Glück, daß diese Zeit vorbei ist. Aber ich habe die Gelegenheit, daß Keyserling im Restaurant »Bristol« wegen der glänzenden Figur, die er machte, sehr gern gesehen und billig bedient wurde, benutzt und jahrelang mit ihm gegessen und mir von ihm, der alle bedeutenden Leute von Wilhelm I. ab aus seiner Jugendzeit kannte, viel erzählen lassen. Oft begleitete uns ein junger Mann, Graf Rantzau, der auch ein brillanter Gesellschafter war; er war ein Neffe des Außenministers Brockdorff-Rantzau, der die Unterschrift unter den Versailler Vertrag abgelehnt hatte.

Eines anderen, in den ersten Tagen des Krieges mit sicher über 50 Jahren im Osten gefallenen, lieben Bekannten, des Grafen Adalbert Strachwitz, muß ich gedenken, dessen Tochter später den Botschafter von Prittwitz in Amerika heiratete. Das war ein wunderbar gediegener Mensch und ein netter, kluger Plauderer; sein Name war mit einer seltsamen Angelegenheit verknüpft, derer ich mich aus meiner Jugend dunkel entsinne. Er liebte als blutjunger Gardedragoner eine Soubrette, die die Hauptrollen am damals ersten Operettentheater Berlins sang und die wegen ihrer Jugendschönheit und Kunst einer der Lieblinge Berlins war. Ich sehe sie noch lebendig vor mir. Eines Tages hieß es, die schöne Frau habe sich das Leben genommen; und so war es; sie hatte als letzten Willen hinterlassen, daß ärztlicherweise durch eine Section ihre Unschuld festgestellt wer-

---

* pourparlers: Unterredung, Meinungsaustausch (Anm. d. Hrsg.).

den sollte, was auch geschehen ist. Strachwitz hat mir selbst einmal davon erzählt; ich glaube, es handelte sich damals um eine Klatscherei, die das arme Geschöpf sich zu Herzen nahm. Solche Reinheit hat es einmal gegeben! –

Nun komme ich last but not least zu derjenigen Persönlichkeit, die ich im Club während 40 Jahren zu bewundern und zu verehren Gelegenheit hatte. Wenn sie in den letzten Jahren schon recht alt, nahe an die 80, den Club betrat, sagte ich wohl mir und auch Freunden: »Das ist der letzte deutsche Edelmann«, und das glaube ich auch heute noch. Ich glaube, daß es heute nur noch sehr wenige Menschen dieser Klasse überhaupt noch geben kann. Ich meine den letzten Oberhofmeister des Kaisers, den Freiherrn von Reischach. Napoleon soll einmal zu seinen Marschällen gesagt haben: »Meine Herren, ich kann Sie zu Marschällen von Frankreich machen, aber nicht zu mecklenburgischen Edelleuten.« Er hätte, wenn er an Reischach gedacht hätte, ebenso gut sagen können, zu schwäbischen, denn Reischach, der Schwabe, war in Aussehen, Gehaben, aber vor allem in Fühlen und Denken eine exzeptionelle Erscheinung. Von einer Seite aus dem Stuttgarter altberühmten Patrizierhause Cotta stammend, das bekanntlich alle unsere Klassiker verlegt hat, hätte er, wie er mir erzählte, einmal Chef dieses Hauses werden sollen, aber es trieb den die beste aristokratische, aber auch patrizisch-intellektuelle Tradition in sich vereinigenden jungen Mann nach kurzer, bei den Bonner »Preußen« verbrachten Zeit dazu, Offizier zu werden. Als Garde-du-Corps und Vortänzer bei Hofe hatte er das Glück, die Liebe der Tochter des Herzogs von Ratibor und das Einverständnis des Herzogs zu erringen, nachdem Wilhelm I. und der Kronprinz und die Kronprinzessin Viktoria demselben versprochen hatten, den Schwiegersohn in ihren Hofdienst zu nehmen. Die vor zwei Jahren, durch den Tod des Barons gelöste Ehe ist eine denkbar glückliche und vorbildliche gewesen. Reischach wurde nach dem Tode des alten Kaisers und des Kaisers Friedrich der erste Beamte und Hofmarschall der Kaiserin Friedrich. Vor kurzer Zeit las ich in einer Zeitung die Vorrede Sir Frederick Ponsonbys zu den gerade jetzt von ihm veröffentlichten Briefen der Kaiserin an ihre Mutter, die Königin Victoria, die auf Befehl der Kaiserin in ihren letzten Tagen sehr gegen den Wunsch ihres Sohnes Kaiser Wilhelms II. von Sir Frederick aus Schloß Kronberg nach England hinausgeschmuggelt worden waren, und ich sehe im Geiste die hohe Gestalt des Vertrauten der Kaiserin die letzten Vorkehrungen dazu treffen. Dies ist freilich nur meine private, auf Andeutungen fußende Annahme.

Nach dem Tode der Kaiserin Friedrich übernahm Wilhelm II. Reischach zunächst als Oberstallmeister und machte ihn dann zu seinem letzten Oberhofmarschall. Jedes Kind kannte den schönen, stattlichen Mann, der viele Jahre täglich neben dem Kaiser spazierenritt.

Reischach war ein großer Freund des Spieles, aber nie habe ich diesen Kavalier in 40 Jahren selbst beim größten Pech die Miene verziehen sehen. – Kam er in den Club, so setzte er sich zunächst in einen sich sofort um ihn bildenden Kreis, und dann konnte dieser so viele Sprachen beherrschende, humorvolle Plauderer, der ziemlich alle Länder mit dem Kaiser besucht hatte, in offener, aber stets taktvoller Weise von Dingen erzählen, die angesichts seiner Kenntnis der Persönlichkeiten und Umstände einem Geschichtsunterricht, aber eher einem über die ungeheuer interessanten Beweg- und Hintergründe der Geschichte, glichen.

Am interessantesten war die Erzählung seines berühmten, unter furchtbar schweren Bedingungen ausgefochtenen Duells im Verfolg jenes bekannten Hofskandals in den 90er Jahren, während dessen es zu einer ganzen Anzahl sehr schwerer Duelle zwischen den höchsten Hofchargen kam und bei denen auch Reischachs Freund, der Zeremonienmeister von Schrader, mit dem ich ebenfalls auch jahrelang im Club verkehrte, erschossen wurde. Auch eine interessante Unterhaltung mit Reischach über Juden fällt mir ein, in der dieser tolerante, vernünftige, kluge und auch in allerersten jüdischen Häusern verkehrende Hofmann mir sagte: »Ich war immer der Ansicht, wenn wir mehr Juden unter den Diplomaten gehabt hätten, dann wäre der Krieg anders ausgegangen, vor allem hätten wir dann eine andere und bessere politische Bündniskonstellation bekommen.«

244

Meine Hauptfreude war, mit dem Baron und dem Prinzen Joachim, die als »Bonner Preußen« beide Corpsbrüder waren, zu corpsstudentischen Festen zu gehen, und ich habe wohl schon erzählt, daß die Gegenwart dieser beiden Herren oft hervorragende Männer anderer Corps an dem Tisch meines Corps und sicher nicht zu dessen Schaden vereinigte. Natürlich war Reischach bei solchen Gelegenheiten als Ehrenmitglied der »Preußen« und durch Stellung und Alter die weitaus prominenteste Persönlichkeit. Und das Merkwürdigste ist, daß ich es gewesen bin, der das Interesse Reischachs für die größeren Corpsfeste erweckt hatte. Bis dahin nämlich hatten die Bonner Preußen, denen alle kaiserlichen Prinzen angehörten, sich gegen die anderen Corps etwas abgeschlossen, was zweifellos ebensowenig am Platze war, als wenn sich zum Beispiel die »Garde-du-Corps« in Preußen oder die »Horseguards« in London gegen die allgemeinen Offiziersfeste exclusiv verhalten hätten. So fehlten die »Preußen« bei dem alljährlichen großen Berliner Corpscommers, einem wirklich schönen und vornehmen Fest, fast ganz. Als ich nun einmal im Club mit einem Bekannten besprach, ob wir den Commers besuchen wollten, und der dabeisitzende Reischach, davon hörend, fragte, wieso er eigentlich nie von seinem Corps von diesem Feste höre, antwortete ich offen, aber ziemlich gewagt: »Wissen Sie, Exzellenz, was die anderen Corps wegen des Abschließens Ihres Corps von den allgemeinen Festen sagen? Die Bonner Preußen seien ein sehr vornehmer adliger Club, aber kein Corps.« Reischach antwortete: »Herr von Liebermann, wenn dem so ist, haben Sie recht; aber Sie sollen nie wieder Grund haben, meinem Corps diesen Vorwurf zu machen.« Einige Tage später erschienen beim Commers mindestens 25 Vertreter der »Borussia Bonn« und seitdem immer. Reischach hatte eben stets die selbstverständliche Empfindung für das Richtige; und mir bleiben noch viele glänzende Züge dieser unvergeßlichen Erscheinung in Erinnerung, genauso wie ich seiner gütigen Gattin meine Ehrfurcht und seinem Sohne Eckard v. R. meine herzlichen Gefühle bewahre.

Im Club selbst hat es zwar niemals irgendeinen offenen Antisemitismus gegeben, oder zum mindesten hat man nie etwas gemerkt, weil diese große Welt sich um solche Sachen wenig kümmerte oder weil doch jeder wußte, daß ich Jude bin: Typisch aber für die Verbreitung des gesellschaftlichen Antisemitismus in Deutschland und interessant ist es, daß ich auf Schritt und Tritt, fast bei jeder Gesellschaft wie ein Schießhund auf die Abwehr desselben bedacht sein mußte. Man wird es kaum glauben können, aber ich übertreibe nicht, wenn ich sage, daß ich *Hunderte* von Malen im Zusammensein mit fremden Herren, die ich gerade erst kennengelernt hatte, irgendeine Bemerkung über Juden erleben mußte, was daher kam, daß ich trotz meines jüdischen Gesichtes, das der Jude gleich als solches erkennt, wegen meiner Größe, wegen des Adels und meiner Corpszugehörigkeit in Deutschland unmöglich vom Christen als Jude erkannt werden konnte. Sobald ich die sicher kommende Andeutung hörte, schnitt ich sie mit wenigen artigen Worten ab; so meinte einmal ein Herr, als wir uns kaum zum Diner hingesetzt hatten, auf die Bemerkung eines anderen, daß gutes Essen in dieser trüben Zeit heutzutage auch das einzig Ideal-reelle sei: »Nun, es gibt schließlich trotz der Zeiten Trübsal noch ein anderes Ideal, an dem man sich erbauen könnte, das Völkische!!«

Sofort sprang ich ein und sagte, leider könne ich diese seine Ansicht nicht teilen, da ich Jude sei und daher sein Ideal nicht goutiere. Ich ehrte zwar jede politische Überzeugung, ersuchte aber, meiner Gegenwart Rechnung zu tragen.

Ein anderes Mal saß ich bei gemeinsamen Mittagsmahl in einer Pension, als ein gerade angekommener uralter Herr, Exzellenz von Lüttwitz aus Baden-Baden, vom Fürsten Fürstenberg und von dessen damals stark besprochenem, ganz gewaltigem kaufmännischen Unternehmen, dem »Fürstenkonzern«, sprechend, zu mir sagte: »Sie werden es nicht glauben, Herr von Liebermann, aber denken Sie, der Fürst hat sich mit jüdischen Kaufleuten, ich sage, mit jüdischen Kaufleuten in Geschäfte eingelassen.« Die ganze Gesellschaft, meinen festen Standort kennend, wollte sich halbtot lachen – die Situation war ja komisch genug –, aber ich bemerkte in aller Ruhe: »Exzellenz, mich kann das, wie Sie verstehen werden, nicht so sehr aufregen, weil ich selbst ein jüdischer Kaufmann bin.« – Tableau! Natürlich eine kurze Pause wie immer, dann einige Worte der Entschuldigung von der anderen Seite, die ja aus Angewohnheit und Erziehung gar nicht anders hatte handeln können. Und ich muß zur Ehre dieser Leute in den Hunderten von sich manchmal täglich ereignenden Fällen anerkennen, daß sie sich stets aufs artigste zu entschuldigen suchten und daß ich niemals auf meine leise Reprimande hin auch nur eine einzige unangenehme Erfahrung gemacht habe.

Und dennoch ist diese Verkehrsart, wie ein Luchs dasitzen zu müssen, um den anderen durch ein ebenso artiges wie bestimmtes Wort die Gelegenheit zu eventuellen Ausfällen zu nehmen, doch eine recht wenig angenehme, unerfreuliche und offen gesagt, eines Gentleman nicht ganz würdige, starke Belastung des gesellschaftlichen Lebens. Auf die Dauer wirkt solcher Ton, selbst wenn der Gegenpart wie immer geniert ist und sich bemüht, die Sache wieder gutzumachen, als eine Unmöglichkeit. Aber es ist der einzig würdige und schon deshalb richtige Weg in jener verrückten deutschen Welt gewesen. –

Ob der deutsche Spießer sich ebenso wie jene guten gesellschaftlichen Kreise verhalten hätte, kann ich nicht einmal sagen, da man Spießern ja wohl im Leben begegnet, sie aber nicht zum Verkehr zu wählen pflegt. Nur eines wirklich urdrolligen Vorfalls aus diesem Milieu muß ich gedenken:

Ich machte einmal mit meinen Kindern eine Reise an einen bayrischen See. Ein alter, guter Schulfreund, der dort immer mit uns zusammen war, fragte mich, ob es stören würde, wenn ein ihn heute besuchendes, fürs Völkische begeisterte Ehepaar mit uns zum Baden ginge, was ich verneinte, da mich dessen politische Gesinnung ja nur verhältnismäßig wenig anging. Als ich später als die anderen zum Bade kam, lag das Ehepaar, dem ich nun vorgestellt wurde, am Strande auf dem Bauch. Wir plauderten einige Worte, ich ging ins Wasser, kam heraus, das Paar lag eigenartigerweise, als ich näherkam, noch immer auf dem Bauch. So ging es zwei Stunden lang; ich hatte die Leute noch nicht anders als liegend gesehen; als ich mich aber nachher erkundigte, warum die guten Leutchen selbst bei meinem Fortgehen nicht aufgestanden waren, sagte mir mein Freund, sie hätten sich geniert, weil sie beide auf dem Badekostüm ein großes Hakenkreuz aufgenäht hatten, das sie mir nicht hätten zeigen wollen. Heiliges Hakenkreuz, wie bist Du im Jahre 1925 noch bescheiden gewesen, und wie bist Du avanciert!

Von anderen bekannten Persönlichkeiten, denen ich außerhalb des Clubs damals noch öfters begegnete, möchte ich den famosen Cellisten Heinrich Gruenfeld erwähnen, eines der Wahrzeichen der Berliner Gesellschaft, der nicht nur in den Salons seine stets reizvollen Cellominiaturen zum Besten gab, sondern meist auch den letzten Gang seiner vielen Freunde und Gastgeber mit dem Händel'schen »Largo« und der Schubert'schen »Litanei« zu begleiten pflegte. Er war jedenfalls durch 50 Jahre hindurch die witzigste und liebenswürdigste musikalische Erscheinung Berlins, manchmal von seinem Bruder, dem ganz hervorragenden Wiener Pianisten Alfred, begleitet.

Oft bin ich auch im Hause Lola Beeths gewesen, einer einst gefeierten, großen jüdischen Schönheit mit blondem Haar und blauen Augen, deren erstes Auftreten an der Hofoper, welcher sie als erster Sopran angehörte, mir noch aus meinem Jünglingsalter vorschwebt. In ihrem, der ewig jungbleibenden, Salon habe ich noch manches Mal schöne Stimmen ihrer Schülerinnen gehört. – Ich denke weiter an meinen guten Bekannten, den unbestritten ersten Anwalt in Deutschland, Professor Max Alsberg, der geradezu glänzende Diners in seinem kunstgeschmückten Hause gab und der mich oft in seinem Wagen, von seinem sportlichen Sohn begleitet, mit zu dem Hoppegartener Rennen hinausnahm. A. war ein glänzender Redner mit glockenreiner Stimme, verzichtete aber ganz auf das übliche theatralische Gehabe und Pathos großer Verteidiger und wirkte allein durch seine anerkannt juristische Begabung, der jeder Richter mit Interesse lauschte. Leider ist Alsberg bald nach Hitlers Antritt ins Ausland gegangen und dort viel zu früh für die juristische Welt dahingegangen. Der große Verteidiger des Gesetzes hatte erkannt, daß sich seine Zeit erfüllt hatte. –

Ein anderer, kaum weniger bekannter, aber auf ganz verschiedene Weise wirkender Anwalt war der bedeutende Jurist Eugen Fuchs, ein Mann von unerschütterlicher Lauterkeit der

Gesinnung; sein Ansehen und Ruf vor Gericht war vorbildlich. Mit ihm, dem hochgeachteten Begründer und Vorsitzenden des »Centralvereins deutscher Staatsbürger jüdischen Glaubens« ging ich in Gastein eine Zeitlang täglich spazieren, über das Judentum diskutierend, wobei er sich übrigens als der weitaus nationalere von uns beiden erwies. Zweimal begleitete uns ein berühmter Pole, der frühere preußische Offizier und namentlich dem Vatikan nahestehende Diplomat Graf Hutten-Czapski, der vor kurzem, wie ich las, als 85jähriger seine Memoiren geschrieben hat, und es bleibt mir ein unvergeßliches Erleben, der Unterhaltung dieses großzügigen, toleranten polnischen Grandseigneurs und des hochangesehenen Führers der deutschen Juden über das deutsche und polnische Judenproblem in ihrer beiderseitigen Vornehmheit beiwohnen zu können. –

Auch die Gestalt meines lieben Freundes Hans Olden, Schriftsteller und brillianter Causeur, der auch schon einige Jahre in den himmlischen Gefilden plaudert, ersteht wieder vor meinem geistigen Auge und mit ihm der uns beiden befreundete, heute glücklicherweise noch lebende, frühere Wiesbadener Intendant von Mutzenbecker. Und schließlich sollen meine lieben Weggenossen, Dr. Alfred Stoessel und Kurt Henoch, die auch schon dahingegangen sind, und auch mein langjähriger Rechtsberater Ludwig Steiner und Georg Jaffé nicht vergessen sein. Ihnen allen danke ich in jener bösen Zeit schöne Stunden.

Das Jahr 1926

Mit dem Jahr 1926 traten wir in einen neuen Lebensabschnitt ein. Mit ihm schien eine neue Welle der Freude und der Hoffnung über ganz Deutschland und mich gekommen, denn an allen Ecken und Enden des kaufmännischen Lebens fing es an, zu blühen und zu sprießen. Das Dornröschen der Wirtschaft und der Hausse war aus seinem ewig langen Schlaf erwacht und die Ritter, die es wachgeküßt hatten, waren internationale Geld- und Anleihegeber gewesen. Die ältesten Ladenhüter von Aktien, die fast wertlos dagelegen hatten, bekamen wieder Wert. Diesmal gelang es selbst mir, von der Sonne der goldenen »prosperity« bestrahlt zu werden, gerade weil die meisten Bankiers noch kurz vorher das sichere Chaos und den Weltuntergang prophezeiten, und weil ich im Laufe eines langen Lebens erkannt hatte, daß meine Bankiers, in deren Auswahl ich wohl nicht sehr glücklich gewesen bin, auch die Hausse erst immer einige Tage vor deren Ende sahen. Ich hatte mir darum zu meinem Aktienbesitz noch Werte dazugekauft und so blühte einerseits mein Weizen hier, während andererseits mein Grundbesitz durch erhöhte Mieten ebenfalls an Wert gewann.

An Vergnügungen fehlte es auch nicht; ich machte manche, immer Neues bietende Reisen mit dem Prinzen, sah meine Kinder zufrieden und hatte immer nur den einen Wunsch, daß meine damalige Frau sich zugunsten unseres Sohnes noch bestimmen ließe, sich auf einer gemeinschaftlichen Reise mit dem Jungen zu prüfen, ob wir nicht doch noch zusammenleben könnten. Die Hoffnung hierzu hatte ich unbedingt, sie beseelte mich, und der Frohsinn dieses ganzen Jahres wurde nur durch meine letzte, aber durch ihre lächerlich lange Dauer auch wieder einzigartige Ehrensache getrübt.

Ein früherer Landrat und Major der Cavallerie, ein kleiner, mit dem Gehirn eines Alldeutschen begabter Geist, was ihn aber später, wie ich oft hörte, nie hinderte, in Spieltripots mit den allerentsetzlichsten polnischen Gestalten täglich zu spielen, war im Club gegen mich ungezogen gewesen. Er hatte sich schon früher einmal nicht richtig benommen, so daß wir uns nicht grüßten, und hatte meine damalige Forderung zwar angenommen, das zuständige Ehrengericht aber abgelehnt, wodurch es, wie in solchen Fällen immer, zu lauen, pflaumenweichen, gegenseitigen Erklärungen und unbefriedigender Erledigung der Angelegenheit gekommen war. Darum beschloß ich, ihm dieses Mal eine gleichartige Beendigung der Sache zu versalzen. Jetzt bestand nämlich ein Ehrenschutzverfahren zwischen alten Corpsstudenten und alten Offizieren, dem sich alle Angehörigen dieser Gesellschaft stellen mußten. Und als mein Gegner abermals die Forderung annahm, aber das Ehrengericht refusierte, ging die Sache diesmal einen anderen Gang. Ich will nur sagen, daß die Angelegenheit vier Monate gedauert hat, während derer ich jeden Tag bereit sein mußte, mich zu schießen. Sie ist vor einer Unzahl militärischer Stellen gewesen, wurde in der ganzen Gesellschaft Berlins besprochen, drohte den Sportclub zu sprengen und brachte schließlich den Gegner zum temporären Corpsverruf und damit, wenn derselbe perpetuell geworden wäre, zum Verlust seiner Satisfaktionsfähigkeit. Ich ließ, unterstützt von den gesellschaftlich immerhin maßgebenden alten Corpsstudenten, nicht locker, und als der Gegner schließlich keinen Ausweg mehr sah, stellte er sich dem Ehrengericht, dessen Vorsitzender mein alter Freund, der damalige Vizepräsident des Reichstages, von Kardorff, war, der erklärte, daß er wegen dieser geringfügigen Beleidigung höchstens ein Duell genehmigen könne, wo der eine in Charlottenburg und der andere in Hoppegarten stände, und den Landrat zur Bitte um Entschuldigung zwang. Ich wollte damit ein für alle Mal gewissen alldeutschen Elementen die Möglichkeit nehmen, sich Juden gegenüber im Tone gehenzulassen. Das ist mir voll gelungen; es war ein entscheidender Erfolg meiner lebenslänglichen Bestrebung der Besserung der Stellung der deutschen Juden im gesellschaftlichen Leben. Denn das Wesentliche und eine freudige Genugtuung war es mir, daß hervorragende Generäle und die Vertreter der Kösener Verbände, wovon der eine ein prominenter, sehr rechts stehender, sogar als antisemitisch geltender deutschnationaler Abgeordneter, meine, des jüdischen Corpsstudenten Sache, von Anfang bis Ende gegen den christlichen Offizier und Staatsbeamten in meinem Interesse, weil es gerecht war, durchgefochten haben.

Man vergleiche das einmal damit, was heutzutage im gleichen Fall im Dritten Reich geschehen wäre. Weiß ich doch nicht einmal, ob ein Jude heute noch als satisfaktionsfähig gilt; was mir im Grunde genommen übrigens auch ganz gleichgültig ist, da ich in meinen Ehrbegriffen genauso wie meinem Glauben vollständig auf meinem früheren Standpunkt beharre und ich mich durch keine Macht der Welt davon abbringen lasse. *Etwas* muß der Mensch im Leben doch leisten und da – ich hoffe, nicht überheblich zu erscheinen –, in der Festigkeit des Charakters, da liegen so ziemlich alle meine Leistungen.

Als ich damals jene Ehrensache durchfocht, war ich 63 Jahre alt. Und in diesem Alter, da sich so mancher auf die Seite zu legen beginnt, sollte mir noch ein neues Glück und Leben erblühen.

Da meine Frau sich nicht wieder entschließen konnte, mit mir zusammenzuleben und wir uns hatten scheiden lassen, verbanden sich meine Wege mit denen einer jungen, fast um 40 Jahre jüngeren Frau, einer geborenen Holländerin, deren Eltern in Deutschland lebten; und was bei einer deutschen Frau nicht möglich gewesen wäre, die gerade in der verworrenen Nachkriegszeit nur allzu oft in hemmungsloser Moral und geschlechtlicher Verwilderung dahinlebte, das wurde und ist mit einer Vertreterin der wesentlich ernster denkenden Holländerinnen bisher wenigstens möglich geworden. Und wenn einem bei dem Worte »holländisch« gleich die Begriffe »clair obscur« durch den Kopf gehen, so muß ich sagen, daß glücklicherweise und »unberufen« die Augenblicke des »clair« die des »obscur« bis jetzt trotz der katastrophalen gemeinsamen Erlebnisse seit unserem Heiratsjahr 1928 ganz wesentlich übertroffen haben. Wir hatten uns vorgenommen, da ich so gern unterwegs war, keine feste Wohnung zu nehmen und dauernd zu reisen mit gewissen Stützpunkten, sechs Monate in Meran, drei Monate in Marienbad und den Rest geteilt in etwa Gastein oder Riviera oder London oder Berlin. Der Prinz riet dringend ab; teils weil er mich nicht verlieren wollte, teils weil er den Altersunterschied für prohibitiv hielt. Aber die junge Dame erschien mir charakterfest genug, meine Vermögensverhältnisse waren gesund, ich war unabhängig genug, und so sprang ich mit beiden Füßen erneut in die grünen Hoffnungswogen des Ehelebens, die sich zunächst über mir schlossen, dann aber glätteten und mich sturmlos und sanft in einen ruhigen Hafen brachten, in welchem allmählich das Grün der Hoffnung in das leuchtende Blau der Treue überging. Mögen diese Wellen, denn Wellen und Frauen sind gleich leicht veränderlich, mich sanft weiterbenetzen, bis ich mich dereinst der Fahrt über den Hades anvertrauen muß, um in ein Jenseits zu gelangen, das um so mehr Chance hat, ein »besseres« zu werden, als das Diesseits sich von Tag zu Tag zu verschlechtern und zu verdunkeln droht.

Denn schon nach einigen angenehmen Jahren des Ruhens und des Friedens, die wir, wie beabsichtigt, an obigen schönen Orten, auch in Frankreich, Belgien und vor allem in England verbrachten, begannen sich die Zeiten in Deutschland seit 1930 höllisch zu verändern. Die Papiere und die Mieten sanken stark, die Arbeitslosigkeit wuchs, die Straßen wurden unsicher, Stresemann starb, Amerika stürzte, der Judenhaß in den deutsch-nationalen Zeitungen wuchs; diese törichten Blätter beschäftigten sich tagaus, tagein mit einigen polnischen Juden, wie Barmat und Kutisker, Leuten eines so niedrigen Kalibers, wie sie überall und immer vorkommen werden, während man sich um die wirklich großen Gauner jener Epoche, wie den Schweden Kreuger, kaum kümmerte, und schließlich brachte es das schwache Ministerium unter Reichskanzler Brüning zu dem unerhörten, meines Wissens noch nie dagewesenen Gesetz, von einem Tage zum anderen alle bestehenden Mietkontrakte zu lösen und damit den Hausbesitz mit einem Schlage sozusagen zu enteignen. Ich las das Gesetz in Bad Oeynhausen, in welch ruhigen, hübschen Ort wir uns auf einer Rückreise von England zur Kur gegen meine starken rheumatischen und gichtigen Beschwerden zurückgezogen hatten und wo wir hängenblieben. Es war mir sofort klar, daß mein Hausbesitz damit so gut wie entwertet würde. In Berlin eingezogene Erkundigungen im zuständigen Ministerium betreffs eventueller Einführung von Härteparagraphen ergaben, daß das Ministerium tatsächlich in der Eile einer einzigen Nacht selbständig und ohne Zuziehung der Ansichten der in Betracht kommenden Ministerialräte dies schwerwiegende Gesetz beschlossen hatte, um den wachsenden nationalsozialistischen Rufen um billigere Mieten, also aus Furcht, entgegenzukommen. Ich plante nun, eine Eingabe an den sonst von mir hochgeschätzten Reichskanzler Brüning wegen der Frage eventueller Härteparagraphen, die offenbar vergessen worden waren, zu machen, und bei der Überlegung, welchen dem Reichskanzler nahestehenden Zentrumskollegen ich wohl kennte, verfiel ich auf Herrn von Papen, den ich, da ich kaum nach Berlin kam, seit Jahren und noch zufällig hier und da getroffen hatte. Auf meine schriftliche Anfrage, ob ich ihn wieder einmal sprechen könnte, da ich ein Anliegen an ihn hätte, erhielt ich die Antwort, er sei am 12. April, es war 1932, in Berlin und er stünde mir am Vormittag im Landtag zur Verfügung. An diesem Tage fand eine der wenigen damals stattfindenden Landtagssitzungen statt, die wichtig war, weil die wenigen Nazimitglieder des Landtags eine vielumstrittene Gesetzesvorlage um die Wahl des preußischen Ministerpräsidenten eingebracht hatten. Ich fuhr also von Oeynhausen nach Berlin; Papen befand sich, als der Landtag schon im großen Saal versammelt war, noch immer in der Sitzung der Zentrumspartei, deren Abgeordnete dann aber herunterkamen und, wie mir auffiel, sehr stark auf Papen einsprachen. Er begrüßte mich freundlichst, bat mich, bis zum Ende der Plenarsitzung in der Diplomatenloge zu warten und diskutierte wieder lebhaft mit seinen Parteileuten, was sich bis in den großen Saal fortsetzte.

Dank meiner Schwerhörigkeit verstand ich wenig von einigen kurzen Reden, sah aber die andauernde und mir unverständliche Aufregung unter den Zentrumsleuten unten im Saal. Schließlich war die Abstimmung vorbei, der Saal leerte sich, ich ging wieder hinunter, Papen und ich setzten uns in eine bequeme Ecke des Vorraums, wir sprachen darüber, wie es ihm, meinem Bruder Fritz und mir in der Zwischenzeit ergangen sei, und dann trug ich ihm mein Anliegen vor; er erkundigte sich nach einigen Einzelheiten und antwortete auf meine Frage, ob ich ihn so für mich bemühen dürfe: »Warum soll ich denn für einen alten Freund nicht solche Kleinigkeit besorgen? Senden Sie mir das Gesuch ein, ich werde es mit einer empfehlenden Fußnote versehen und es dem Herrn Reichskanzler zusenden.«

Dann plauderten wir über dies und das, wobei mir Papen, offenbar noch mit der Sitzung beschäftigt, spontan sagte: »Ich konnte das nicht mehr mitansehen, das ist eine zu große Ungerechtigkeit gegen die Nationalsozialisten.« Ich wußte von nichts, da ich mich um innere Politik nicht kümmerte, merkte aber doch, daß er sich gegen den Wunsch seiner Partei für die Nationalsozialisten eingesetzt hatte, und fragte ihn in Erinnerung des Buches »Mein Kampf«, ob er dies Propagandabuch eines offenbar doch nicht durchgebildeten Kopfes mit seinen unerhörten antisemitischen Ausfällen gelesen habe; so etwas und eine Partei, die sich solchen Ansichten zugewandt, könne man doch beim besten Willen nicht ernst nehmen. Er antwortete, so einfach könne man das doch wohl nicht abtun, es stecke doch auch viel Kraft und Ernst hinter der Bewegung. Ich, der ich es in meinem Leben nie für denkbar gehalten habe, daß das große deutsche Volk sich im Ernst für solche wirre Politik und ein Programm einsetzen würde, das so viele innere Widersprüche unpassend vereint und auch bis auf Judenhaß, Rassengesetzgebung und einige andere Punkte tatsächlich zum Teil fallengelassen worden ist, äußerte mich in diesem Sinne; und als Papen ausweichend, scheinbar unschlüssig, aber jedenfalls nicht bejahend antwortete, brachte ich das Gespräch auf gemeinsame Bekannte, und nach einiger Zeit trennten wir uns; und abermals war ich wie so oft überzeugt, in ihm einen besonders wohlwollenden, liebenswürdigen Menschen zu kennen, der jedenfalls alles andere als Antisemit sei. –

Tatsächlich hatte ich ein Jahr vorher das Buch Hitlers »Mein Kampf«, das mir ein Bekannter als immerhin interessant und lesenswert gegeben hatte, gelesen. Bei den ersten Seiten war ich, ehrlich gesagt, mehr als erstaunt, wie geschickt und interessant sich ein Mann, der doch sicher nicht die höheren Bildungsstätten besucht hatte, über so mannigfaltige Probleme äußern könnte; doch bei weiterem Eindringen wurde es mir durch die andauernden, alle paar Seiten sich wiederholenden, immer stärker werdenden Angriffe gegen Juden und Judentum doch klar, daß ich es in der Hauptsache nur mit einem überaus geschickten demagogischen Geschreibsel zu tun hatte, bis ich schließlich nach mindestens 300 Seiten auf einen Satz stieß, der mich in seiner grausamen Unwahrhaftigkeit derartig empörte, daß ich das Buch mit solcher Wut in die Ecke warf, daß ich es nachher durch den Buchbinder für meinen Freund wieder einbinden lassen mußte. Dieser Satz, der, wie ich höre, in späteren deutschen Ausgaben und sicher in den Übersetzungen in fremde Sprachen ausgelassen worden ist, lautete etwa: »Es ist der Jude, der den Neger an den Rhein gebracht hatte.« Zunächst stutzte ich und dachte nach, was das wohl heißen sollte. Ich begriff den Sinn nicht, denn ich hatte nie in meinem Leben gehört, daß Juden irgendwie an Negern interessiert gewesen seien; doch dann ging mir ein Licht über die Grenzenlosigkeit eines wohlüberlegten Hasses und einer beispiellos listigen Dialektik auf, von der der Schreiber ganz genau wissen mußte, was er sich davon versprach. Und schließlich wurde es mir klar, daß der einzige dem Satz zugrunde liegende Sinn nur der sein konnte, daß die Juden am Kriege schuld seien und daß durch den Krieg die Neger, das heißt, die schwarzen französischen Soldaten, an den Rhein gekommen seien. – Da nun aber kein denkender, jedenfalls kein vernünftig denkender Mensch je auf die Idee gekommen ist, daß die Juden am Kriege schuld waren und daß alle, aber auch *alle Menschen, Umstände und Verhältnisse* ihn eher als gerade Juden verschuldet haben; und da ja auch nicht die Verschulder des Krieges, sondern allein der französische Generalstab seine schwarzen Truppen zum Rhein gesandt hat, so hätte der Satz ja eigentlich gar keine Bedeutung. Gewiß nicht für den Gebildeten. Aber nun denke man sich, daß der Satz ja nicht für diese, sondern für Abermillionen von Bauern, Arbeitern und wenig Gebildete geprägt ist; und man stelle sich vor, welch furchtbaren, geradezu verheerenden Eindruck diese Millionen *gerade dadurch* gewinnen mußten, wenn es wahr gewesen wäre, daß das verhaßte, von den Feinden zur Erniedrigung Deutschlands angewandte Mittel, die Besetzung deutschen Bodens durch schwarze Truppen, gerade durch Juden gleichsam absichtlich bewirkt worden wäre. *Das* sind die Methoden, durch die das deutsche Volk in den Judenhaß getrieben wurde und die sein jetziger Beherrscher dazu ausgeklügelt hat. –

Dieses mein Buch ist eines der Erinnerungen und keines der Kritik und Polemik oder der Politik, und ich habe mir vorgenommen, dem Gegner nicht auf das Gebiet ungezügelten Hasses und des Bewerfens mit Schmutz zu folgen. Wenn aber ein an und für sich gleichgültiger Satz durch geradezu teuflische Schläue der Dialektik, gegen die die mir unbekannten, aber so oft geschmähten Spitzfindigkeiten des Talmud nur reines Kinderspiel sein können, Wirkung bekommt, so will und muß ich an dieser Stelle die armen, gelästerten und verfolgten deutschen jüdischen Glaubensgenossen vor der Geschichte gegen eine Unwürdigkeit in Schutz nehmen, die sich von selbst richtet!! –

Ich komme wieder auf meine Unterhaltung mit Papen zurück, nach der ich mich wieder zu meiner Frau nach Oeynhausen begab. Da ich keine Antwort auf mein Gesuch von Brüning erhielt, wandte ich mich Mitte Mai wieder schriftlich an Papen, um anzufragen, ob er die Sache vielleicht doch vergessen habe, erhielt aber die erfreuliche Antwort vom 25. Mai 1932, er habe das Gesuch dem Reichskanzler mit warmer Empfehlung zugesandt.

Inzwischen wankte aber Brüning, man sprach von einem Wechsel des Reichskanzleramtes, und ich bin wirklich fast vom Stuhl gefallen, als mir ein Freund am 1. Juni erzählte, Papen, den die meisten Deutschen kaum dem Namen nach kannten, sei Reichskanzler geworden. So sehr ich das Schicksal Brünings bedauerte, der jedenfalls sein Bestes gegeben hatte, so freute ich mich für Papen, von dem ich freilich nie geahnt hatte, daß er jemals eine große politische Rolle zu spielen berufen war. Ich wandte mich dann nach 14 Tagen wieder an ihn mit meinem Gesuch, das er kurz vorher empfohlen hatte – auch einer jener »Treppenwitze der Weltgeschichte« –, erhielt auch eine korrekte, liebenswürdige Antwort und ebenso korrekte Prüfung seitens der zuständigen Behörde, aber es war zu spät, jene über sechs Monate zurückliegende Gesetzesmaßnahme zu ändern.

Herr von Papen ist mir auch noch ein anderes Mal, nicht für mich, sondern für einen mir eng befreundeten Herrn gefällig gewesen, und ich bin und bleibe ihm dafür dankbar, nicht nur weil er gefällig war, sondern auch für die vornehme Art und Weise, in der er es war. Zweifellos trägt er vor der Welt, soweit wir es wissen können, die Schuld am Hochkommen Hitlers, und ich habe so manches niederziehende Urteil über ihn hören müssen, aber ich kann versichern, daß er, mag er auch ein politischer Draufgänger und vielleicht, wie es die Politik mit sich bringt, leidenschaftlich und leicht veranlagt sein, jedenfalls halte ich ihn für einen feiner empfindenden, sicherlich nicht grausamen Menschen und sicherlich auch nicht für einen Antisemiten in höherem Maße, als es jeder preußische Adlige nun einmal unbewußt und ohne böse Absichten ist. Ich habe übrigens Papen, der kürzlich in einer Biographie als leichtsinniger Kartenspieler geschildert wurde, bei jahrelangem Zusammensein im Club niemals eine einzige Karte anrühren sehen.

Papen hat sich eben, wie viele dieser klugen Herren Deutschnationalen und wie viele meiner deutschnationalen Freunde und Corpsbrüder eingebildet, ihre Partei durch Benutzung des Nationalsozialismus zur Macht zu bringen und hat sich eben wie sie alle geirrt und in die Nesseln gesetzt; ohne Grund hat sich der Vorsitzende der deutschnationalen Partei, Oberfohren, ja nicht das Leben genommen. Von ihnen allen gilt aber der bekannte Spottvers: »Nur die allerdümmsten Kälber wählen ihren Metzger selber.« –

Jedenfalls kombinierte ich nun, sobald ich mich über Papens Ernennung wieder beruhigt hatte, daß ich zum ersten Mal in meinem Leben nicht nur in Duellen, sondern geistig und aktiv etwas für die Juden tun könnte, nachdem der Radau-Antisemitismus in jenen Monaten des Jahres 1932 auf den Siedepunkt gestiegen war. Mir war damals nicht nur bekannt, daß 150 Judenfriedhöfe geschändet worden waren, sondern ich hatte sogar die Bilder von vielen davon gesehen. Ich habe eine Photographie sehen müssen, auf der ein großes Grabdenkmal umgeworfen war, auf das ein Antisemit die Worte »Sarah Du stinkst« geschmiert hatte! Ich fragte nun bei einem Freunde, dem inzwischen verstorbenen Professor und Bearbeiter der jüdischen Angelegenheiten im Auswärtigen Amt, Sobernheim, an, mit welchem jüdischen Verein ich wohl zusammenarbeiten könnte; er empfahl den »Centralverein deutscher Staatsbürger jüdischen Glaubens«; ich schrieb dem Direktor, traf ihn und stellte mich für wichtige Gänge zur Verfügung. Unterdes hörte ich, daß eine Art Komitee zur Verbreitung der deutschnationalen Grundsätze unter Beteiligung vornehmer, deutschnationaler Bekannter und Corpsstudenten gebildet werden sollte und so beschloß ich – da nach dem endgültigen Abgang der Demokraten und des Zentrums das Heil gegen den Nationalsozialismus nur einzig und allein noch bei den Deutschnationalen liegen konnte – eine geistige Verbindung zwischen diesen und dem jüdischen Verein herzustellen. Nur allzu gerne wären früher viele Juden mit den Deutschnationalen zusammengegangen, zu denen sie als Kapitalerhalter ja eigentlich gehörten; der Gedanke war daher nicht abwegig, und so schlug ich dem Verein vor, ich wolle englisches und amerikanisches jüdisches Geld für den »Verein« zur gemeinsamen propagandistischen Zusammenarbeit mit dem deutschnationalen Komitee besorgen; aber das Geld müsse gleichzeitig auch für eine Art Erziehung für die Juden dienen. Denn ich sah das Unglück kommen, freilich nicht in dieser elementaren Gewalt und Grausamkeit, in der es kam, und ich sah aber andererseits auch genug Fehler und Torheiten, die die Juden machten, ich sage ausdrücklich »verbesserungsfähige« Fehler und Torheiten. Aber der »Verein« verstand mich nicht; man entgegnete mir, es gäbe nicht mehr Aussätzige unter den Juden als unter den Christen; man wies es mir sogar statistisch nach. Ich entgegnete: »Es dürfen nicht ebenso viele sein, es müssen weniger sein; sicher gibt es nicht mehr, ja weniger Aussätzige, aber sie *fallen mehr in die Augen.*« Ich konnte es immer wieder wiederholen, man glaubte mir nicht. Man glaubte an das »verbriefte« Recht. Meine Anregung wäre wohl auch vielleicht schon zu spät gekommen, denn die Ereignisse überstürzten sich. Es kam die Absetzung Papens durch Schleicher und die Schleichers durch Papen und am 30. Januar 1933 die Schilderhebung Hitlers durch Hindenburg mit Hilfe Papens. Hierbei soll auch ein Bekannter von mir, mit dem ich im Club zusammengesessen war, der, aus uraltem Geschlecht stammend, gerne seine Hände in jeder Sache zu haben liebte, Werner von Alvensleben, den Hitler in seiner Rede vom 13. Juli 1934 im Reichstag öffentlich brandmarkte, wesentlich mitgespielt haben; aber hierüber weiß ich nichts genaues und was ich nur zu wissen glaube, darüber schweige ich. Am besten aber wird die damalige Sachlage wohl durch den bekannten alten Witz beleuchtet, wie der alte Hindenburg, sicher ein »Mann ohne Furcht und Tadel« wie er im Buch steht, zu seinem Staatssekretär Dr. Meissner in jenen Tagen sagte: »Sagen Sie mal, da kam doch immer ein so netter, junger Reichskanzler mit Brille und dunklen Haaren zu mir; ist denn der nicht mehr da?« (Er meinte Brüning). Der Witz spricht Bände; Hindenburg war natürlich viel zu alt für all das, was da um ihn vorging. Und was er wußte, war höchstens, daß er drei Nationalsozialisten und neun Deutschnationalen die Regierung übergeben hatte. Sapienti sat!

Hitlerismus

»Ich hatte einst ein schönes Vaterland,
Der Eichenbaum wuchs dort so hoch, ...
Es war ein Traum!«
(Heine, Buch der Lieder)

Ich hatte mich durch die Ernennung Hitlers überraschen lassen, niemals hätte ich dergleichen für möglich gehalten. Noch nahm ich damals an, Hitler könnte, einmal zur Macht gekommen, seine maßlose Demagogie in Sachen der Judenfrage vielleicht mildern; aber es kamen die bekannten Märzereignisse, die immer ungezügelter aufhetzenden Reden gegen alle Juden und schließlich der 1. April 1933 mit dem Boykott gegen alle Juden ohne Unterschied. Nun stellte ich endgültig alle Hoffnungen und Bemühungen ein.

Dieser 1. April wird mir ewig unvergeßlich bleiben. Schon in den Wochen vorher hatten sich, während ich ordentlich fühlte, wie ich täglich stolzer und stolzer wurde, die Getauften unter meinen Freunden häufiger als sonst sich bei mir eingefunden (es waren leider die meisten meiner jüdischen Freunde), darunter Leute, die mich nicht lange vorher dringend darum gebeten hatten, ihren Kindern gegenüber, die doch Christen seien, möglichst das Judentum zu ignorieren, und sie alle fragten mich jetzt, aufs äußerste betreten, wie ich die Situation beurteile? Ich antwortete ihnen, es hätte keinen Tag meines Lebens gegeben, an dem ich nicht stolz auf mein Judentum gewesen sei, und so sei es geblieben bis heute; sie müßten sich nun auch ihrerseits wieder darauf besinnen, daß sie einem historischen, großen, ewigen Hasse anzugehören die Ehre hätten. Und nun ging ich mit zwei von diesen getauften Freunden an diesem ersten

Apriltage in Berlin spazieren und sah mir das Stadtbild an. Es war verhältnismäßig ruhiger und würdiger auf den Straßen, als man hätte denken sollen; nur selten gab es kleine Ansammlungen: Es war, als ob sich das Volk in dankbarer Erinnerung an alles, was es den Juden verdanke, der Handlungen, die ihm jetzt von oben zugemutet wurden, sozusagen schäme, und verschiedene christliche Freunde, die ich traf, taten das auch, sie schämten sich.

Nach diesem Rundgang ist mir persönlich der Antisemitismus nicht mehr begegnet. Im Gegenteil, man war in den guten christlichen Kreisen allgemein eher aufmerksamer und rücksichtsvoller gegen die jüdischen Freunde geworden; zu vieles hing in der Luft, und man wußte nicht, wohin man steuerte. In einer Zeitung unseres Corps hatte ich zu meiner Entrüstung den Artikel eines Corpsbruders, eines sonst ganz feinen Menschen, lesen müssen, in dem ausgeführt war, man solle »nichtarischen« Corpsbrüdern gegenüber zwar eine freundschaftliche Haltung beibehalten, brauche ihnen aber keineswegs Treue zu halten, weil man, als man sein Wort gegeben hatte, nicht gewußt habe, daß man es mit einem »Fremdstämmigen« zu tun habe. Nicht lange danach erhielt ich einen Fragebogen über meine Stellung zu den nationalsozialistischen Ehrbegriffen. Ich antwortete, nicht daran zweifelnd, daß man mich hinauskomplimentieren würde, ziemlich von oben herab, daß ich bis zum letzten Augenblick meines Lebens Jude bleiben und von meinen vor nunmehr über 50 Jahren gelernten Ehrbegriffen nicht abgehen würde; worauf ich zu meinen Erstaunen und zur Ehre meiner Corpsbrüder nach Monaten die Antwort erhielt, man freue sich besonders, mir mitteilen zu können, daß ich nach einer Verfügung des dafür kompetenten Führers im Corps verbleiben könne, was natürlich eine um so höhere Auszeichnung bezeichnen sollte, da ich wohl der einzige noch lebende, ungetaufte Jude unter 28 000 Corpsstudenten war. – Und doch hätte ich damals austreten sollen, und wenn aus keinem anderen Grunde so doch deshalb, weil man einen 85jährigen »arischen« Corpsbruder, einen bedeutenden Arzt, der noch mit 70 Jahren eine jüdische Dame geheiratet hatte, kurzerhand aus dem Corps herausgeworfen hatte; gegen die Nichtjuden, die Jüdinnen geheiratet hatten, ging man nämlich gewöhnlich noch strenger als gegen die Juden selbst vor. Mein lieber Freund hat diese Schande, die man ihm anzutun gewagt hatte, nur noch drei Monate überleben können. An alledem war übrigens mein eigenes Corps gänzlich unschuldig gewesen, ich muß es durchaus in Schutz nehmen. Aber der Druck von oben wurde eben völlig unausweichlich.

Sonst ist mir persönlich damals eigentlich nichts weiter passiert, als daß mir in Kassel, wo ich ein Zimmer mieten wollte, von vornherein gesagt wurde, der Vermieter sei Beamter und es wäre ihm deshalb keinesfalls möglich, an Nichtarier zu vermieten. Man denke, das mußte einem durch und durch patriotisch gesinnten Mann passieren, dessen väterliches Haus zu besuchen der deutsche Kronprinz und der Kaiser sich nicht für zu schlecht gehalten hatten!!

Im Sommer 1935 war ich dann noch einmal in Berlin, um viele meiner Freunde zu besuchen, die ich wohl zum großen Teil nie mehr sehen werde. Überall empfing man mich glänzend, besonders auch meine Corpsbrüder und meine christlichen Freunde; man gab mir Fest über Fest; und auf Berlin folgte im August eine Kur in Kissingen, worauf ich nach Meran zurückfuhr.

Dann aber erhielt ich nach Erlaß der Nürnberger Judengesetze im September 1935 wieder eine Zuschrift von meinem Corps, dieses sei nun zwar endgültig und unwiderruflich aufgelöst worden, aber man bitte mich trotzdem recht herzlich, jetzt, gleichsam fünf Minuten *nach* zwölf Uhr aus dem Verband der alten Herrn auszutreten, da andernfalls etwa 70 junge Corpsbrüder unter meiner Weigerung schwer zu leiden haben würden –: *Ich war degoutiert.*

Was lag mir schon an einem aufgelösten Corps, das für mich ja doch niemals wieder in Frage gekommen wäre, einer Kneipe beizuwohnen, weil ich es weder jemals über mich gebracht hätte, eine Rede auf Hitler, noch gar eine antisemitische Volkshymne mitanzuhören? Aber der Gedanke, ein ganzes Leben lang den, wenn auch vielleicht outrierten, Begriffen deutscher Ehre gelebt und unter seiner Liebe zum Vaterland oft genug gelitten zu haben, in England manchmal mit gewissem Akzent als »German« bezeichnet, in Frankreich als »Boche« schief angesehen, seinem in der Jugend gegebenen Worte über 52 Jahre lang unverbrüchlich treu geblieben zu sein, um nun den Leuten, die einem scheinbar näher als alle anderen gestanden waren, den »Kotau« zu erleichtern, mit dem sie aus Furcht vor einem »Oben«, das für mich ein »Unten« war, um das Halten eines vor über einem halben Jahrhundert gegebenen Wortes herumlavieren wollten? Nein, *das* wollte, *das* konnte ich denn doch nicht. – Sehr artig, mit einer gewissen witzigen Eleganz, aber dabei für den, wer zu lesen verstand, überaus höhnisch und beißend, schrieb ich den Leuten ungefähr dem Sinne nach: »Ich habe mein Leben lang mein Wort gehalten und halte mein Wort auch heute. Wollt Ihr das nicht, schön, so werft mich hinaus. Ich will aufrecht, nicht unters Joch gebeugt, von Euch fortgehen.« Und so geschah es auch tatsächlich: man teilte mir mit, daß ich in der Liste der alten Herren nicht mehr geführt werden könnte.

In diesem Augenblick aber fühlte ich deutlich, daß eine *tiefinnere* Änderung mit mir vorging, daß eine Hülle von mir abglitt. Ich war kalt und gleichgültig geworden gegen alles, was sich *heute* deutsch nennt, und faßte den Beschluß, da nun alle Schranken gefallen waren, meine Erinnerungen zu Papier zu bringen, was ich aus mancherlei Rücksichten auf Familie und Corps bisher unterlassen hatte; in diesem Augenblick, als ich große Teile des deutschen Volkes, das durch ein Jahrtausend der Träger des christlich-abendländischen Universalreiches gewesen war, von Illusionen umnebelt, vor falschen Göttern knechtisch niederknien sah, da ward mir bewußt, daß ich einer seelischen Gemeinschaft angehörte, die *heute*, alles in allem genommen, sicher über den anderen steht. Ich betone das Wörtchen »heute«, denn auch unsere Zeit ist wie schließlich alle Zeiten nur ein Übergang und bedeutet wahrhaftig nicht das letzte Wort. Übrigens war die Ehrenhaftigkeit meiner früheren Corpsbrüder *über allen Zweifeln echt*, die selbst durch die jetzt gültige Gesinnung, der sie sich anpassen mußten, und durch den *furchtbaren* äußeren Druck, dem sie preisgegeben ist, niemals ganz untergehen kann. –

Noch einmal schaute ich zurück und machte die Bilanz meines Lebens auf, in dem ich mein Judentum, aber genau in derselben Weise mein Deutschtum stets hochgehalten hatte; in dem ich auf die, wie ich meinte, *deutscheste aller Weisen* alles auf Ehre gesetzt und niemals Satisfaktion verweigert hatte; und nun sollte ich vielleicht nicht einmal dem ersten besten mir frech kommenden Straßenjungen eine Ohrfeige geben dürfen, ohne daß ich befürchten mußte, dafür streng bestraft zu werden, weil ich nämlich als Jude einen »arischen« Bengel beleidigt hätte? Fälle wie dieser sind wirklich vorgekommen!

Solchen unsinnigen Konsequenzen sollte ich mich aussetzen, nur weil dergleichen dem »natürlichen Volksempfinden« von wildgewordenen Spießern entsprach, die ihren Geist nicht an den großen Stätten deutscher Kultur, nicht in Weimar und Potsdam, sondern im üblen Qualm von Straßen- und Saalschlachten »geschliffen« hatten? Nein, *das war zu viel!* Sicher ist die Welt voller Vorurteile, und das Vorurteil ist, wie ich irgendwo so treffend gelesen habe, »der Punkt, von dem aus jeder Esel die vernünftige Welt aus ihren Angeln heben kann«. Wenn aber das Vorurteil zum Dogma, zur Staatsmaxime erhoben wird, so ist da kein Raum mehr selbst für Menschen, die, wie ich, in den Grundsätzen ihrer Gegner noch das Gute zu erkennen suchen.

Wohl wußte ich, wie schmerzhaft es ist, auszulöschen, was, wie Wassermann so schön sagt, durch »Sprache, durch Landschaft, durch Geschichte, durch Kunst und das stumme Miterleben« während langer Jahrhunderte in mich und die Meinen geflossen war; aber nun konnte ich nicht anders, ich beschloß, lieber im Ausland mein Brot als Selbstverbannter mit dem Gedanken zu essen: »Hier bin ich Mensch, hier darf ich's sein«, als in Deutschland, wo es mir vielleicht durch Liebesdienerei gelungen wäre, für meine persönlichen Interessen etwas weniger ungünstige Bedingungen herauszuholen.

Ich stehe nicht auf dem Standpunkt, auf dem leider so manche Juden stehen, die sagen: »Was geht's mich an, ich selbst werde ja nicht belästigt?«, sondern ich meine, daß gerade wir Bevorzugteren, die wir die Verfolgungen nicht am eigenen Leibe zu fühlen haben, die verfluchte Pflicht und Schuldigkeit haben, mit den armen Opfern doppelt und dreifach mitzufühlen, und auch durch die Tat, jeder an seinem Platz, dieses Mitgefühl zu bewähren. Im übrigen, wenn jemand aus einem Hause herausgeworfen ist, so läuft man seinem Besitzer nicht nach, und ein Jude soll das, gerade weil man ihm das zutraut, erst recht nicht tun.

Ich habe den beinahe religiösen Wunschtraum, eine Utopie, an die ich mich klammere, alle Juden und Judenblütigen, groß und klein, arm und reich, sollten, je früher desto besser, Deutschland verlassen, was jedoch jetzt noch den meisten grausamer- und höchst ungerechterweise rein pekuniär unmöglich ist. Nur so würde das deutsche Volk einsehen, welche Schmach und Schande es auf sich geladen, aber auch welche nie wieder gutzumachende Torheit es begangen hat; denn ich lebe des festen Glaubens, daß kein Volk des Abendlandes es sich leisten kann, mitten unter den anderen Völkern ohne das Körnchen Salz zu existieren, das ein gewisser Prozentsatz jüdischen Blutes dem Bauernblut, namentlich der jüngeren und deshalb barbarischen Völker, wie es gerade das deutsche eines ist, zu geben hat. –

Ich bin am Ende meiner Erinnerungen und will schließen. Aber meine Hand zuckt und kann die Feder nicht loslassen, gleichsam als wüßte sie, daß ich eine Erinnerung aus allerneuester Zeit unterschlagen würde: Ich hatte nämlich im Sommer 1934 einem Londoner Rabbiner von ganz bedeutendem Ruf einen meine Ansichten über die deutsche Judenfrage enthaltenden Schriftsatz übergeben. Bei vielfachen Unterhaltungen über dieses Thema bin ich immer wieder darauf hingewiesen worden, daß meine Ansichten zwar sehr ideal, aber leider allzu sehr ideal und deshalb wie alle Ideale undurchführbar seien. Da die Judenfrage nun gewiß eines der schwierigsten Probleme ist, die es überhaupt gibt, so daß ich über diese Dinge vom kulturellen, geschichtlichen, wirtschaftlichen oder Rassenstandpunkt nicht im geringsten mit dem nötigen Fachwissen zu sprechen mich für berechtigt halte, so will ich den Inhalt meines Schriftsatzes einstweilen lieber auf sich beruhen lassen und mich hier nur auf einige vereinzelte, nicht eng zusammenhängende und kein systematisches Ganzes ausmachende Gedanken beschränken; doch ließen sich über diese Fragen Bibliotheken schreiben, ohne daß man jemals damit fertig werden könnte, zumal, da man nicht allein mit der Sonde des Verstandes und des Wissens, sondern genau ebenso sehr mit dem Gefühl und dem Ahnungsvermögen zu arbeiten hätte, um der Lösung des Problems einigermaßen näher zu kommen. Ich habe mich ferner davon überzeugt, daß sich hier – wie ja in allen Fragen – das Für und Wider je nach der Einstellung des einzelnen gar zu leicht verschiebt. So wird beispielsweise bei der Frage, warum so viele Juden gerade in den kaufmännischen, Anwalts- und Arztberufen anzufinden sind, der Jude dem Antisemiten antworten: »Das ist die Folge davon, daß Ihr uns jahrtausendelang alle anderen Berufe versperrt und nur diese übriggelassen habt«, der Antisemit wird aber dem Juden antworten: »Ihr habt eben nie zu etwas anderem gepaßt.« Und genau wie dieses Beispiel läßt sich natürlich fast jede Frage von diametral entgegengesetztem Standpunkt beantworten.

Aus allen diesen Gründen will ich daher nur einige wenige meiner Gedanken, weit von dem Anspruch, den ganzen Komplex der Fragen zu erschöpfen, *ganz locker aneinanderreihen.*

Laiengedanken über das Judentum

> »Kanaille bleibt Kanaille, und der Antisemitismus ist die Gesinnung der Kanaille... Er ist wie eine schauerliche Epidemie, man kann ihn weder erklären noch heilen... Endlich muß sich die Pest ja doch einmal erschöpfen... Der Wahn, der unsere Cultur um 100 Jahre zurückgeworfen hat.«
>
> (Theodor Mommsen, 1897)

Ich glaube, daß das Judentum, das seit jeher zu den Kulturträgern der Welt gehört hat, als solches wie seit vielen langen Jahren weiterbestehen wird. Als vor einigen Jahrhunderten alle Nichtkatholiken, Mauren wie Juden, aus Spanien vertrieben wurden, sind die Mauren, deren Paläste für die Ewigkeit gebaut erschienen – ich entnehme diese historische Tatsache einem Buch von Valerio Marcu –, bald von der afrikanischen Wüste aufgesogen worden, während ein kleiner Rest von Juden, der im Lande blieb, bald wieder soweit wuchs, daß vor der endgültigen Vertreibung die Juden mehr als 10 Prozent, ja wohl beinahe 15 Prozent der spanischen Bevölkerung ausmachten.

Und mir ist, als hätten die Juden noch eine Mission auf der Welt zu erfüllen, die keine andere Völkergruppe erfüllen könnte. Ist es vielleicht die, das Salz für die Vorbereitung eines besseren Europas zu sein?

Man erlaube mir einen Vergleich: In der Schweiz wohnen einträchtig als Eidgenossen drei verschiedene Sorten von Schweizern zusammen, die als Muttersprache deutsch, französisch und italienisch sprechen. Ist nicht Gottfried Keller ein deutscher Dichter? Gehört Jean Jacques Rousseau nicht der französischen Geistesgeschichte, Segantini der italienischen Kunstgeschichte an? Kann man nicht also zugleich Schweizer und Deutscher, Schweizer und Franzose, Schweizer und Italiener sein? Und ist es nicht die Mission der Schweiz, den Beweis für die Möglichkeit zu erbringen, daß sprachliche Grenzen, die zugleich Grenzen der Traditionen und der Bräuche, des Klimas und der Physiognomie, der Küche und der Volksfeste sind, trotzdem ein Nebeneinanderwohnen in Frieden, ja sogar in engster staatlicher Gemeinschaft erlauben? Ist es nicht die Mission der Schweiz in der Welt, am lebenden Beispiel zu erklären, daß die nationalistischen Leidenschaften, die Europa und den ganzen Planeten in Unruhe, Umsturz und Unglück, in Massenmord und in die Pest der Weltkriege gestürzt haben, nichts Gottgewolltes, keine vom Schicksal verhängte Notwendigkeit bedeuten, deren Unentrinnbarkeit man sich mit stumpfem Fatalismus zu unterwerfen hat?

Ich will lediglich als Hypothese und nicht ohne neben dem Für auch das Wider anzuerkennen, zur Weitererwägung durch berufenere Männer die Frage aufwerfen: Könnte es nicht, wenn nicht die einzige, so doch eine der Missionen des Juden sein, zwischen den Staaten, zwischen den Völkern eine vermittelnde, versöhnende, das gegenseitige Verständnis, die wechselseitige Erkenntnis erleichternde Minorität zu bilden? Man verstehe mich um Gottes Willen nicht falsch. Niemand könnte durch sein ganzes Leben, wie es jetzt meinen Lesern von Anbeginn bis zu meinen hohen Jahren vor Augen geführt worden ist, anschaulicher dartun als gerade ich, daß man gleichzeitig ein guter Deutscher und ein guter Jude sein kann, ebenso wie beispielsweise ein guter deutscher Schweizer. Aber wer wollte abstreiten, daß die Juden durch ihre schnellere Orientierungsfähigkeit, durch ihre Begabung des Sich-Einfühlens, durch ihre leidvolle Geschichte, die sie von einem Lande zum anderen wandern ließ, durch die 2000 Jahre Großstadt, die ihnen in Fleisch und Blut übergegangen sind, eine Reihe von völkerverbindenden und mehr dem Frieden als dem Kriege zugewandte Gaben in sich entwickelt haben, die der Befriedung unserer Welt noch einmal höchst nützlich werden können?

Nicht ein verwaschenes Ideal von Internationalismus steht

mir vor Augen. Es soll und es wird verschiedene Nationen nebeneinander geben, ebenso gut wie die Fülle der Individualitäten. Die Welt wird reicher durch die Mannigfaltigkeit der Nationen, der großen und der kleinen; das Leben wird erst lebenswert, wenn Individualitäten sich voneinander abheben, statt nivelliert und uniformiert zu werden. Aber wie die Zeiten der Raubritter vorbei sind, als nicht das gleiche Recht für alle, sondern die Gewalt und die Kraft des Stärkeren regierte, so soll es auch über den verschiedensten Staats-Individualitäten eine alle verbindende, internationale Moral geben, die den ewigen Frieden bedeuten würde.

Und daß gerade die Juden, wenn man will, durch die Tugenden, die sie ihren Fehlern abgewonnen haben, und durch ihre Zerstreuung über den ganzen Erdball (selbst in China, Abessinien, Ostindien und auf den Inseln des westindischen Archipels gibt es eingesessene Juden) ein für diese letzten Ziele gut geeignetes und trainiertes Menschenmaterial darstellen, das ist wohl eine Tatsache, auf der fußend man davon sprechen kann, daß die Juden auch diese Mission in der Zukunft besitzen.

Aber die *deutschen* Juden scheinen allerdings für absehbare Zeit erledigt. Man müßte ihnen, soweit es irgend geht, namentlich dadurch, daß man ihnen zur Ausreise verhilft, zur Seite stehen. Vorläufig liegen sie als Opfer, als Märtyrer des jüdischen Krieges, den Hitler als ersten seiner Kriege erklärt hat, auf der Strecke; denn selbst wenn eines Tages einmal ein Wechsel oder irgendeine Änderung des Regimes käme, wäre die zum Haß gegen alles Jüdische fanatisierende Erziehung der deutschen Jugend schon so weit eingefleischt, daß für die Juden in Deutschland ein Leben ohne Aufgabe ihrer primitivsten Menschenwürde kaum mehr möglich wäre. Aber vor der Geschichte der Menschheit hat Hitler den jüdischen Krieg trotz allem verloren. Nur Hitler ist es zu verdanken, daß die teilweise schon bedenklich auseinanderstrebenden Juden endlich wieder *in* sich geeint sind, während er die ganze Welt, wenigstens in Sachen seines jüdischen Krieges, geschlossen *gegen* sich hat.

Es scheint nämlich tatsächlich so zu liegen, als ob immer wieder Verfolgungen nötig wären, um dem Auseinanderstreben der Juden einen Riegel vorzuschieben: Seit dem achtzehnten Jahrhundert und je weiter das neunzehnte vorschritt, in desto heftigerem Tempo bröckelten durch die Taufe, mit deren Hilfe alles mögliche erreichbar wurde oder schien, gerade aus den prominenten Schichten immer neue Familien ab und verloren dadurch nicht nur ihren inneren Stolz, sondern produzierten auch noch eine ganze Reihe anderer minderwertiger Eigenschaften. Durch Hitler freilich ist die Geschlossenheit der Juden wieder so stark geworden, daß mir ein kluger Mann sagte, solche elementaren Ereignisse müßten von Zeit zu Zeit eintreten, um das Judentum unter Druck zu setzen und auf diese Weise am Leben zu erhalten, während ein anderer Freund, ein sehr fein empfindender Mann, viel größer als ich, der ich doch auch schon überlebensgroß geraten bin, und so blond, daß man drei sogenannte »Arier« aus ihm machen könnte, einmal gesprächsweise meinte, wenn er einmal von dem furchtbaren Unglück für die Einzelschicksale der deutschen Juden absehe, so schätze er sich beinahe glücklich, Hitler als Wiederaufrichter des Judentums noch erlebt zu haben!

Trotzdem bleibt es natürlich zu bedauern, daß voraussichtlich der Judenhaß immer wieder bald hier, bald dort in der Welt aufflackern und niemals aussterben wird. Ich erkläre mir diesen ewigen Judenhaß als Ausfluß eines *Minderwertigkeitskomplexes*, als Folgeerscheinung von Unzufriedenheit der Völker mit sich selbst. Die Juden als Minderheit sind der gegebene Prügelknabe zum Abreagieren aller möglichen Minderwertigkeitsinstinkte, wie Mißgunst, Neid, Haß und Zerstörungssucht. Wie im Kriege der Feldherr stets den schwächsten Punkt angreift, wie der höhere Beamte sich an den Subalternen schadlos hält, wie der Bauer die Städter, der Städter die Bauern als lächerlich empfindet, so haßt der Spießer, der Kleinbürger nun eben einmal den Juden. Der Politiker wird immer ein leichtes Spiel haben, zumal in Deutschland, wenn er auf den Neid der Massen spekuliert. Es ist die Kunst der Demagogie, dem Volk da zu schmeicheln, wo seine Instinkte am schlechtesten sind.

An den Nürnberger Judengesetzen halte ich es übrigens für das bedauerlichste, daß Hitlers Freund Streicher von seinem ursprünglichen Programm, Juden und Judenstämmlinge als »Nichtarier« über einen Kamm zu scheren, abgegangen ist und viertel-, halb- und dreiviertel Mischlinge und dergleichen hirnverbranntes dummes Zeug ins Leben rief, weil solche Unterscheidungen eine Prämie auf die in früheren Taufen zutage getretene Charakterlosigkeit setzte, und daß er so neue Unterscheidungswünsche, neue Spaltungsmöglichkeiten, ein neues Strebertum für die Schwächlinge der deutschen Judenschaft geschaffen hat, auf diese Weise die ganze Gemeinschaft vom innersten Kern her wieder einmal degenerierend. –

Immer wieder erhebt sich die alte Doktorfrage: Sind die Juden nichts als eine Religionsgemeinschaft, oder sind sie als ein Volk neben anderen Völkern anzusehen? Ich habe über dieses Problem im Laufe meines Lebens die verschiedensten Ansichten gehört, über die ich mir ein abschließendes Urteil nicht erlauben möchte. Aber wenn aus den Mitgliedern einer deutschen Dynastie Belgier, einer dänischen Griechen, wenn aus einem Zweige der Hohenzollern rumänische Herrscher, wenn aus Millionen von deutschen Auswanderern Engländer, Amerikaner, Franzosen und was sonst noch alles geworden sind, mit welchem Recht will man da behaupten, daß die teilweise schon seit vielen Jahrhunderten seßhaften und mit Heimat, Umwelt und Tradition zusammengewachsenen Juden in Deutschland nicht gute Deutsche jüdischen Glaubens geworden, sondern, daß diese längst eingedeutschten Juden immer noch Juden geblieben seien, die dem jüdischen Volk angehören sollen, während andererseits die polnischen Juden, die nach Sprache, Tracht und Gebräuchen und nach ihrem eigenen Empfinden tatsächlich ein im polnischen Staat und unter den Polen wohnendes wirkliches Volk geblieben sind.

Ich halte eine derartige Behauptung nur für eine Art Nadel, die stechen soll. Aber meinetwegen nehmen wir an, wir deutschen Juden seien Volksjuden, so haben wir in Zeiten, wie den jetzt über uns hereingebrochenen, uns doppelt und dreifach der Werte dieses unseres Volkes zu erinnern.

Es ist kein Zufall, daß Männer wie Cyrus, wie Alexander der Große, wie Julius Cäsar, wie Karl der Große, wie die Hohenstaufen oder wie Napoleon die Juden, jeder in seiner Art, geschätzt haben; da kann man den Haß des Herrn Hitler schon seelenruhig mit in Kauf nehmen. Wir sollten uns die großen Männer und Leistungen unserer Vergangenheit immer von neuem bewußt machen, daß wir das Volk des Moses, des David und der Propheten, der Psalmen und des Hohen Liedes, des Jesus und des Paulus, der spanischen Hochblüte mit Jehuda ben Halevi, des Maimonides und des Baruch Spinoza, das Volk sind, dessen deutsche Minorität in den letzten 150 Jahren auf jedem, aber auch schlechthin jedem Gebiet menschlicher Betätigung dem deutschen Volk eine Fülle von Werten geschaffen hat; tausendfach mehr als das deutsche Volk ihm! –

Dergleichen historische Tatsachen und Erinnerungen sind wahrlich dazu angetan, unsere Selbstachtung zu erhöhen. Ich bin auch fest davon überzeugt, daß in Deutschland ungetaufte Juden als Politiker dem Lande ihrer Geburt ebensogut sich hätten nützlich machen können, wie in England der getaufte Disraeli und der ungetaufte Lord Reading und andere. Ich kann ebensowenig einsehen, und gerade ich, der ich England kenne und zu verstehen glaube wie wenige Deutsche, halte mich für berechtigt, dergleichen auszusprechen und die Frage aufzuwerfen, warum in England, das doch ein um vieles blonderes Land ist als Deutschland, Juden als höhere Offiziere ebenso hoch geachtet werden wie die nichtjüdischen, und warum das ausgerechnet in Deutschland unmöglich gewesen ist, dessen Bevölkerung außer verhältnismäßig wenigen Strichen, in denen sich ein nordisch-germanischer Typ gehalten hat, ein ausgesprochenes Mischvolk geworden ist, in dem Slaven, Kelten und andere »arische« oder sogar »vorarische« Völker die Grundlage bilden? –

Liegt nicht, ich muß sagen »leider«, auch eine alte Schuld der freilich niemals durch Rassenhaß, aber durch andere Bedenken in Sachen der Juden irregeleiteten Hohenzollern vor? Unter Kaiser Friedrich III. wäre wohl differenziert, wäre zum Beispiel eine Anzahl jüdischer Offiziere geschaffen worden, und das hätte auf manche Eigenschaften der deutschen Juden eine günstige Einwirkung gehabt. Denn nichts ist, meine ich, wirksamer als die sittliche Erziehung der Menschen, als eine Auslese aufgrund des Niveaus ihres sittlichen Empfindens. Nichts ist falscher, törichter, verhängnisvoller, als alle Juden, weil sie einer von Schwätzern und Hetzern aufgebrachten Mode zufolge als minderwertige Rasse gelten, nun etwa in einen Topf zu werfen. Ich habe mir dergleichen niemals gefallen lassen. Nicht Geld, nicht Rang, nicht Armut, nicht Ranglosigkeit sollten über Menschen entscheiden dürfen, sondern *einzig und allein* ihr innerer Wert.

Und darauf, daß diese Maxime der Vernunft Geltung habe, gründe ich meine Hoffnung, daß das Judentum wenigstens in anderen Ländern von dem maßlosen inneren und äußeren Leid der Verfolgungen verschont bleiben werde, welche die Nationalsozialisten ihnen ja überall in der ganzen Welt nur allzugerne gönnen und vorbereiten. Der Jude hat es, wenn man vom großen Durchschnitt redet, niemals recht verstanden, nach Beliebtheit zu haschen. Nun ist Beliebtheit gewiß nicht das entscheidende Kriterium des Wertes, weder des einzelnen noch einer Gemeinschaft. Aber wie die Juden fast alles erreicht haben, was sie wirklich wollten, so werden sie, wenn das Ziel ihres Wollens mehr Beliebtheit unter den Völkern wird, eines Tages auch dazu gelangen. Aber freilich dürfen sie nur ja nicht glauben, daß sie nicht zu ändern sind oder sich nicht zu bessern brauchen, sondern sie müssen ihre Fehler erkennen wollen, sie *erkennen* und für diese hohen Ziele dauernd an sich *arbeiten, unaufhörlich, unablässig.*

Neulich wurde ich von einem nichtarischen Bekannten gefragt, welche Eigenschaften ich für die spezifisch schlechten der Juden hielte. Lange dachte ich über diese Frage so objektiv wie möglich nach, ich fand die spezifisch jüdischen Fehler nicht, fand nicht eine einzige schlechte Eigenschaft, die die anderen, wenn auch freilich in anderer Verteilung und auf anderen Gebieten, nicht genauso gut an sich hätten. Nein, es liegt eher umgekehrt. Die Juden haben vielleicht einzelne gute Eigenschaften, die die anderen von ihnen annehmen sollten. Nie habe ich aus dem Munde eines deutschen Nichtjuden Worte gehört, wie es einem von mir in einer Wohltätigkeitsstiftung eingeführten armen Freunde auf seinen Dank geantwortet wurde: »Nicht Sie haben uns, sondern wir haben Ihnen zu danken, daß Sie uns Gelegenheit geben, Gutes zu tun.« –

Aber einmal angenommen, die guten und die schlechten Eigenschaften wären zwischen Juden und Nichtjuden (ich gehe auf die albernen, weil aus längst überholter Terminologie der Wissenschaft stammenden Worte »arisch« und »nichtarisch« natürlich nicht ein) absolut gleich verteilt, so wäre das für die Juden nicht das richtige, sondern immer noch ein ganz miserables Verhältnis. Denn die Juden haben nun einmal das Schicksal, aufzufallen, nicht etwa als Gäste ihres »Wirtsvolkes« – das sind freche antisemitische Redensarten, die ich früher sofort mit einer Ohrfeige quittiert hätte –, aber sie stellen allerdings einen fremdartigen, aus dem Üblichen herausfallenden Typus dar. Und vor allem, sie sind in der Minderheit, und schon darum unaufhörlich in der Defensive.

Folglich – so ist mein Schluß – muß der Jude *gerade* wegen der schwierigen Aufgabe, in der sich jede Minorität befindet, wenigstens *versuchen* nicht ebenso gut, *nein, um viele Grade besser, als der Christ sich zu benehmen:*

Wenn die Juden pekuniär hochkommen, so zwingen sie sich, klug wie sie sind, sofort in gesellschaftlich und kulturell höhere Kreise hinein, was an sich durchaus nicht zu verurteilen ist. Aber so kommt es, daß sie nur allzu leicht mit Nichtjuden verglichen werden, die denn doch meistenteils verhältnismäßig seit Generationen schon durch ihre Tradition weit über ihnen stehen. *Das* ist der springende Punkt! Der reich gewordene, nichtjüdische Schlächter in Berlin blieb zum Beispiel in seinem Auftreten und seinem ganzen Lebensstil noch lange, was er vorher gewesen ist, und wollte auch nichts anderes sein. Der im gleichen Maße arrivierte jüdische Kaufmann dagegen ging sofort auf große Reisen, legte sich aufs Sammeln von Kunstschätzen, lief in die Premieren, kurz, machte in Geist, Kultur und Repräsentation. So fiel ein Vergleich zwischen dem einfachen Nichtjuden und dem im Grunde ebenso wenig gebildeten, gesellschaftlich aber weit über die Verhältnisse seiner Kinderstube lebenden Juden natürlich schief und zum Nachteil des Juden aus. Und da bekanntlich im Leben nicht so sehr der innere Wert für die Menschen den Ausschlag gibt wie das äußere Gehaben, die Manieren, die Selbstverständlichkeit, die vornehme Einfachheit und der Takt, so fiel der Jude auch in dieser Hinsicht meist ungünstig auf, da er jene Eigenschaften nicht hatte, ja, vielleicht gar nicht haben *konnte*. Denn »Haltung« – so will ich die eben genannten Eigenschaften zusammenfassen – ist im allgemeinen nur vorhanden, wo Generationen hintereinander in Ruhe und Frieden, in einer gewissen Behaglichkeit haben leben können, während die Existenz der Juden vor und nach ihrer Emanzipation niemals dazu angetan war, ihre Nerven zu schonen.

Darum sollte man suchen, dem Juden, wenn irgend denkbar, nicht nur seinen Gottesglauben und seine Tradition zu lassen, sondern ihn zum Takt, zur Rücksichtnahme, zu guten Manieren, zu einem Auftreten ohne Aufdringlichkeit im Sinne der Pflichten zu erziehen, die sie dem Judentum als Gesamtheit gegenüber sich immer gegenwärtig halten sollten: Nicht nur Pflichten gegen die Gesetze hat der Jude, Pflichten gegen die Gesetze seines Glaubens und Pflichten gegen die Gesetze seines Staates; sondern darüber hinaus noch ungeschriebene Pflichten, die Pflichten des für seine Gemeinschaft verantwortlichen Juden, unter dessen persönlichen Fehlern und Schwächen das *ganze* Judentum zu leiden hat. *Das muß er lernen, das muß er verstehen, das muß er wissen, das muß er sich in jedem Augenblick gegenwärtig halten.* Noblesse oblige! Judaisme oblige! Minorité oblige!

Die Gesetze verbieten nur und bestrafen nur, aber unser in Fleisch und Blut übergegangenes Gefühl sagt uns, oder vielmehr sollte uns sagen, was wir tun und was wir lassen müssen, um unsere Pflicht dem Judentum gegenüber zu erfüllen. Wie sich der vom englischen König in den privy council gewählte jüdische Gentleman – meines Wissens gibt es meistens solche jüdischen Gentlemen, denen diese höchste Ehre doch vor allem durch ihre Intelligenz zuteil wird – aus Gründen des Taktes seiner Klugheit nicht bei jeder Gelegenheit gegenüber eventuell weniger Begabten leuchten lassen wird, so hat auch der deutsche Jude, wenn er wirklich mal der intellektuell Überlegene ist, dem Takt sein Opfer zu bringen und sein Licht *unter den Scheffel zu stellen. Das muß anzuerziehen sein!!!* Der Jude *muß* das Gefühl erlernen können, sich in taktvoller Weise zurückzuhalten, und tut er es nicht, da sollte die gute jüdische Gesellschaft, statt seinem Gelde oder seiner Klugheit nachzulaufen, ihn kurzerhand boykottieren. Da merkt er schon, was los ist, und fängt an, sich zu bessern. –

Die Deutschen haben, wie sonderbarer- oder nicht sonderbarerweise die Juden auch, mehr Genies und mehr schlechte Elemente als die meisten anderen Völker: Den erlesensten deutschen Geistern, Luther, Goethe, Kant oder Beethoven stehen die dumpfsten und engsten Köpfe der deutschen Kleinstadtspießer gegenüber. Den größten jüdischen Geistern wie Moses, Jesus, Spinoza und anderen eine große Anzahl erbärmlichster Geschäftemacher. Aber wenn man bei den Deutschen derartige Unterschiede in der Bewertung als selbstverständlich akzeptiert, warum warf und wirft man alle Juden in einen Topf? – Nun, das hat viele Gründe, und einige habe ich soeben angedeutet. Aber der wichtigste ist wohl der: Während sonst überall die oberen Gesellschaftskreise die unteren erziehen, gehen bei den Juden die oberen Schichten den unteren durch Taufe aus dem Wege und dadurch verloren. Wie soll eine Gesellschaft erzogen werden, deren oberste Schichten ihr immer wieder den Rücken kehren?

Das ungefähr wäre die Quintessenz meiner eigenen Erfahrungen und meiner Erwägungen über die Judenfrage. Und wenn mir von vielen Juden, die ich von meinem Glauben an die Möglichkeit und die Notwendigkeit einer Erziehung zu überzeugen suchte, erwidert wird, es sei nicht möglich, die Juden zu erziehen, weil die große Masse zu elend und arm sei, um sich erziehen zu lassen, so antworte ich: »Das stimmt *nicht*«. Ich kenne die Juden genug, um zu wissen, daß unter zehn jüdischen Jungen mindestens fünf intelligent genug sein werden, um nicht nur selber zugänglich für vernünftige Belehrungen zu sein, sondern sogar auch ihre Eltern auf die gute Bahn mitzuziehen.

Manches Korn kann da aufgehen und ich weiß, es wird freilich erst langsam *im Laufe der Zeit* aufgehen.

Aber müßten nicht auch die Regierungen beeinflußt werden, daß sie nicht immer getaufte Juden begünstigen und durch gerechte Behandlung aller Juden ohne Rücksicht auf ihr Bekenntnis zu dieser Erziehung mithelfen? Hätten sich die prominenten Juden in Berlin so benommen, wie sie es ihrer Verantwortung gemäß hätten tun sollen, die jetzt – leider muß ich es sagen – »ihr gescheffelt Teil« Schuld an diesem grenzenlosen Unglück tragen, statt daß sie immer sagten: »Was gehen uns diese Sorte Juden an?«, so wäre den Gift- und Haßmischern ihr Handwerk mindestens erschwert worden.

Es ist mein fester Glaube, daß den Juden *nur* mit solchen Methoden geholfen werden kann! Bis dahin aber müssen wir uns mit einem Wort des von den Nazis jetzt als einen der Ihren in Anspruch genommenen Nietzsche zu trösten suchen, der in Wirklichkeit eine Unzahl von Wendungen gegen »Rassenschwindel« und »nationale Verdummung und Frechheit« geprägt und unter anderem auch das schöne Wort gesagt hat: »Das moralische Urteilen und Verurteilen ist die Lieblingsrache der geistig Beschränkten an denen, die es weniger sind.«

Soweit die Judenfrage: Es war meine Absicht gewesen, ihr ein gleich leidenschaftliches Gegenstück in einem Kapitel über den Nationalsozialismus zu geben.

Laiengedanken über den Nationalsozialismus

> »Maxime: Mit keinem Menschen umgehen,
> der an dem verlogenen Rassenschwindel An-
> teil hat!«
>
> (Nietzsche, Werke VIII. 488.)

Getreu aber meinem stets geübten Grundsatz, auch dem politischen Gegner gegenüber jede mögliche Objektivität zu wahren
und mich nicht zu beschimpfenden Angriffen hinreißen zu lassen, will ich auf längere Ausführungen um so mehr verzichten,
als ich ja von innerpolitischen Dingen wenig zu verstehen
glaube.

Auch haben mich Freunde darauf hingewiesen, daß ich immerhin noch entfernte weibliche Verwandte in Deutschland
habe und daß meine fast um 40 Jahre jüngere Frau durch Veröffentlichung meines Buches Gefahr für ihren zwar nicht großen Besitz in Deutschland liefe, wenn ich mir Ausfälle gegen
die Regierung erlaubte.

Nun, ich persönlich teile diese Befürchtung nicht, denn ich
glaube nicht, daß irgendeine Regierung der Welt es eine politisch indifferente, natürlich immer eher abwiegelnde Frau ent-
gelten lassen könnte, wenn ihr alternder Mann noch einmal
seine Lebenserinnerungen zu Papier bringen will. Wäre doch
solche Bestrafung einer unschuldigen Frau die allerstärkste
Verurteilung eines Systems in sich selbst. Und zwar dies um so
mehr, als mein Buch doch unerschütterlich erhellt, daß mich in
meinem Stolz auf mein Judentum und in meinem Recht der
Abwehr des antisemitischen Angriffs keine Macht der Welt,
selbst eine der stärksten Mächte, die eigene Frau, nicht beeinflussen könnte.

Dann aber werden sicherlich auch die maßgebenden Persönlichkeiten der heutigen deutschen Gesellschaft einem Mitglied der alten guten deutschen Gesellschaft eine in selbstverständlicher Würde gehaltene Auseinandersetzung dort nicht verübeln, wo es sich um Angriffe handelt, durch die ich in meiner Person, meiner Familie und meiner Rasse aufs innerste getroffen werden soll.

Ich zwinge mich daher zur peinlichsten Unterdrückung aller nicht hierher gehörenden aggressiven Tendenzen, wie auch mein ganzes Buch sich ausdrücklich auf Zurückweisung des Antisemitismus beschränkt. Ich gehe daher ausdrücklich betont nur auf einzelne, den Nazismus betreffende Punkte gleichsam im Stichwortstil und losester Aneinanderreihung ein, die sich mir durch meine eigenen Erlebnisse, Erfahrungen und Gedanken aufdrängen:

Was die bisher angewandten *Praktiken* des Nationalsozialismus betrifft, der aus den mir durch Corpskreise ja so wohl bekannten Alldeutschen und Übernationalen hervorging, so nehme ich an, daß die Regierung diese nach längerer Auswirkung ihrer Gleichschaltung von selbst stetig mildern und ebnen wird. –

Was die Behandlung der Juden angeht, so glaube ich auch hier an allmähliche Milderung in dem Verhältnis, in welchem Scharfmacher wie Streicher, die im Anfang starken Einfluß ausgeübt haben, naturgemäß gegen die bedeutenden Persönlichkeiten zurücktreten werden. Hier ist es freilich Zeit, daß Einhalt, namentlich in der Jugenderziehung, geschieht. Habe ich es doch selbst erlebt, daß der christlichen Tochter einer nichtarischen Frau von ihrer Klassenältesten in freundschaftlichem Tone gesagt wurde: »Glaube mir, Marie, mir wäre eine Hure als Mutter lieber als eine Jüdin.« Und als der arische Vater sich hierüber an zuständiger Stelle beschwerte, wurde ihm bedeutet, daß das Mädchen sich zwar im Ausdruck vergriffen habe, in der Sache aber im Recht sei. – Und gleichsam als Gegenstück habe ich erlebt, daß guterzogene Kinder einer adligen Offiziersfamilie uns aufforderten, zu einem großen Spaß in ein Sanatorium in einen Badeort mitzukommen, der darin bestand, die jüdischen Kranken damit zu ängstigen, daß sie ihnen sagten, sie würden von der Polizei beobachtet. Die sich der Armen bemächtigende Angst zu sehen, sei ihr größtes Vergnügen! – Ich glaube sicher, daß das heute auf festen Erfolgen und Grundlagen ruhende System diese Übergriffe, gegen die Greuelmärchen doch nur Kinderspiel sind, ganz von selbst inhibieren wird. –

Bezüglich des *Rassenaberglaubens* möchte ich meinen, daß es an und für sich sein eigenster tödlicher Fehler ist, denn er wirft gerade den Juden vor, daß sie sich für das »auserwählte« Volk halten, macht selbst aber sein eigenes Volk gerade dadurch, daß er sich als das einzige Herrenvolk erklärt – was die Nazis von den Juden gelernt haben – zum »auserwählten« und entfacht dadurch bei den anderen Völkern Haß auf der ganzen Linie. –

Welchen Wert oder vielmehr Unwert dieser Rassenschwindel hat, wird durch die Worte des bedeutenden Professors Murray Butler beleuchtet, der sagt, daß nach allen Ergebnissen der Geschichtsforschung jeder europäische Staat seiner Mehrheit nach aus Bastarden zusammengesetzt ist, die Rassenkreuzungen entstammen. Das habe Europa ebensowenig wie Amerika geschadet, das ja ein »Kochtopf der Rassen« und ein »Schmelztiegel« der Nationen sei.

Zu welchen Ungeheuerlichkeiten die Rassenriecherei führt, geht zum Beispiel daraus hervor, daß ein bekannter Nazi, der einen jüdischen Vater und eine »arische« Mutter hat, seine Herkunft dem Fehltritt dieser mit einem »Arier« zuschreibt. Andererseits ist mir ein Fall bekannt, daß ein durch seinen Vater jüdisch versippter Aristokrat mit sehr hohem Namen, der aber notorisch sein Leben einem Fehltritt seiner »arischen« Mutter mit einem »Arier« verdankt, seine Mutter nicht preisgibt, sondern würdevoll für sein Anstandsgefühl büßt. Ein deutlicheres Beispiel für die Belohnung dieses ehrenhaften Mannes gegenüber dem anderen kann es nicht geben. – Auch noch einen anderen Fall kenne ich, in dem der Sohn einer »Arierin«, der ihrer eigenen Aussage nach von einem Juden stammt, der aber hiervon nichts weiß, mindestens lange Zeit seinen S. A.-Dienst stramm versah. –

Ob der Entwicklung des *Charakters* des deutschen Volkes durch die starke Unterdrückung der Individualität in gutem Sinne gedient wird, weiß ich nicht. Ich persönlich glaube es nicht. Ich habe auch da verschiedene, ganz eigenartige Erfahrungen gemacht. –

Was Hitlers *Außenpolitik* anbetrifft, so muß ich, zumal nach Erfahrungen aus meinem Aufenthalt in London, bekennen, daß ich über seine Erfolge erstaunt bin und sie niemals für denkbar gehalten hätte. Auf Schritt und Tritt habe ich in London die Beobachtung gemacht, daß besonders durch Herrn von Ribbentrop dem deutschen Reich Sympathien entstanden sind, die man sich noch vor ein bis zwei Jahren nicht entfernt hat vorstellen können. Daran darf man als objektiver Beobachter doch nicht vorbeigehen. Ob natürlich zum Schluß England von Frankreich getrennt oder gar ein wirkliches Zusammengehen dieser beiden Länder mit Deutschland erreicht werden kann, oder ob die zarten englischen, demokratischen Töne mit dem teils bramarbasierenden, teils friedenflötenden Hitlerdeutschlands letzten Endes nicht harmonieren können, wer will das ermessen? Sicher aber ist, daß der Anfang dazu in besonders geschickter Weise gemacht worden ist.

Ebenso erstaunlich sind die *wirtschaftlichen* Erfolge der Hitlerregierung, die sich natürlich jetzt nicht mehr auf ihre ersten eigenen Apostel zu stützen braucht, sondern alle deutschen guten Köpfe zur Verfügung hat. Was hier alles geschehen ist, wenn auch da natürlich das Ende nicht abzusehen ist, ist ebenso verwunderlich und stark wie die Erfolge auf *organisatorischen* und anderen Gebieten.

Was die neue deutsche *Kultur* betrifft, so las ich einmal ein nachdenkliches Wort: »Wie kann die Kultur, die doch der Abglanz des Ewigen ist, die Dienerin einer Partei und deren Parteipolitik sein, die doch nur die Sklavin des Vergänglichen ist?« – Und immer wieder muß ich daran denken, wie häufig kulturelle Erinnerungen an eine kleine Republik von noch nicht 100 000 Menschen noch nach über 2000 Jahren, ich meine

Athen, fast täglich vor unseren Geist treten, während das von China bis nach Deutschland sich erstreckende Gewaltreich des Dschingis Khan für immer in den Grabgewölben der Geschichtsschreibung verschollen bleibt.

Die an mich oft gestellte Frage über meine Meinung über die *Dauer* des jetzigen Systems kann ich, der ich doch nicht alle Welträtsel lösen kann, schwer beantworten. Eine geraume Zeit wird es sich sicher halten. Wenn ich aber drei vorliegende Äußerungen aus Reden zur Hilfe nehme, in denen diese Zeitdauer von Hitler und von Goebbels auf 500 und 1000 Jahre beziffert wurde, während ein anderer, geringerer Apostel des Naziolymps sich ausdrückte: »Und wenn es 30 000 Jahre dauern würde, einmal werden die Deutschen oder ihre Nachkommen die Segnungen des Nationalsozialismus doch begreifen«, so glaube ich, daß von diesen drei Herren der letzte der Wahrheit am nächsten kommt, indem es meiner Ansicht nach sogar mehr als 30 000 Jahre dauern wird, bis die Welt sich von den Segnungen dieser Regierungsform überzeugen lassen wird, da meines Ermessens Freiheit und *moralisches* Recht im Gegensatz zu dem »Recht, *das dem Volke frommt«*, stets als höchste Güter der Menschheit gelten werden.

Abklang

> »Des Kaufmanns Sohn macht sorgsam die Bilanz
> Beim Buchabrechnen. Und die enthält erst ganz,
> Wie klein das Saldo in dem Soll + Haben
> Der Lebenshoffnungen, die all begraben.«
>
> (W. v. L.)

Ich habe aber keine Zeit mehr, auch nur einen winzigen Bruchteil der 30 000 Jahre abzuwarten; wer mit 73 Jahren das erste und letzte Buch seines Lebens schreibt, muß sich heranhalten und nicht mehr vor-, sondern rückwärtsschauen. Und da will es mir bei Betrachtung des durchaus nicht imponierenden Saldos eines so langen Lebens zunächst scheinen, daß die meisten, die ihr gleichzeitiges Leben so viel strebsamer und zielbewußter lebten, es auch nicht viel weiter als ich brachten und dem Zeitgeschehen gemäß in demselben Wurstkessel wie ich liegen. Dann aber wollen mir auf der weiten Lebensstrecke zwei durch dieselbe laufende rote Fäden auffallen: Der erste dürfte der in Verbindung mit der unpraktischen und unkaufmännischen Ausnutzung meiner Lebenschancen verbundene Wunsch des Hochhaltens einer gewissen Ritterlichkeit sein, die mir in Verknüpfung mit dem zweiten, dem Hochhalten meines Judentums, das Ideal und Ziel meines Lebens gewesen zu sein scheint; und das war ein schönes und seltenes Ziel. Ich sage »selten«, weil ich den Begriff der Ritterlichkeit nur ja nicht mit dem des Heroismus und des Mutes verwechselt haben möchte, den so viele und so viel edlere Altvordern seit Tausenden von Jahren gezeigt haben, und mit denen sich nur entfernt vergleichen zu wollen eine Vermessenheit, ja, eine Lächerlichkeit wäre.

Ich denke etwa an die Zeit der Kreuzzüge, in der sich Unzählige von Juden verbrennen, vierteilen und auf die entsetzenerregendste Weise abschlachten ließen, nur um nicht den Glauben ihrer Väter zu verleugnen. Wie oft kam es in einer der rheinischen oder fränkischen Städte vor, daß ein jüdisches Opfer, wenn die Horden der Kreuzritter »Tod oder Taufe« johlten, unter frommen Psalmengesängen ihren Weibern und Kindern, ihren Greisen und ihrem Gesinde und sich selbst lieber den Tod mit den eigenen Schwertern gegeben haben, als daß sie sich ein Leben in Saus und Braus nur durch die Annahme der Taufe sicherten. »Lieber dot als slav« hieß es bei den freien Bauern der Dithmarschen in Holstein. »Lieber Tod als Christ«, so müssen diese vom Haß umbrandeten Juden des Mittelalters gefühlt haben. »Jude« war ursprünglich eine Bezeichnung der Adligen, der Ritter unter den Israeliten (Nehemia II,16,V,I,17), ein Name, der erst nach dem babylonischen Exil für das ganze Volk aufkam, während das Wort heute in Deutschland bei den Juden selbst vielfach so in Mißkredit gekommen ist, daß sie sich wohl eher »Staatsbürger mosaischen Glaubens« oder auch Israeliten oder dergleichen nannten, als ehrlich, was sie sind: Juden. Die Zeiten, in denen die Juden Ritter und Adlige waren, sind längst verschwunden, im Mittelalter sind sie zwar immer wieder Märtyrer gewesen, Helden angesichts des Todes, aber die Ritterlichkeit im *engeren* Sinne, die ja auch erst das Mittelalter ausgebildet hat, war scheinbar auf der Gegenseite, auf der Seite der Majorität.

Ich selbst habe mich, das sei in aller Bescheidenheit ausgesprochen, stets als Jude im Sinne der eben zitierten Stellen des Alten Testamentes gefühlt und danach zu handeln wenigstens den Versuch gemacht.

Es waren andererseits Ausläufer des mittelalterlichen Ritterwesens mit seinen gelegentlich bis zum Absurden und Donquichotesken hochgetriebenen Ehrbegriffen, von denen die bevorzugten Kreise meiner Altersgenossen beseelt waren. Ob *der Versuch der Hochhaltung dieser Verbindung* von Ritterlichkeit und Judentum, in den mich die Verhältnisse unfreiwillig hineingesetzt haben, mir gelungen ist, mögen Klügere entscheiden; ob es praktisch war, möchte ich bezweifeln, da ich anders soviel leichter hätte leben können; ob es richtig gewesen, möchte ich aber positiv beantworten; denn der Auswirkung der eigenen Persönlichkeit gelebt zu haben, ist immerhin schließlich die höchste Genugtuung und ein schöner Trost für das, was alles dabei verlorengegangen ist. –

Wie ich aber, dem so viel in die Wiege gelegt worden war, und der sein Leben *gleichsam einer Marotte*, den übertriebenen deutschen Ehrbegriffen und einem vermeintlichen Vaterland geopfert habe, so haben Tausende und Abertausende deutscher Juden viel vernünftiger und sinngemäßer als ich in ihrem vielleicht nicht so großen Kreise für deutsche Ehre, für deutsche Wissenschaft und deutsche Kultur ihr Leben gelebt. Und wenn sie alle überritten wurden und ihnen das Herz aus dem Leibe gerissen wurde, so daß so viele den Freitod wählten; und wenn die am Boden Liegenden durch die läppischen Judengesetze, in denen »arische« Dienstmädchen die Hauptrolle spielen, noch verhöhnt wurden, so kann man getrost das Urteil hierüber der Geschichte überlassen. *Einmal* wird sie richten.

Ausklang

>Ein Volk steht auf, das andere verschwindet,
aber Israel bleibet ewig.«

(Psalm 36)

Inzwischen ist aber der Zeiger meiner Uhr bis zwischen elf und zwölf Uhr vorgerückt; ob näher hierher oder dorthin, wer kann das wissen? Und so will ich mich denn, nachdem ich mich in drei Arbeitsmonaten von meinen Lebenserinnerungen – und es sind noch nicht alle – gelöst habe, ein für alle Mal endgültig zur Ruhe setzen und mich zu meiner lieben Frau, der schönen Natur und den Büchern zurückziehen, die zu lesen mir weniger anstrengend und fruchtbarer scheint, als selbst ein Buch zu schreiben.

Auch das Alter hat seine Vorzüge. Ich habe soviel gesehen und soviel besessen und die Nichtigkeit unseres äußeren Lebens zu erkennen Gelegenheit gehabt; das Urteil ist gewiß skeptischer, aber gewiß überlegener, milder, toleranter geworden; die Freude am Humor beglückt tiefer, der Sinn für die Werte des »Guten, Wahren und Schönen« hat sich abgeklärt; an die Stelle des Aktuellen ist das Fertige getreten; man hat endlich herausgebracht, was, mindestens für einen selbst, das Wesentlichste und das Unwesentlichste ist. Und trotzdem haben die Jahre mich nicht versteinert: meine Begeisterungsfähigkeit ist dieselbe geblieben, wie ich sie als junger Mensch besaß. –

Jüngst fiel mir im ersten Psalm ein Gleichnis von Gottesfürchtigen und Gottlosen auf, das sich auf die Pole Judentreue und Judenhaß so schön anwenden läßt. Dann würde es nämlich heißen: »Der Judenhaß ist wie die Spreu, die der Wind verstreuet; das Judentum aber ist wie ein Stamm, gepflanzet an den Wasserbächen, der seine Frucht bringet zu seiner Zeit, und seine Blätter verwelken nicht, und was er macht, gerät wohl.«

Ich aber wünsche mir, daß, wenn einmal meine Augen sich für immer schließen, mir neben dem Gedanken der treuen Liebe und Dankbarkeit gegen meine gute Frau, den Wünschen für meine lieben Kinder, der Erinnerung an meine herrlichen Eltern und meine braven Brüder auch das Bild dieses grünenden Baumes im Verdämmern vorschweben möge. –

Ernst Reinhard Piper
Nachwort *

Im Frühjahr 1936, drei Jahre vor seinem Tod, hat Willy Ritter Liebermann von Wahlendorf, ein deutscher Jude im 73. Lebensjahr, seine Lebenserinnerungen niedergeschrieben. Sie sind nicht zur Veröffentlichung gelangt, obwohl der Autor sich das offenkundig gewünscht hatte. Der Sohn hat das Manuskript über Jahrzehnte verwahrt und nun dem Piper Verlag zugänglich gemacht.

Liebermann hat, wie das Fehlen von Umlauten anzeigt, offenbar auf einer englischen Schreibmaschine geschrieben. Schon von daher war eine vorsichtige Angleichung des Textes an den Duden unumgänglich. Sie erscheint aber auch insofern als gerechtfertigt, als dieses von vornherein zur Veröffentlichung bestimmte Manuskript in unredigiertem Zustand auf uns gekommen ist. Der Text wurde nur dort behutsam korrigiert, wo die Grammatik oder die Stilistik dies nahelegten. Aufgegeben wurde Liebermanns Prinzip, den letzten Satz eines Kapitels über die Überschrift des nächsten hinaus weiterzuführen. Davon abgesehen folgt der Text jedoch unverändert dem Typoskript. Anmerkungen des Herausgebers sind als solche gekennzeichnet, die übrigen stammen vom Autor selbst. Der Kommentar beschränkt sich auf sprachliche Erläuterungen.

Auch wenn man sich gelegentlich eine eingehendere Auseinandersetzung des Autors mit den auftretenden Personen gewünscht hätte, ist dieses Lebenszeugnis eine zeitgeschichtliche

---

* Mein ausdrücklicher Dank für eine Reihe wertvoller sachlicher Hinweise gilt Prof. Ernst Schulin, der zuerst als Verfasser dieses Nachwortes vorgesehen war, sowie Ulrich Wank.

Quelle von hohem Rang, haben wir doch einen Repräsentanten gleich zweier untergegangener Welten vor uns – der Welt des deutschen Großbürgertums zum einen und der Welt des deutschen Judentums zum anderen. Wenn man sieht, wie viele hervorragende Vertreter des deutschen Geistes allein diese eine Familie – von Max Liebermann bis Walther Rathenau – aufweist (vgl. die Stammtafel auf Seite 296), wird einmal mehr deutlich, welchen ungeheuren Beitrag der jüdische Bevölkerungsteil zur deutschen Kultur bis zu seiner Ausrottung geleistet hat. Wer davon spricht, daß die Bundesrepublik heute eine »nivellierte Mittelstandsgesellschaft« ist, sollte sich des apokalyptischen Hintersinns dieses Ausdrucks bewußt sein.

Der Großvater Liebermanns, der Kommerzienrat Joseph Liebermann, hatte die erste deutsche Fabrik für maschinellen Kattundruck gegründet. Nach seinem Tod wurde das Unternehmen von den Söhnen Benjamin und Louis weitergeführt und zur größten deutschen Kattunfabrik ausgebaut. Kurze Zeit war auch Adolf, der Vater Liebermanns, daran beteiligt. Dieser selbst studierte Chemie und wurde 1890 promoviert mit einer Arbeit über »Beiträge zur Frage über die Bestimmung von geringen Mengen Kuhbutterfett in der Margarine«. Danach trat er in eine chemisch-pharmazeutische Fabrik ein. Daneben fand Liebermann aber auch weiterhin Zeit, alle Aspekte des Berliner Gesellschaftslebens, wie es sich für ihn als »jungen Weltmann« geziemte, ausgiebig zu genießen – von den Einladungen und Soireen über die Pferderennen, denen er eine große Leidenschaft entgegenbrachte, bis hin zu den »der Göttin Venus gegenüber geziemenden Huldigungen«. Der Autor führt uns ein in die Welt der großbürgerlichen Salons, wie sie vor dem ersten Weltkrieg noch bestand, wenngleich die Anzeichen des Niedergangs nicht zu übersehen sind: »... die alte Vornehmheit ließ im selben Verhältnis nach, als das Deutschland Wilhelms II. sich allmählich bedenklich zu einem lärmenden und herausfordernden Parvenustaat auswuchs.«

Liebermann gab seinem Manuskript den Titel »Mein Kampf«, wobei das Wort »Mein« dreimal unterstrichen ist (vgl. Faksimile auf Seite 6). Der Titel hat für die Buchausgabe aus offenkundigen Gründen keine Verwendung finden können.

Aber er symbolisiert sehr treffend Liebermanns Geisteshaltung. Liebermann war jederzeit bereit, für seine Überzeugungen und seine Ehre zu kämpfen, nicht zuletzt auch mit der Duellpistole. Die »deutsche Ehre im früheren besten Sinne« war für ihn von größter Bedeutung. Selbstkritisch bezeichnet er einmal seine Ehrbegriffe als weltfremd, aber gerade als Jude wollte er sich nicht nachsagen lassen, nicht allezeit ehrenhaft gehandelt zu haben bzw. nicht allezeit Angriffen auf seine Person entgegengetreten zu sein. Geradheit, Ehrlichkeit, Höflichkeit im Umgang mit anderen und unbedingter Widerstand gegen ungerechte Behandlung sind die Tugenden, nach denen Liebermann immer strebte. Mit diesem Ehrbegriff ist es aus der Sicht Liebermanns auch unvereinbar, sich christlich taufen zu lassen um beruflicher oder gesellschaftlicher Vorteile willen. Gegen nichts wettert er in seinen Memoiren so sehr wie gegen die »Konjunkturtaufereien«, die für ihn ein Ausdruck der Charakterlosigkeit waren und in denen er sogar den Hauptgrund für den Verfall der großbürgerlichen jüdischen Gesellschaft in Berlin sieht, die so immer »würde- und stolzloser« wurde.

Tatsächlich war es im jüdischen Bürgertum weit verbreitet, sich um des beruflichen Fortkommens willen taufen zu lassen. Selbst so hervorragende Vertreter des deutschen Judentums wie Heinrich Heine und Ludwig Börne sind Beispiele dafür, letzterer, der zuvor Löb Baruch hieß, auch für den häufig mit der Taufe verbundenen Namenswechsel. Die Situation vor 1848 charakterisiert ein Brief von Gabriel Riesser, eines großen Vorkämpfers der Judenemanzipation, der später auch Vizepräsident des Paulskirchenparlaments war, vom 16. 3. 1828, in dem es heißt:

»In Deutschland muß man vor allem die Länder unterscheiden, wo die Juden ein modifiziertes Bürgerrecht haben, vermöge dessen ihnen nur politische Rechte, Ansprüche auf Staatsämter, hie und da auch einige Zweige des Erwerbs vorenthalten sind; und die, wo ihnen überhaupt das Bürgerrecht, und dem gemäß, da, wo Zunftzwang hinzukommt, die Freiheit, bürgerliche Gewerbe zu treiben, fehlt. Zu den letzten gehören (von Lübeck und Bremen abgesehen, wo gar keine Juden in der

Stadt wohnen dürfen) Hamburg, Sachsen, Hannover... In die Kategorie der Staaten der anderen Art gehört zuerst Preußen, das durch das Gesetz vom Jahr 1812 den Juden das Bürgerrecht ohne Beschränkung einer Privattätigkeit erteilt hat... Durch den unseligen Geist der Bekehrerei aber, der sich seit einer Reihe von Jahren der Preußischen Regierung bemächtigt, ist die freie Entwicklung, die dieses Gesetz herbeiführen sollte, gehemmt worden. Zu städtischen Ämtern wurden die Juden nicht selten gewählt; aber zur Zulassung zu einem Staatsamt hat die Regierung immer die Taufe als eine Präliminar-Maßregel verlangt, und leider hat ein großer Teil derer, die darauf Anspruch machten, ihren Willen getan. Ja, der König hat sich soweit vergessen, durch eine Kabinetts-Ordre von 1823 geradezu zu erklären, daß dem ausdrücklichen Ausspruch des Gesetzes zuwider, auch zu Schul- und Universitätsämtern keine Juden zugelassen würden!«

Der vom Paulskirchenparlament beschlossene Grundrechtskatalog bestimmte dann erstmals, daß der Genuß der bürgerlichen und staatsbürgerlichen Rechte durch das religiöse Bekenntnis in keiner Weise beeinflußt sein dürfe. Mindestens in diesem Punkt wirkte der Geist der Paulskirche im Norddeutschen Bund (1867–1871) und dann im Kaiserreich fort. In einem Gesetz vom 3. 7. 1869, das sinngemäß in die Reichsverfassung übernommen wurde, heißt es mit nicht zu überbietender Deutlichkeit:

»Alle noch bestehenden aus der Verschiedenheit des religiösen Bekenntnisses hergeleiteten Beschränkungen der bürgerlichen und staatsbürgerlichen Rechte werden hierdurch aufgehoben. Insbesondere soll die Befähigung zur Teilnahme an der Gemeinde- und Landesvertretung und zur Bekleidung öffentlicher Ämter vom religiösen Bekenntnis unabhängig sein.«

Tatsächlich wird man davon ausgehen müssen, daß dieser Grundsatz in der Praxis nur allzu häufig ignoriert worden ist. Die weithin konservative Bürokratie verhinderte in unzähligen Fällen die Einstellung, und wo dies nicht möglich war, doch jedenfalls die Beförderung von jüdischen Beamten. Am krassesten war dies beim Militär. Von den mehr als 25 000 Einjährig-Freiwilligen mosaischen Glaubens, die zwischen 1871 und

1914 dienten, wurde nicht ein einziger Leutnant der Reserve. Die Führung der Armee konnte sich dabei sogar auf Wilhelm II. berufen, der 1890 erklärt hatte, er erblicke »die Träger der Zukunft Meiner Armee in den Söhnen solcher ehrenwerter bürgerlicher Häuser, in denen die Liebe zu König und Vaterland, ein warmes Herz für den Soldatenstand und christliche Gesittung gepflanzt und anerzogen werden.« Getaufte Juden dagegen kamen nicht selten in bedeutende Positionen. Es ist daher nicht ohne Berechtigung, wenn Liebermann schreibt:

»(D)er wilhelminische Antisemitismus zerstörte durch das Prinzip der Taufe und dadurch, daß jeder Jude am Tage nach seinem Übertritt, kraß gesprochen, all das erreichen konnte, was ihm am Tage vorher noch verschlossen war, die Grundlage der jüdischen Moral, des jüdischen Stolzes, seines Selbstbewußtseins und die Elemente der jüdischen Ethik, der Lehre des jüdischen Wertes.«

Die Judenfeindschaft jener Zeit war zunächst eher Antijudaismus als Antisemitismus, also religiös und nicht rassisch begründet. Selbst ein so rabiater Antisemit wie Adolf Stoecker, von 1874 bis 1890 Hofprediger am Berliner Dom, vertrat die Meinung, der »jüdische Geist« könne durch die Taufe überwunden werden. Mit der Emanzipation der Juden, d. h. ihrer fortschreitenden rechtlichen Gleichstellung, verschob sich in der zweiten Hälfte des 19. Jahrhunderts, allen in der Praxis fortbestehenden Hindernissen zum Trotz, der Schwerpunkt der Judenfeindschaft. Leute wie Gobineau und Chamberlain, die nun zunehmend wirksam wurden, waren ausgesprochen rassische Antisemiten, die in den Juden eine fremde, feindliche Rasse sahen. Die letzte Konsequenz dieser Entwicklung war der Nationalsozialismus, der der Frage der Taufe im Grunde genommen überhaupt keine Bedeutung mehr beimaß. Nicht ohne Stolz berichtet Liebermann, daß viele seiner getauften jüdischen Freunde Anfang 1933 angesichts der Entwicklung der Ereignisse »aufs äußerste betreten« waren.

Liebermann gehörte auch seit seinem 20. Lebensjahr einer schlagenden Verbindung an, zuerst dem Corps Moenania, später dem Corps Starkenburgia. Diese waren dem Kösener Verband angeschlossen, der »feineren« der beiden Dachorganisationen. Die andere, der Kyffhäuserverband, war stark antisemitisch geprägt. Für Liebermann war das Corps eines der Felder der gesellschaftlichen wie der mannhaften Bewährung, der er sich gerade auch als Jude stellen wollte. Er sah das Corps, sicher nicht zu unrecht, als Teil jener oberen Gesellschaftsschicht, der auch er angehörte. Die nichtjüdischen Corpsbrüder vermittelten ihm den »Pulsschlag der christlichen Gesellschaft«. Im Zuge der von oben erzwungenen Arisierung wurde Liebermann dann 1935 aufgefordert, aus dem Corps auszutreten, was er natürlich ablehnte. Mit einigem Stolz spricht er die sicher nicht unbegründete Vermutung aus, daß er unter den 28 000 Corpsstudenten und alten Herren des Kösener Verbandes wohl der letzte ungetaufte Jude sei. 1936 kommt eine erneute Aufforderung zum Austritt, auf die er wiederum ablehnend reagiert, was dieses Mal mit der Streichung seines Namens aus der Liste der alten Herren beantwortet wird. Dieser Vorgang, den Liebermann gegen Ende seines Buches mitteilt, erbittert ihn ganz besonders, da er sich in seiner persönlichen Ehre angegriffen fühlt.

Die Erfolge der Nationalsozialisten hatten Liebermann dazu motiviert, noch aktiver als früher für die Interessen der Juden einzutreten. Er stellte sich und sein gesellschaftliches Ansehen dem »Centralverein deutscher Staatsbürger jüdischen Glaubens« zur Verfügung. Die Ohnmächtigkeit dieser Bemühungen erwies sich leider nur allzubald. Es ergab sich aus Liebermanns Vorstellungen von Ehre und Selbstachtung folgerichtig, daß er nun, in seinen späten Jahren, den »beinahe religiösen Wunschtraum« entwickelte, alle Juden möchten Deutschland geschlossen verlassen, nachdem ein menschenwürdiges Leben dort nicht mehr möglich war. Dabei war ihm klar, daß für viele dies aus wirtschaftlichen Gründen, vor allem auch durch die im Juli 1933 eingeführte Reichsfluchtsteuer, nicht möglich sein würde.

Der Autor wußte vermutlich nicht, daß gerade auch die Nationalsozialisten, in enger Kooperation mit den zionistischen Organisationen, die Auswanderung fördern wollten. Die »Entfernung« der Juden stand seit vielen Jahren auf ihrem Programm. Während ab 1941 dies das mehr als euphemistische Etikett für ein in der Menschheitsgeschichte beispielloses Vernichtungsprogramm wurde, war in jenen Jahren die Emigration nach Palästina gemeint, für die ständig geworben wurde. (Die nationalsozialistische Version des Spiels »Fang den Hut« hieß z. B. »Juden raus«.) Schon am 26. 7. 1933 erging ein erster Regierungserlaß zur Förderung der Auswanderung, dem weitere folgten. In diesen Bestrebungen sah sich die neue Regierung mit den zionistischen Organisationen ganz einig, während die große Mehrheit der deutschen Juden immer für Assimilation eingetreten war. In kaum einem westeuropäischen Land mit einer bedeutenden jüdischen Minderheit (im Deutschen Reich immerhin fast 1% der Bevölkerung) war die Assimilation so stark gewesen wie gerade in Deutschland. Liebermanns Feststellung, viele seiner Glaubensbrüder wären gern mit den Deutschnationalen zusammengegangen, ist sicher zutreffend. Am 10. 2. 1935 sieht sich das Nazi-Regime veranlaßt, Versammlungen deutsch-jüdischer Organisationen, in denen für einen Verbleib in Deutschland geworben wird, zu verbieten. Tatsächlich ist es so, daß von den etwa 525000 deutschen Juden, die 1933 in Deutschland lebten, bis 1941 etwa 270000 ausgewandert sind, wobei die höchste Ziffer die des Jahres 1939, des Jahres nach der sogenannten Kristallnacht, ist.

Zu diesen Vielen, die ihr deutsches Vaterland, das sie oftmals sehr liebten, verlassen mußten, gehörte auch der Autor dieser Lebenserinnerungen, die ein Zeugnis geben von einem Deutschland, das es, wie Fritz Stern es kürzlich formuliert hat, nicht mehr gibt und das es auch nie wieder geben wird.

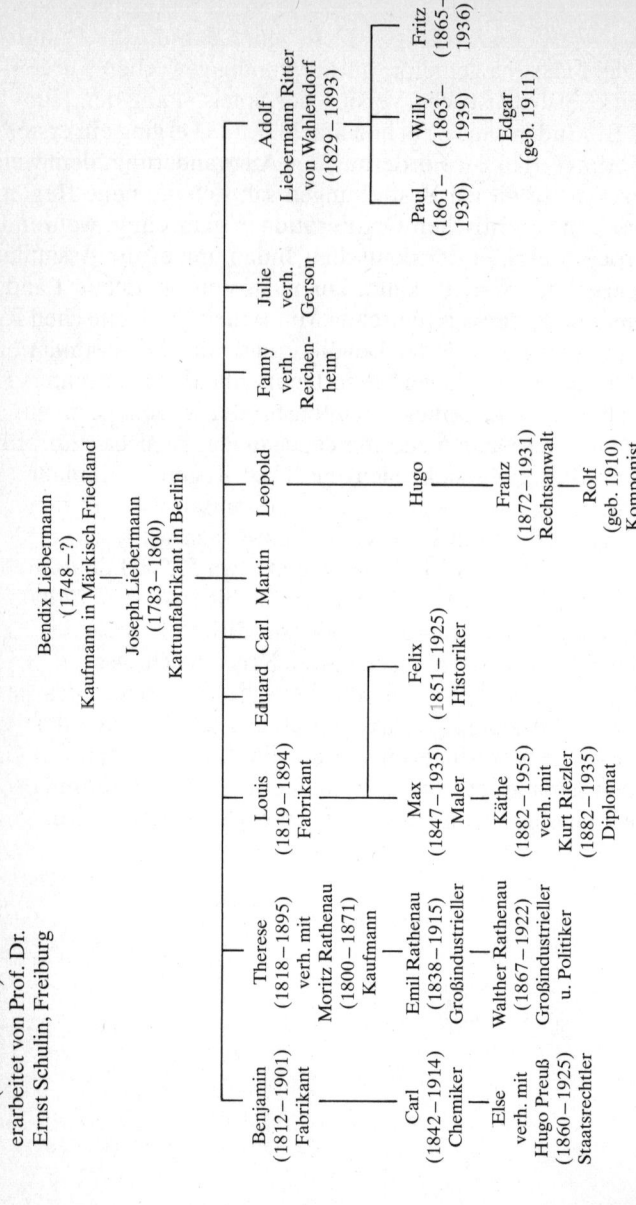

Stammtafel der Liebermanns
(in Auswahl)
erarbeitet von Prof. Dr.
Ernst Schulin, Freiburg

Bendix Liebermann
(1748–?)
Kaufmann in Märkisch Friedland

Joseph Liebermann
(1783–1860)
Kattunfabrikant in Berlin

Benjamin (1812–1901) Fabrikant | Therese (1818–1895) verh. mit Moritz Rathenau (1800–1871) Kaufmann | Louis (1819–1894) Fabrikant | Eduard Carl Martin Leopold | Fanny verh. Reichenheim | Julie verh. Gerson | Adolf Liebermann Ritter von Wahlendorf (1829–1893)

Carl (1842–1914) Chemiker

Else verh. mit Hugo Preuß (1860–1925) Staatsrechtler

Emil Rathenau (1838–1915) Großindustrieller

Walther Rathenau (1867–1922) Großindustrieller u. Politiker

Max (1847–1935) Maler

Felix (1851–1925) Historiker

Käthe (1882–1955) verh. mit Kurt Riezler (1882–1935) Diplomat

Hugo

Franz (1872–1931) Rechtsanwalt

Rolf (geb. 1910) Komponist

Paul (1861–1930) Willy (1863–1939) Fritz (1865–1936)

Edgar (geb. 1911)

Historikerstreit

Die Dokumentation der Kontroverse um die Einzigartigkeit
der nationalsozialistischen Judenvernichtung
Texte von Rudolf Augstein, Karl Dietrich Bracher, Martin Broszat,
Micha Brumlik, Walter Euchner, Joachim Fest, Helmut Fleischer,
Imanuel Geiss, Jürgen Habermas, Hanno Helbling, Klaus Hildebrand,
Andreas Hillgruber, Eberhard Jäckel, Jürgen Kocka, Robert Leicht,
Richard Löwenthal, Christian Meier, Horst Möller, Hans Mommsen,
Wolfgang J. Mommsen, Thomas Nipperdey, Ernst Nolte, Joachim
Perels, Hagen Schulze, Kurt Sontheimer, Michael Stürmer, Heinrich
August Winkler. 5. Aufl., 46. Tsd. 1987. Serie Piper 816

Seit der »Kriegszieldiskussion« der sechziger Jahre über die Politik des
Deutschen Reiches im Ersten Weltkrieg hat wohl kein geschichtliches
Thema die Öffentlichkeit so beschäftigt wie die im vergangenen Jahr
aufgebrochene Kontroverse über die Frage der Einzigartigkeit der
nationalsozialistischen Judenvernichtung. Wie ist die Ermordung von
Millionen Juden geschichtlich einzuordnen – als ein Verbrechen, wie es
vergleichbar in der Geschichte auch anderswo und zu anderen Zeiten
stattgefunden hat, oder als einzigartiges, unvergleichliches
Geschehen? Seit Jürgen Habermas mit seiner Kritik an Andreas
Hillgrubers und Ernst Noltes Thesen die Debatte eröffnete, haben sich
eine Reihe von Historikern zu Wort gemeldet, haben Partei ergriffen,
neue Akzente gesetzt und die Problematik vertieft. Der vorliegende
Band kann für sich in Anspruch nehmen, die entscheidenden Beiträge
zu versammeln und so der Öffentlichkeit ein vollständiges,
unparteiisches und die wesentlichen Aspekte berücksichtigendes Bild
dieser wichtigen geschichtlichen Diskussion zu bieten, in der es nicht
nur um das Verhältnis der Deutschen zu ihrer jüngsten Geschichte,
sondern auch zu ihrer Gegenwart geht.

PIPER

Bücher zur Zeitgeschichte

Karl Dietrich Bracher
Die totalitäre Erfahrung
1987. 274 Seiten. Kt.

Karl Dietrich Bracher
Zeitgeschichtliche Kontroversen
Um Faschismus, Totalitarismus, Demokratie.
5., überarb. Aufl., 19. Tsd. 1984.
159 Seiten. Serie Piper 142

Raymond Cartier
Vom Ersten zum Zweiten Weltkrieg
1918–1939. Aus dem Franz. von Ulrich F. Müller. 1982.
652 Seiten mit 205 Abbildungen und 15 Karten. Geb. im Schuber

Raymond Cartier
Der Zweite Weltkrieg
Aus dem Franz. von Max Harries-Kester, Wolf D. Bach und Wilhelm Thaler,
unter wissenschaftlicher Beratung von Hellmuth Dahms, Hermann Weiss
und Wolfgang Kneip. 7. Aufl., 132. Tsd. 1985. 1322 Seiten,
462 Abbildungen und 55 Karten. Serie Piper 280

Raymond Cartier
Nach dem Zweiten Weltkrieg
Die internationale Politik von 1945 bis heute. Zusätzliches Kapitel von
Christine Zeile. Aus dem Franz. von Wilhelm Thaler,
unter wissenschaftlicher Beratung von Lutz Ziegenbalg.
3. Aufl., 77. Tsd. 1980. 1170 Seiten mit 160 Abbildungen und 23 Karten. Geb.

Georg Denzler
Widerstand oder Anpassung?
Katholische Kirche und Drittes Reich.
1984. 154 Seiten. Serie Piper 294

PIPER

Bücher zur Zeitgeschichte

Theodor Eschenburg
Die Republik von Weimar
Beiträge zur Geschichte einer improvisierten Demokratie.
1984. 335 Seiten. Serie Piper 356

Joachim C. Fest
Das Gesicht des Dritten Reiches
Profile einer totalitären Herrschaft.
7. Aufl., 43. Tsd. 1980. 515 Seiten. Serie Piper 199

Imanuel Geiss
**Das Deutsche Reich und die Vorgeschichte
des Ersten Weltkriegs**
1985. 261 Seiten. Serie Piper 442

Imanuel Geiss
Das Deutsche Reich und der Erste Weltkrieg
1985. 253 Seiten. Serie Piper 443

Werner Hilgemann
Atlas zur deutschen Zeitgeschichte
1918–1968. 1984. 208 Seiten und über 100 farbige Karten. Geb.
(Auch in der Serie Piper 328 lieferbar)

Peter Hoffmann
Widerstand gegen Hitler
Probleme des Umsturzes.
2. Aufl., 10. Tsd. 1984. 104 Seiten. Serie Piper 190

Piper 50/50

PIPER

Bücher zur Zeitgeschichte

Peter Hoffmann
Widerstand Staatsstreich Attentat

Der Kampf der Opposition gegen Hitler.
4., neu überarb. Aufl., 18. Tsd. 1985. 1003 Seiten mit Karten,
Skizzen und 8 Fotos. Serie Piper 418

Ernst Nolte
Der Faschismus in seiner Epoche

Action française, Italienischer Faschismus, Nationalsozialismus.
6. Aufl., 21. Tsd. 1984. 633 Seiten. Serie Piper 365

Ernst Nolte
Die Krise des liberalen Systems
und die faschistischen Bewegungen

1968. 475 Seiten. Leinen

Ernst Piper
Ernst Barlach und die
nationalsozialistische Kunstpolitik

Eine dokumentarische Darstellung zur »entarteten Kunst«.
1983. 283 Seiten mit 18 Abbildungen. Geb.

Der Weg ins Dritte Reich

1918–1933.
4. Aufl., 26. Tsd. 1983. 221 Seiten. Serie Piper 261

PIPER

Martin Broszat/Elke Fröhlich

Alltag und Widerstand –
Bayern im Nationalsozialismus

1987. 702 Seiten. Serie Piper 678

Nach fast zehnjähriger Forschungsarbeit hat das Institut für Zeitgeschichte 1983 die vielbeachtete sechsbändige Reihe »Bayern in der NS-Zeit« abgeschlossen. Diese Taschenbuchausgabe legt zwei besonders eindringliche Teile daraus vor: die epische Chronik der Auswirkungen der NS-Zeit in einer fränkischen Armutsregion (Ebermannstadt bei Forchheim) und die von Elke Fröhlich fesselnd erzählten zehn Geschichten über Widerstand und Verfolgung. Mit einer großen, neu geschriebenen Einleitung gibt Broszat einen Überblick über die Problematik der »Gesellschaftsgeschichte des Widerstands«. Für den zeitgeschichtlich interessierten Laien und für den Geschichtsunterricht besonders geeignet.

Karl Jaspers

Die Schuldfrage

Zur politischen Haftung Deutschlands. 1987. 89 Seiten. Serie Piper 698

Karl Jaspers' berühmte Schrift »Die Schuldfrage« ist ein Beispiel dafür, wie philosophisches Denken in komplexen politischen Situationen Orientierungshilfe werden und zugleich aktuelle und die Aktualität überdauernde Bedeutung haben kann. Die anhaltende Diskussion um die jüngste Vergangenheit macht eine erneute Beschäftigung mit »Die Schuldfrage« sinnvoll und notwendig.
Jaspers schreibt in seinem Nachwort von 1962: »Die Schrift wurde 1945 entworfen. Man muß bei der Lektüre sich jener Zeit erinnern, in der sie geschrieben wurde. Der Hagel der Schuldigerklärungen ging täglich auf uns Deutsche nieder.«
1945/46 war noch die Hoffnung lebendig, daß der Nürnberger Prozeß ein neues Weltrecht begründen würde. Diese Hoffnung wurde durch den Prozeßverlauf enttäuscht. Trotzdem plädierte Jaspers noch 1962 für das Festhalten an der Idee eines »Weltzustandes mit einem Weltrecht«.

Der Widerstand gegen den Nationalsozialismus

Die deutsche Gesellschaft und der Widerstand gegen Hitler.
Vorwort von Peter Treue. Hrsg. von Jürgen Schmädeke und Peter Steinbach.
1986. 1185 Seiten. Serie Piper 685

»Diese Beiträge markieren den gegenwärtigen Stand der Forschung und werden wohl für lange Zeit die vorderste Linie dieser Forschung kennzeichnen. In der Darstellung des Umfanges des Widerstandes, der Motivationen und der Gruppierungen, in der Erfassung der verschiedenen Formen und Absichten und in der Würdigung der Beteiligten dürfte mit dieser Publikation ein Standard erreicht sein, der den historischen Gegebenheiten gerecht wird und nicht mehr einseitig vordergründigen politischen Zwecken dienstbar gemacht werden kann.«   DER TAGESSPIEGEL

PIPER

H. G. Adler

Die Juden in Deutschland

Von der Aufklärung bis zum Nationalsozialismus
1987. 178 Seiten. Serie Piper 766

Der mörderische Judenhaß der Nationalsozialisten hat eine lange
Vorgeschichte: Seitdem es Juden in Deutschland gab, wurden sie
von ihrer Umwelt – mit wechselnder Härte – verfolgt. Der
moderne Antisemitismus beginnt allerdings erst Ende des
18. Jahrhunderts, parallel zu der – nie wirklich erreichten –
Emanzipation der Juden, wie sie im Gefolge der Aufklärung
angestrebt wurde. In diesem schon zum Klassiker gewordenen
Buch versucht H. G. Adler, diesen Prozeß nachzuzeichnen, der
von etwa 1780 bis in die Weimarer Republik reicht. Er schildert
die Versuche der Juden in Deutschland, als gleichberechtigte
Staatsbürger anerkannt zu werden, und die Reaktionen der
Gesellschaft darauf, die schließlich in die Katastrophe von 1933
mündeten. Dabei werden auch die Gründe dafür deutlich, warum
das Unheil für die Juden nach 1933 gerade aus Deutschland kam.

PIPER